Gregor Schiemann
Lebenswelt und Wissenschaft

Gregor Schiemann
Lebenswelt und Wissenschaft

―

Zum Spannungsverhältnis zweier Erfahrungsweisen

DE GRUYTER

ISBN 978-3-11-126990-0
e-ISBN (PDF) 978-3-11-073058-6
e-ISBN (EPUB) 978-3-11-073066-1

Library of Congress Control Number: 2021936227

Bibliografische Information der Deutschen Nationalbibliothek
Die Deutsche Nationalbibliothek verzeichnet diese Publikation in der Deutschen Nationalbibliografie;
detaillierte bibliografische Daten sind im Internet über http://dnb.dnb.de abrufbar.

© 2023 Walter de Gruyter GmbH, Berlin/Boston
Dieser Band ist text- und seitenidentisch mit der 2021 erschienenen gebundenen Ausgabe.
Druck und Bindung: CPI books GmbH, Leck

www.degruyter.com

Inhalt

Einleitung —— 1

Teil I Pluralität der Erfahrung

1   Ein Erkenntnisstil neben anderen. Zur Phänomenologie
    lebensweltlicher und nichtlebensweltlicher Erfahrung —— 9

2   Persistenz der Lebenswelt? Das Verhältnis von Lebenswelt und
    Wissenschaft in der Moderne —— 29

3   Die Wissenschaft der Schichten. Vergleich und Kritik der
    Konzeptionen von Nicolai Hartmann und Werner Heisenberg —— 42

Teil II Lebensweltliche und wissenschaftliche Erfahrung

4   Zweierlei Raum. Über die Differenz von lebensweltlichen und
    physikalischen Vorstellungen —— 63

5   Die Divergenz der Zeiten von Lebenswelt und Physik —— 73

6   Realismus im Kontext. Das Beispiel von Lebenswelt und
    Quantenphysik —— 88

7   Aristotelische Natur in modernen Lebens- und
    Forschungswelten —— 104

8   Nanotechnologie und Naturverständnis —— 118

9   Quellen und Grenzen lebensweltlicher Vorstellungen vom Tod —— 132

Teil III Zukunft von Lebenswelt und Wissenschaft

10 Die Relevanz nichttechnischer Natur. Die Natur-Technik-Differenz in
    der Moderne —— 155

Bibliographie —— 179

Textnachweise —— 192

Personenindex —— 193

Einleitung

Lebenswelt und Wissenschaft bezeichnen zwei Erfahrungsweisen, zwischen denen ein für moderne Gesellschaften charakteristisches Spannungsverhältnis besteht. Wissenschaft heißt die führende Form der Erkenntnis und immer einflussreichere Kraft der Veränderung von Wirklichkeit in der Moderne. Die Erkenntnis, die der Veränderung der Welt durch Wissenschaft vorausgesetzt ist, wird in der Regel professionell gewonnen, beansprucht allgemeine Geltung, verwendet abstrakte Begriffe und ist hochspezialisiert. Lebenswelt stellt hingegen eine elementare Form der Erfahrung von Wirklichkeit dar, die sich weit in die Vergangenheit zurückverfolgen lässt. Sie ist unprofessionell, setzt vertraute Sozialbeziehungen voraus, bezieht sich auf Gegenstände der unmittelbaren Anschauung und ist ganzheitlich verfasst.

Das Spannungsverhältnis zwischen den beiden Erfahrungsweisen resultiert aus der zunehmenden Verwissenschaftlichung der Gesellschaft, der auch die Lebenswelt ausgesetzt ist und die deren Existenz bedroht. Verwissenschaftlichung der Lebenswelt bedeutet Verdrängung der lebensweltlichen Erfahrung durch Wissenschaft. Um nur zwei Beispiele zu nennen: Die Güte der über Handelsketten verteilten Nahrungsmittel ist in der Regel nicht mehr lebensweltlich, sondern nur noch mit wissenschaftlichem Sachverstand, auf den sich die Verbraucher*innen verlassen müssen, beurteilbar. Im Bereich der Krankheiten sind Diagnose und Therapie mehr und mehr Gegenstand einer wissenschaftlich gestützten Medizin geworden.

Noch scheint die Verwissenschaftlichung nicht so weit vorangeschritten zu sein, dass die Lebenswelt ihre Eigenständigkeit gegenüber der Wissenschaft schon verloren hätte. Vielmehr zeichnen sich Gegentendenzen ab, die den wissenschaftlichen Einfluss in der Lebenswelt begrenzen. Die Wissenschaft bleibt aber die treibende Kraft des Veränderungsprozesses.

Wissenschaft könnte also die Existenz der Lebenswelt gefährden. Doch dieses Buch ruft nicht zur Rettung der Lebenswelt auf. Es will nur eindringlich darauf aufmerksam machen, dass die Beseitigung der Lebenswelt durch Wissenschaft eine reale Möglichkeit darstellt und eine tiefgreifende Bedeutung für die Welt- und Handlungsorientierung der Gesellschaft hätte. Die Lebenswelt ist nicht die einzige nichtwissenschaftliche Erfahrung – neben der Lebenswelt existieren etwa die religiöse, die ästhetische oder die öffentliche Erfahrung –, aber vielleicht deren Vorgängerin. Nach wie vor verfügt sie über eine kulturell weithin wirksame Gestaltungskraft. Zur Grundlegung der Werte und Normen, die auch der Wissenschaft vorausliegen, leistet die Lebenswelt einen wesentlichen Beitrag.

Vor dem Hintergrund der Tragweite eines Verlustes der lebensweltlichen Erfahrung kommt dem Thema des Verhältnisses von Lebenswelt und Wissenschaft in der Philosophie ein hoher Rang zu. Das Thema wird äußerst kontrovers diskutiert. Vertreter*innen des sogenannten reduktionistischen Naturalismus sehen in einer zukünftigen Beseitigung des Selbstverständnisses der lebensweltlichen Erfahrung die unvermeidliche Konsequenz der fortschreitenden wissenschaftlichen Erfassung und Veränderung der Welt. Dagegen halten Gegner*innen dieses Naturalismus eine Wirklichkeit ohne das lebensweltliche Selbstverständnis für undenkbar. Gegenüber diesen und ähnlich prinzipiellen Positionen fasst der hier vertretene Ansatz die Zukunft der Lebenswelt als Ergebnis eines noch offenen historischen Prozesses auf.

Erstaunlich an dem Verhältnis von Lebenswelt und Wissenschaft ist die sich bis heute durchhaltende Eigenständigkeit der Lebenswelt. Angesichts des bereits erreichten Ausmaßes der Verwissenschaftlichung, die nahezu alle Bereiche der lebensweltlichen Erfahrung betrifft, ist diese Persistenz durchaus erklärungsbedürftig. An ausgewählten Beispielen möchte ich zeigen, wie Lebenswelt und Wissenschaft nebeneinander bestehen und miteinander wechselwirken können. Es entsteht das Bild zweier Erfahrungsweisen, die nicht nur verschiedene Perspektiven auf eine Wirklichkeit bieten, sondern auch verschiedene Wirklichkeiten konstituieren, und die sich ergänzen, einander widersprechen oder beziehungslos koexistieren.

Das Verfahren meiner Untersuchung ist begrifflich, wissenschaftstheoretisch und phänomenologisch orientiert. Wie lassen sich Formen der wissenschaftlichen und der nichtwissenschaftlichen Erfahrung definieren? Wie referieren sie auf gemeinsame Ausdrücke wie den der Natur, des Raumes, der Zeit, des Lebens, der Technik oder des Todes? Wie unterscheiden sich die für die Lebenswelt und die Wissenschaft typischen Natur- und Technikvorstellungen? Gehört – um eine weitere Fragestellung zu erwähnen – der Tod als Ende des Lebens noch zur Lebenswelt, wenn zunehmend in hochtechnisierten Einrichtungen der wissenschaftlichen Medizin gestorben wird?

Ich setze einen weitgefassten Begriff der Wissenschaft voraus, der die Ingenieur*innenwissenschaften und die Anwendung wissenschaftlicher Erkenntnis durch Technik mitumfasst. Mit diesem Begriff lassen sich nicht alle Merkmale des Technischen, das auf Weltveränderung auch ohne Kenntnis der zugrundeliegenden Mechanismen abzielt, erfassen. Es soll damit keineswegs ausgeschlossen werden, dass die Wissenschaft in Zukunft stärker technischen Charakter haben und dann vielleicht besser Technik heißen wird. Nicht zuletzt unterstellt der Singular des Wissenschaftsbegriffes deshalb keine inhaltliche oder methodische Einheit, sondern beschränkt sich auf die schon genannten Kennzeichen der Professionalität, Anonymität, Abstraktion und Spezialisierung der

Erkenntnis. Der wissenschaftstheoretischen Orientierung ist es geschuldet, dass die Naturwissenschaften, namentlich die Physik, und der Naturbegriff im Zentrum meiner Untersuchungen stehen.

Der Lebensweltbegriff ist hingegen eher eng gefasst. Lebenswelt wird nicht als eine die Wissenschaft unverzichtbar fundierende Erfahrung (Edmund Husserl) oder als umfassender Bereich der kommunikativ vermittelten Handlungskoordinierung (Jürgen Habermas) verstanden – womit nur zwei der bedeutenden Lebensweltkonzeptionen genannt sind. Im kritischen Anschluss an die Sozialphänomenologie von Alfred Schütz und die Phänomenologie von Husserl bezeichnet der Begriff hier vielmehr einen eingrenzbaren Erfahrungsbereich, der von anderen geltungstheoretisch gleichrangigen (religiösen, ästhetischen, öffentlichen u.a.m.) Kontexten unterschieden ist. Indem die Lebenswelt strukturell erfasst wird, soll dieser Begriffssingular ebenfalls eine Vielfalt der unter ihn fallenden Perspektiven, Wirklichkeiten und Entwicklungsmöglichkeiten einbegreifen. Zu den zukünftig möglichen Szenarien gehört eine Welt ohne Lebenswelt.

Das Buch besteht aus drei Teilen. Der erste Teil „Pluralität der Erfahrung" behandelt die Vielfalt der begrifflichen Bestimmungen von Lebenswelt und Wissenschaft in modernen Gesellschaften. Auf dieser Grundlage lotet er gegenwärtige Tendenzen des Verhältnisses der beiden Erfahrungsbereiche aus. Im ersten Kapitel führe ich Lebenswelt und Wissenschaft als Elemente einer Mannigfaltigkeit von Erfahrungen ein, wodurch sich die gesellschaftliche Bedeutung der Bereiche wechselseitig relativiert. Damit grenze ich mich gegen die in der Philosophie verbreiteten Auffassungen ab, die entweder der Lebenswelt oder der Wissenschaft einen erkenntniskonstitutiven Stellenwert zuschreiben. Vor dem Hintergrund der Erfahrungspluralität entwickle ich die spezifischen Merkmale der lebensweltlichen Erfahrung, die für das Buch leitend sind (1. Kapitel). Ausgehend von dem soweit umrissenen lebensweltlichen Bereich erörtere ich die Auseinandersetzung um seine Verwissenschaftlichung. Im Resultat tritt die trotz des wachsenden Einflusses der Wissenschaft fortbestehende Eigenständigkeit der Lebenswelt, ihre Persistenz, hervor. Dieses bemerkenswerte Phänomen ist Ausdruck einer bleibenden Distanz der lebensweltlichen Erfahrung sowohl zur wissenschaftlichen Erkenntnis als auch zur Technik, die in der Lebenswelt zur Anwendung kommt (2. Kapitel). Anschließend wende ich mich der wissenschaftlichen Weltsicht zu, die ich am Beispiel von zwei Schichtenkonzeptionen diskutiere. Schichtenkonzeptionen teilen die Welt in unterschiedliche, oft miteinander in Beziehung stehende Stufen ein, wie zum Beispiel die beiden benachbarten Stufen der chemischen und der biologischen Prozesse. Sie kennzeichnen den Anspruch der Wissenschaft, ein weltumfassendes System der Erkenntnis zu begründen. Die von mir ausgewählten Entwürfe des Philosophen Nicolai Hartman und des Physikers Werner Heisenberg weisen zwar nicht in ihrer

Methode, aber in ihrer Einteilung der Welt eine weitgehende Übereinstimmung auf. Was sie für die Untersuchung des Verhältnisses zur lebensweltlichen Erfahrung prädestiniert, ist ihre geteilte Bemühung um eine Einbeziehung dieser Erfahrung. Dass die Bemühung teils unvollständig bleibt, teils den wissenschaftlichen Ertrag schmälert, werte ich als Ausdruck des Abstandes von Lebenswelt und Wissenschaft (3. Kapitel).

Im zweiten Teil „Lebensweltliche und wissenschaftliche Erfahrung" präsentiere ich Fallbeispiele für das Verhältnis der beiden Erfahrungsbereiche. Die ersten drei Beispiele erörtern Zusammenhänge zwischen lebensweltlichen und physikalischen Begriffen und Perspektiven. Vielen naturwissenschaftlichen Disziplinen gilt die Physik in begrifflicher und methodischer Hinsicht als Leitwissenschaft. Für die Begründung der zivilisationstragenden Technologien spielt sie eine Schlüsselrolle. Die Beispiele bringen – ohne ein spezielles Fachwissen vorauszusetzen und soweit wie möglich – die fundamentalen physikalischen Begriffe des Raumes, der Zeit und der Realität mit den jeweils entsprechenden lebensweltlichen Vorstellungen in Beziehung. Am Anfang steht die Diskussion des Verhältnisses der Raumbegriffe der Physik zu den, teils auf die Antike zurückgehenden, Raumvorstellungen der Lebenswelt. Die Untersuchung liefert ein Ergebnis, das für die Relationen zwischen Lebenswelt und Wissenschaft vermutlich charakteristisch ist: Je weiter der Ursprung der verschiedenen heutigen Begriffe der Physik jeweils zurückreicht, desto leichter lassen sie sich noch mit den Vorstellungen der Lebenswelt in Verbindung bringen (4. Kapitel).

Dieser Eigenschaft der Verhältnisse von Lebenswelt und Physik fügt die Betrachtung der zeitbegrifflichen Beziehungen ein weiteres Kennzeichen hinzu: Die wachsende Divergenz zwischen den jeweiligen Vorstellungen kann die Existenz der Lebenswelt bedrohen. Lebenswelt und Physik verfügen beide über eine Vielzahl verschiedener Zeitvorstellungen. Partiell werden lebensweltliche mit physikalischen Vorstellungen durch die sogenannte Weltzeit verknüpft. Die Weltzeit bezeichnet die für die Erde überall gültige einheitliche Zeit, die mit der zunehmenden Globalisierung an Ubiquität und gesellschaftlichem Gewicht gewinnt. Als restlos objektivierbare und genuin ortlose Zeit tendiert sie dazu, das durch Subjektivität und Lokalität geprägte Selbstverständnis der Lebenswelt aufzuheben (5. Kapitel).

Die in den vorherigen Kapiteln zu den Raum- und Zeitbegriffen schon angesprochenen Relationen von Lebenswelt und Quantenphysik werden nachfolgend in Bezug auf die Wirklichkeitsverständnisse der beiden Erfahrungsbereiche diskutiert. Anknüpfend an Schütz' Theorie der Erkenntnis gehe ich davon aus, dass sich Wirklichkeitsverständnisse kontextabhängig radikal voneinander unterscheiden können. So kann die Wissenschaft ihre Erkenntnis für real, die der Lebenswelt aber für irreal halten. Die lebensweltliche Wahrnehmung stellt aus dieser szientistischen Perspektive bloß eine Illusion dar, die keinen Zugang zu der von der Wissenschaft erkennbaren Wahrheit hat. Umgekehrt gründet sich der lebensweltliche Realismus auf die Wahrheit des Zeugnisses der direkten Wahrnehmung und hält die wissenschaftliche Erkenntnis für ein künstliches, namentlich experimentell erzeugtes Produkt. Zur Untersuchung dieses wechselseitigen Gegensatzes eignet sich die Quantenphysik in besonderer Weise, weil kaum eine andere naturwissenschaftliche Theorie den lebensweltlichen Realismus so sehr infrage stellt wie die Theorien des ganz Kleinen (6. Kapitel).

Während die ersten Beispiele lebensweltliche und wissenschaftliche Begriffe vor allem kontrastieren, geht es in den folgenden Kapiteln um die Frage, wie weit sich die Bestimmungen der beiden Bereiche überschneiden. Die übergreifende gemeinsame Thematik ist der Naturbegriff, wobei eine lebensweltlich bevorzugte Naturauffassung den Ausgangspunkt bildet. Sie geht auf Aristoteles zurück und stellt Natur und Technik einander gegenüber: Der Natur schreibt sie nach dem Vorbild der Lebewesen eine Selbstbewegung zu, die Technik sieht sie hingegen in Abhängigkeit von äußeren Anstößen. Die Entgegensetzung stützt sich auf die Beobachtung, dass Organismen auch ohne Zutun des Menschen entstehen und sich bewegen, Apparate jedoch vom Menschen entworfen und mit Energie versorgt werden. Die Naturwissenschaften müssen die Differenz von belebter Natur und Technik nicht bestreiten, fassen Natur aber nicht als Gegensatz der Technik auf. In welcher Weise naturwissenschaftlich auf die Differenz zurückgegriffen wird, zeige ich am Beispiel der Selbstorganisationstheorien (7. Kapitel).

Das Vorhaben der Nanotechnologie, eine künstliche Welt aus Atomen aufzubauen, gilt als ein Versuch zur Aufhebung der Differenz von Natur und Technik und damit der lebensweltlich bevorzugten Naturauffassung. Nanotechnologie kann, was bisher nur Natur vermocht hat: Strukturen aus Atomen schaffen. Wo nanotechnologische Stoffe in der Lebenswelt zur Anwendung kommen, sind sie oft nicht mehr von natürlichen Stoffen zu unterscheiden. Die nähere Betrachtung der in der Nanotechnologie wirksamen Naturverständnisse zeigt aber, dass in diesem interdisziplinären Forschungs- und Anwendungszusammenhang auch zwischen Natur und Technik differenziert wird. In einer für die technologische Anwendung von wissenschaftlichen Erkenntnissen typischen Weise zeigen sich Überschneidungen mit der lebensweltlichen Naturauffassung. Die Technologie kann nicht von dem elementaren Umstand absehen, dass sich ihre Produkte im Unterschied zur Natur menschlichem Handeln verdanken (8. Kapitel).

Der letzte Text des zweiten Teils führt die Naturthematik wieder näher an die Lebenswissenschaften heran. Sein Thema ist das lebensweltliche Verständnis des Todes, das mit den Wissenschaften die Überzeugung von der Naturhaftigkeit des Todes teilt. Der Tod lässt sich zwar herbeiführen, bleibt aber immer das Ende eines Naturvorgangs, vom dem kein Mensch weiß, wie und ob überhaupt er ihn erfahren kann. Beobachtbar sind der Tod anderer Personen und die dem Alterstod vorangehenden körperlichen Veränderungen. Die Möglichkeit dieser Wahrnehmungen in der Lebenswelt wird eingeschränkt, wenn immer mehr Menschen ihre letzte Lebenszeit nicht mehr in ihrer eigenen häuslichen Umgebung, sondern in anonym betreuten Anstalten verbringen. Dort werden Sterben und Tod zum Gegenstand einer Medizintechnik, die auf wissenschaftlichen, lebensweltlich oft nicht nachvollziehbaren Erkenntnissen gründet. Trotz dieser Verwissenschaftlichung des Todesgeschehens bleiben eigenständige lebensweltliche Todesvorstellungen bestehen (9. Kapitel).

Der dritte Teil „Zukunft von Lebenswelt und Wissenschaft" nimmt die oben diskutierte Natur-Technik-Differenz zur Grundlage, um das gegenwärtige und zukünftig zu erwartende Maß der Technisierung moderner Gesellschaften einzuschätzen. Insofern die Differenz bevorzugt in der Lebenswelt (als Entgegensetzung) Anwendung findet, bietet sie eine lebensweltliche Perspektive zur Beurteilung gesellschaftlicher Prozesse. Wo Natur und Technik schon Hybride bilden und sich Technik immer perfekter der Natur annähert, zeichnet sich eine Aufhebung der Differenz von Natur und Technik ab. Doch diese Einebnung ist nicht die einzige Option. Technische Innovationen könnten weiterhin maßgeblich von den vorhandenen natürlichen Rohstoffen abhängig und die Leistungen künstlicher Intelligenz denen des Menschen unterlegen bleiben. Vermutlich fallen die Bedingungen der Anwendbarkeit der Natur-Technik-Differenz mit den Bedingungen der Existenz der Lebenswelt zusammen (10. Kapitel).

Wissenschaft geht in die Lebenswelt als ein Erkenntnis- und Handlungszusammenhang ein. Sie trägt mit ihren Anwendungen dazu bei, die Lebenswelt als technisch ermöglichte Kunstwelt hervorzubringen. Paradoxerweise gehört Wissenschaft in der Moderne aber nicht nur zu den Voraussetzungen der Lebenswelt, sondern gefährdet sie zugleich durch ihre Erkenntnisse und Verfahren, die zentralen Merkmalen der Lebenswelt entgegengesetzt sind. Wenn man dem erstaunlichen Phänomen nachgeht, dass sich die Lebenswelt trotz fortschreitender Verwissenschaftlichung ihre Eigenständigkeit nach wie vor bewahrt, stößt man auf eine Vielfalt von Beziehungen zwischen Lebenswelt und Wissenschaft, die zwar einem beständigen Wandel unterworfen sind, die aber auch das Potential zur Persistenz haben.

Teil I Pluralität der Erfahrung

1 Ein Erkenntnisstil neben anderen. Zur Phänomenologie lebensweltlicher und nichtlebensweltlicher Erfahrung

In seiner soziologischen Theorie, die bahnbrechend phänomenologische Konzepte für die Sozialwissenschaften fruchtbar gemacht hat, entwickelt Alfred Schütz Grundlagen zur Beschreibung einer umfassenden *Mannigfaltigkeit voneinander abgegrenzter Erfahrungsbereiche*.[1] Neben der Lebenswelt und der Wissenschaft zählen zu ihnen die Welt der Träume, der Phantasievorstellungen, der religiösen Praktiken, des kindlichen Spiels und des Wahnsinns.[2] Die unterschiedlichen Bereiche kennzeichnet Schütz durch einen spezifischen „Erkenntnisstil", durch den die jeweilgen Erfahrungen mit einem Sinn versehen werden, auf den ihr Realitätsgehalt zurückgeht.[3]

Mir geht es um einen Ausbau von Schütz' Theorie der Erfahrungspluralität. Die in der Theorie angelegten Elemente der Vielfalt sollen gestärkt und erweitert, noch vorhandene Ungleichgewichte zwischen den Erfahrungsbereichen beseitigt oder minimiert werden. Zu den Leistungen von Schütz' Sozialphänomenologie gehört es, die Lebenswelt, die nach wie vor den wohl wichtigsten nichtwissenschaftlichen Erfahrungskontext in modernen Gesellschaften bildet, als Forschungsgegenstand der Soziologie eingeführt zu haben.[4] Der Lebensweltanalyse von Edmund Husserl folgend, gibt er diesem Bereich einen fundierenden Status, der alle anderen Erfahrungen unhintergehbar bedingt – teils als bloße Voraussetzung, teils als grundlegende universelle Struktureigenschaft.

Die *maßgebende Stellung der Lebenswelt* rechtfertigt Schütz mit ihrem Charakter als Wirkwelt. „Wirken" umfasst jedes durch Körperbewegungen vermittelte „vorgefaßte [...] Handeln in der Außenwelt" (Schütz 1971, S. 243), das sich auf die Gegenstände zentriert, die in der Reichweite des Wahrnehmungsfeldes eines Individuums liegen. Zum Kernbereich der Lebenswelt gehört der Telefonapparat, den ein Individuum benutzt, von seiner ihm unsichtbaren Gesprächspartnerin aber nicht mehr als die Stimme, die es hört. Nichtlebensweltlichen Erkenntnisstilen schreibt Schütz Formen des Handelns zu, die sich nicht vornehmlich auf

---

[1] Zu Schütz' Soziologie vgl. Natanson (Hrsg.) 1970, List/Srubar (Hrsg.) 1988 und Embree (Hrsg.) 1999.
[2] Vgl. Schütz 1971, S. 266.
[3] Die Grundlagen dieses Ansatzes führt er in seinen beiden Aufsätzen „On Multiple Realities" von 1945 und „Symbol, Reality, and Society" von 1955 aus. Deutsche Übersetzung in Schütz 1971, S. 237 ff. und 331 ff.
[4] Zu Schütz' Lebensweltlehre vgl. Grathoff/Sprondel (Hrsg.) 1979 und Srubar 1988.

Wahrnehmungsgegenstände, sondern etwa auf vergangene Anschauungen, gegenwärtige Bilder der Einbildungskraft oder abstrakte Entitäten beziehen. Sie setzen andere Hintergrundannahmen als die Lebenswelt voraus, folgen abweichenden Sozialbeziehungen und stehen in Distanz zu den Erfordernissen der alltagspraktischen Lebensbewältigung.

Mit der Auszeichnung der Lebenswelt verleiht Schütz seiner Pluralitätskonzeption einen absoluten Geltungsanspruch, denn sein Lebensweltbegriff bezeichnet eine historisch wie kulturell invariante anthropologische Struktur, ohne die menschliches Leben und seine verschiedenen Erfahrungsweisen überhaupt unvorstellbar sind.[5] Für die Annahme einer solchen universellen Matrix spricht, dass sie möglicherweise vorhandenen schwach veränderlichen Grundbedingungen menschlichen Lebens begrifflich gerecht werden könnte.

Fasst man die Erkenntnisstile hingegen als Ergebnis des für die Moderne typischen *Ausdifferenzierungsprozesses der Erfahrung* auf, kann man die Lebenswelt nicht mehr uneingeschränkt als allgemeine Referenz gelten lassen. Heutige nichtlebensweltliche Erkenntnisstile haben, so möchte ich unterstellen, eine ehemals bestehende lebensweltliche Einbindung verloren, sich als eigenständige, teilweise professionalisierte etabliert und als solche auf die Lebenswelt Einfluss gewonnen. Abseits von der Lebenswelt stehende künstlerische, religiöse, wissenschaftliche und weitere Erfahrungsbereiche lassen die Lebenswelt unwirklich erscheinen. Zusammen mit der Lebenswelt bilden sie eine plurale Struktur, in der unterschiedliche Bereiche aneinander angrenzen und das Leben eines Individuums in spezifischer Intensität und Dauer bestimmen. In der Regel hält sich ein Individuum nicht zugleich in verschiedenen Erfahrungsbereichen auf. Lebensweltliches Handeln lässt normalerweise keinen Raum für wissenschaftliches Arbeiten, Traumwelten schalten das wache Bewusstsein aus, religiöse Praxis kennt gewöhnlich nicht die Ungebundenheit der Phantasiewelten usw. Der schon während eines Tages meist mehrfach vollzogene Übergang von einem Bereich zu einem anderen impliziert die Möglichkeit von Grenzerfahrungen.

Schütz' Begriff des Erkenntnisstils erlaubt, Erfahrungsbereiche als jeweils eigenständige voneinander abzugrenzen. Die Aufhebung der fundierenden Stellung der Lebenswelt führt auf eine *Mannigfaltigkeit gleichberechtigter Kontexte*, die die für die Moderne kennzeichnende Pluralität der Erfahrung angemessener darstellen. Die von Schütz genannten nichtlebensweltlichen Erfahrungen lassen sich um weitere Erkenntnisstile ergänzen. Beispiele wären unterschiedliche *Berufswelten*, nähere Differenzierungen der *wissenschaftlichen Erfahrung*, die *Öffentlichkeit* als die allgemein zugängliche Sphäre der gesellschaftlichen Kommu-

---

[5] Vgl. Heller 1986, S. 154.

nikation, deren Gegenstände, mit Kant zu sprechen, dasjenige betreffen, „was jedermann notwendig interessiert" (Kant 1900 ff. Bd. V, B868), oder die *Subjektivität* als Erfahrung, in der die Aufmerksamkeit eines Subjektes seinen eigenen Bewusstseinsereignissen oder -zuständen gilt.

Schütz' hat einen Kriterienkatalog zur Charakterisierung unterschiedlicher Erkenntnisstile entwickelt, in dem die Auszeichnung der Lebenswelt nur an wenigen, leicht korrigierbaren Stellen Eingang findet. Den um diese Korrekturen veränderten und mit Beispielen illustrierten Kriterienkatalog werde ich als erstes vorstellen (1. Abschnitt). Danach gehe ich näher auf seine Anwendung auf die Lebenswelt ein. Ich rekurriere zum einen auf Husserls Bestimmung der Lebenswelt als Wahrnehmungswelt und zum anderen auf das von Schütz und Thomas Luckmann entwickelte Schichtenmodell der Lebenswelt. Die Lebenswelt erscheint in der Konsequenz als sozial eingrenzbarer Kontext, der von anderen, geltungstheoretisch gleichrangigen Erfahrungen abgehoben ist. Sie bezeichnet keine kultur- oder naturumfassende Kategorie, sondern referiert auf einen beschränkten Handlungsraum (2. Abschnitt). Abschließend werde ich Schütz' Kriterienkatalog zur Kennzeichnung zweier nichtlebensweltlicher Erfahrungsbereiche heranziehen, die für den modernen Ausdifferenzierungsprozess der Erfahrung und für die phänomenologische Analyse von Erfahrungstypen eine herausragende Rolle spielen: die experimentelle Naturwissenschaft und die Subjektivität (3. Abschnitt).

1.1 Schütz' Konzeption der Erkenntnisstile

Einen „bestimmten Komplex unserer Erfahrungen" nennt Schütz „einen geschlossenen Sinnbereich", wenn „diese einen spezifischen Erkenntnisstil aufweisen und in Bezug *auf diesen Stil* nicht nur in sich stimmig, sondern auch untereinander verträglich sind" (Schütz 1971, S. 264 – auch im Original hervorgehoben). Als „geschlossene" kann Schütz die Sinnbereiche bezeichnen, weil die Verträglichkeitsbedingung nicht zwischen den Erkenntnisstilen gilt: Das, „was innerhalb des Sinnbereichs P verträglich ist, [wird] auf keinen Fall im Sinnbereich Q verträglich sein" (Schütz 1971, S. 397). Dass dennoch eine Kommunikation zwischen Sinnbereichen möglich ist, garantiert für Schütz die Lebenswelt.[6]

Mit dem Ausdruck „Erkenntnisstil" macht Schütz deutlich, dass es ihm weniger auf den Inhalt als vielmehr auf die Form der Erkenntnis ankommt. *Erkenntnis* meint nicht ausschließlich wahre Überzeugungen, sondern begreift die

---

6 Vgl. Schütz 1971, S. 296 ff., 392 und 395.

„gültigen wie die als ungültig erwiesenen" Erfahrungen mit ein (Schütz 1971, S. 265), sofern sie den gleichen Stil aufweisen und deshalb mit Überzeugung für wirklich gehalten werden. Durch seine ausschließliche Restriktion auf Sinnbereiche erhält der Erkenntnisbegriff allerdings einen statischen Charakter, der die Bedeutung von *Grenzerfahrungen*, die einzig einen Wandel in den Vorgaben der Sinnkonstitution ermöglichen, unterschätzt. Setzt man eine Erkenntnisgliederung in Sinnbereiche voraus, ergeben sich ebenso bei Überschreitungen wie bei Aufhebungen von Grenzen Erfahrungen, die aus einer Überlagerung verschiedener Erkenntnisstile hervorgehen. Schütz beschreibt solche Erfahrungen in einer Terminologie, die auch für den Übergang zwischen inkommensurablen Welten geeignet ist. So vollzieht sich der Wechsel zwischen Sinnbereichen nicht graduell, sondern schlagartig, verbunden mit einer emotionalen Erschütterung, die Schütz mit „Kierkegaards Erfahrung des ‚Augenblicks' als Sprung" vergleicht (Schütz 1971, S. 266). Unter anderem nennt er den

> Schock des Einschlafens als Sprung in die Traumwelt; die innere Verwandlung, die wir beim Aufzug des Vorhangs im Theater erleben [...]; die radikale Änderung unserer Einstellung, wenn wir vor einem Gemälde die Einengung unseres Blickfeldes [...] zulassen [...]; de[n] Zwiespalt, der sich in Lachen auflöst, wenn wir einem Witz lauschen und einen Augenblick lang bereit sind, die fiktive Welt des Witzes für wirklich zu halten (Schütz 1971, S. 266).

Um für die Sinnbereiche „zumindest einige konstitutive Elemente" (Schütz 1971, S. 265) ihres spezifischen Erkenntnisstils begrifflich zu kennzeichnen, hat Schütz seinen *Kriterienkatalog* formuliert. Wie bereits erwähnt, werde ich an dem Katalog Korrekturen vornehmen, die aus der Kritik der fundierenden Stellung der Lebenswelt resultieren. In seiner sozialphänomenologischen Ausrichtung setzt der Katalog eine egologische Struktur voraus, die auf einem subjektiven (von Schütz nicht mit einem Erkenntnisstil versehenen) Erleben gründet und daran anschließend Phänomene der Intersubjektivität integriert. Der Kriterienkatalog umfasst sechs Merkmale, deren knappe Definition bei Schütz durch exemplarische Bezüge zu den von ihm genannten Sinnbereichen Ergänzung erfährt.[7]

1. Als fundierendes Kriterium gilt die im Anschluss an Bergsons „attention à la vie" eingeführte „*Spannung des Bewußtseins*" (Schütz 1971, S. 243 ff. und 267 – wie alle weiteren Kriterienbezeichnungen im Original nicht hervorgehoben). Sie bezeichnet die „Ausrichtung und Aufmerksamkeit auf das Leben" (Schütz 1971, S. 243). Schütz unterscheidet verschiedene Aufmerksamkeitsintensitäten und daraus resultierende Grade von Wirklichkeitsgeltungen. Da „nicht die ontologische Struktur der Gegenstände, sondern der Sinn unserer Erfahrungen die

---

7 Die Darstellung des Kriterienkataloges folgt Schiemann 2002, S. 86 ff.

Wirklichkeit konstituiert" (Schütz 1971, S. 264), steht die Wirklichkeit in Abhängigkeit von den Aufmerksamkeitsstrukturen des sinnkonstituierenden Bewusstseins. Bergson folgend schreibt Schütz nun der Lebenswelt den höchsten Grad, das „Hell-Wach-Sein" (Schütz 1971, S. 265), und dem Traum den niedrigsten Grad, eine bloß „passive Aufmerksamkeit" (Schütz 1971, S. 244), zu. Indem Schütz das „Hell-Wach-Sein" auf den „normalen Erwachsenen" bezieht (Schütz/Luckmann 1979, S. 47), grenzt er die Lebenswelt von Phantasiewelten, die er auch Kindern zuschreibt, und von Welten des (pathologischen) Irrsinns ab. Ich übernehme diesen Bezug zusammen mit der Aufmerksamkeit auf äußere Objekte als notwendiges Kriterium der lebensweltlichen Anschauungsorientierung und werde es mit Husserls Wahrnehmungsbegriff auf Wahrnehmungsorientierung spezifizieren.

Um die Auszeichnung der Lebenswelt aufzugeben, muss man die erkenntnisstilfixierende Rangfolge der Aufmerksamkeitsintensitäten fallen lassen. Die prinzipielle Gleichberechtigung von Erkenntnisstilen impliziert gerade ihre jeweils äquivalenten Möglichkeiten, Wirklichkeitsgeltung zu beanspruchen. Damit erübrigt sich allerdings keineswegs die Notwendigkeit des Kriteriums der Bewusstseinsspannung, denn alle Erkenntnisstile bleiben „Titel [...] ein- und desselben Bewußtseins, und es ist das selbe Leben [...], dem wir uns in verschiedenen Modifikationen zuwenden" (Schütz 1971, S. 297). Teilhabe am „Bewußtseinsstrom" wird damit zur notwendigen Bedingung der Erkenntnisstile, die anders nicht den Erfahrungsraum *eines* Individuums in unterschiedlicher Intensität und Dauer bestimmen könnten.

2. Verschiedene Inhalte der Aufmerksamkeit berücksichtigt das nächste Kriterium, das die in einem Erkenntnisbereich „*vorherrschende Form der Spontaneität*" betrifft (Schütz 1971, S. 267). Sie bezeichnet nicht wie die Bewusstseinsspannung eine innere Einstellung, sondern eine Relation der Wirksamkeit des Subjektes zu den von ihm für real gehaltenen Erfahrungen. Ihre Unterscheidungen leiten sich aus den qualitativen Differenzen von denkendem und tätigem sowie von handelndem und nichthandelndem Erleben ab. Unter den Formen des denkenden Handelns hebt sich etwa das Phantasieren durch seine prinzipiell fehlende Verwirklichungsabsicht von der Kontemplation ab.[8] Dem Träumen geht zudem jede Handlungsstruktur ab, weil das Subjekt keine Verfügungsfreiheit hat.[9] Träumen kann deshalb als weder tätiges noch handelndes Erleben bezeichnet werden. Paradigma des tätig handelnden und mit Selbstverständlichkeit vollzo-

---

8 Vgl. Schütz 1971, S. 270.
9 Vgl. Schütz 1971, S. 277.

genen Erlebens ist die Lebenswelt. Ihre spezifische Spontaneität ist bei Schütz das bereits genannte Wirken.

Oswald Schwemmer folgend möchte ich die in der Lebenswelt vorherrschende Spontaneität zusätzlich durch *Unprofessionalität* eingrenzen. Lebensweltliches Handeln kann „ebensogut von uns wie von anderen ausgeführt und erwartet werden", da wir „im Prinzip eine Kompetenz bei jedermann unterstellen" (Schwemmer 1987, S. 207). Mit diesem weiteren Merkmal verengt sich der lebensweltliche Handlungsumfang noch einmal beträchtlich. Beispielsweise werden nur einige Formen der Kommunikation erfasst, womit die Lebenswelt ihre Instanz zur universellen Vermittlung zwischen Erkenntnisbereichen verliert. Diese Kennzeichnung lässt sich vermutlich mit dem folgenden negativen Kriterium der „Epoché" verbinden.

3. Mit der von Husserl dem Wort, aber nicht der Sache nach übernommenen *„Epoché"* meint Schütz die Einklammerung bzw. Suspendierung von bestimmten Wirklichkeitsaspekten (Schütz 1971, S. 267). Schütz fügt hier wiederum eine Hierarchisierung ein, die der der Bewusstseinsspannungen verwandt ist, wenn er behauptet, dass man allein in der Lebenswelt allen Zweifel an der Wirklichkeit suspendiere und sie als selbstverständlich gegebene hinnehme.[10] Allerdings führt diese Rangfolge nicht zur Auszeichnung der Lebenswelt, da sich die Bezweifelung der Wirklichkeitsgeltung in anderen Erfahrungsbereichen nur auf bestimmte Phänomene erstreckt. Um es paradox zu formulieren: Die generelle Epoché der Lebenswelt, die in der völligen Zweifelsfreiheit besteht, ist die spezifisch lebensweltliche Epoché. Für andere Sinnbereiche führt Schütz selbst Beispiele spezifischer Epochéen an: So kümmere sich etwa das Traumgeschehen nicht um die Geltung „bestimmte[r] logische[r] Axiome" (Schütz 1971, S. 279); das wissenschaftliche Nachdenken klammere neben anderen Aspekten die körperliche Existenz des Forschers „als psycho-physisches menschliches Wesen" ein (Schütz 1971, S. 286).

4. Während die bisher genannten Merkmale die subjektbezogene Gegenstands- und Sinnkonstitution betreffen, führt das nächste als zusätzliche Bestimmung die spezifische *„Form der Sozialität"* ein (Schütz 1971, S. 267). Es klassifiziert die Sinnbereiche grob in die ausschließlich einsam (z. B. Traum, Kontemplation), die ausschließlich gemeinsam (z. B. Lebenswelt) und die sowohl einsam als auch gemeinsam (z. B. Phantasie, Religion und bei Schütz auch Wissenschaft) erfahrbaren. Wie ich weiter unten erläutern werde, geht bei Schütz das vertraut-bekannte Wesen der lebensweltlichen Gemeinschaftsformen aus einer Minimierung der Typisierung von Sozialbeziehungen hervor.

---

10 Vgl. Schütz 1971, S. 265 und 268.

5. Möglichkeiten zur Herstellung komplexer Beziehungsnetze innerhalb der Sinnbereiche und zwischen ihnen eröffnen die beiden letzten Kriterien der „Zeitperspektiven" und der „Selbsterfahrung". Das Kriterium verschiedener *„Zeitperspektiven"* (Schütz 1971, S. 267) ist mit dem eben vorgestellten Sozialitätskriterium eng verknüpft. Es nimmt Bezug auf die objektive, der Verfügung entzogene Weltzeit, auf die biologischen Zeiten (Rhythmik des Körpers, Jahreszeiten usw.), auf die dem Individuum eigene biographische Zeit, auf die subjektive Zeit des Bewusstseinsstroms mit innerer Dauer, auf die soziale Zeit mit dem Austausch von Kalendereinträgen und auf die intersubjektive Standardzeit.[11]

6. In Abhängigkeit von realen oder fiktiven Wirklichkeitsrelationen unterstellt das Kriterium der *„Selbsterfahrung"* (Schütz 1971, S. 267), das ich nur erwähnen möchte, die Herausbildung sinnbereichsspezifischer Muster der persönlichen Identifikationsfindung.

1.2 Lebenswelt als Wahrnehmungswelt

Als notwendige Kriterien des lebensweltlichen Erkenntnisstils können *drei der von Schütz formulierten Merkmale* aufgefasst werden: das „Hell-Wach-Sein" als spezifische *Spannung des Bewusstseins*, das unprofessionelle und auf Gegenstände im Wahrnehmungsfeld eines Individuums zentrierte Handeln als spezifische *Form der Spontaneität* und die außer Zweifel gesetzte Wirklichkeitsgeltung als spezifische *Epoché*.[12] Die von Schütz genannte lebensweltliche *Form der Sozialität*, die vertraut-bekannte Intersubjektivität, möchte ich nicht zu den notwendigen Kriterien zählen, da sich Individuen (wie Robinson Crusoe) auch als einsame in einer Lebenswelt aufhalten können. Sofern ein Individuum über eine leibgebundene Wahrnehmungswelt verfügt, determiniert diese die Vertrautheit und Anschaulichkeit der Dinge, die durch direkte (unprofessionelle) Handlungen veränderbar sind. Das davon selbstverständlich als einheitliche Welt Aufgefasste konstituiert eine *subjektive Lebenswelt*, um die sich konzentrisch Sphären des nur mittelbar Erfahrbaren lagern. Es gibt so viele subjektive Lebenswelten wie normalerwachsene Individuen und so viele *gemeinsame Lebenswelten*, wie sich verschiedene subjektive in sozialen Handlungsräumen zu vereinten Welten integrieren.

---

11 Vgl. Schütz/Luckmann 1979, S. 73 ff. Zur Weltzeit vgl. Kapitel 5, Abschnitt 2.
12 Das an Husserl und Schütz anschließende Konzept eines lebensweltlichen Erfahrungskontextes habe ich ausführlicher in Schiemann 2005, Kapitel 1.1.2, dargestellt. Zusammen mit einem gegebenen Hintergrundwissen bilden die drei Kriterien dort eine hinreichende Bedingung für lebensweltliche Erfahrung, vgl. Schiemann 2005, Kapitel 1.1.2, Abschnitt 3.1.2.

Um die lebensweltliche *Spannung des Bewusstseins* näher zu bestimmen, beziehe ich im nächsten Schritt die spezifische *Epoché* auf Husserls Wahrnehmungsbegriff. Die lebensweltliche Aufmerksamkeit gilt primär der Wahrnehmung der äußeren, nicht symbolisch vermittelten Körperwelt. Diese Kennzeichnung erlaubt es mir anschließend, Schütz' und Luckmanns Schichtenmodell zur Präzisierung der Formen der *Spontaneität*, der *Zeitperspektiven* und der *Sozialität* anzuwenden.

Zweifelsferne bzw. -freiheit führt zur Ausbildung eines Kerns unerschütterlicher Glaubensgewissheiten, die nicht einzelne Inhalte, sondern den Geltungscharakter der Welt überhaupt zum Gegenstand haben. Den damit gemeinten selbstverständlichen Weltglauben bezeichnet Husserl als „*Generalthesis der natürlichen Einstellung*" (Husserl 1950 ff., Bd. III/1, S. 63 f. – auch im Original hervorgehoben). Die Lebenswelt wird fraglos als Einheit und in einer vom Erkennen unabhängigen Existenz angenommen. Husserls Generalthesis steht insofern in cartesischer Tradition, als er die dieser Einstellung entsprechende Vorgegebenheit hauptsächlich als anschauliche auffasst. Wo Reflexion über Erfahrung oder Erkenntnis nicht statthat, dominiert das Zeugnis der Wahrnehmung. Die Lebenswelt ist „Wahrnehmungswelt", weil sie in ihrem Sein selbstverständlich hingenommene Welt ist.[13] „Wahrnehmung" meint ausschließlich den „Modus der Selbstgegenwart" eines Erscheinenden, den Husserl „Urmodus der *Anschauung*" im Unterschied zur erinnernden oder antizipierenden Anschauung des aktuell Abwesenden nennt (Husserl 1950 ff., Bd. VI, S. 107 – im Original hervorgehoben). Diese „originär gebend[e]" Erfahrung richtet sich „auf bloße Körperlichkeit" (Husserl 1948, S. 54 f.). „Durch Sehen, Tasten, Hören usw., in den verschiedenen Weisen sinnlicher Wahrnehmung sind körperliche Dinge in irgendeiner räumlichen Verteilung *für mich einfach da*" (Husserl 1950 ff., Bd. III/1, S. 57 – im Original hervorgehoben). In diesem Sinn umfasst die Lebenswelt die im sichtbaren Umkreis eines Subjektes aktuell gegenwärtigen und als Zeichen auf Anderes verweisenden Dinge. Im erweiterten Sinn erstreckt sie sich auch auf gerade nicht sichtbare, verdeckte oder abwesende Körper, die aber „bewußtseinsmäßig" in der Erinnerung präsent sind (Husserl 1950 ff., Bd. III/1, S. 57 f.).

Husserl wendet die Generalthesis nicht nur auf die „Sachenwelt" an. Dieselbe Welt sei „in derselben Unmittelbarkeit als *Wertewelt, Güterwelt, praktische Welt*" vorhanden (Husserl 1950 ff., Bd. III/1, S. 59 – auch im Original hervorgehoben). Lebensweltlich erscheinen die Körper nicht unabhängig von ihren kulturellen, sozialen und praktischen Bewertungen, denen umgekehrt aber dort auch keine selbständige Existenz zukommt: „Damit etwas als brauchbar schön, furchtbar,

---

[13] Vgl. Husserl 1950 ff., Bd. VI, S. 49 f. und 171, Husserl 1950 ff., Bd. IX, S. 58, u. ö.

abschreckend, anziehend oder was immer gegeben sein kann, muß es irgendwie sinnlich erfaßbar anwesend sein" (Husserl 1948, S. 53). Auch die Wahrnehmung von Bedeutungen setzt die Wahrnehmung des Körperlichen voraus[14], weshalb Lebenswelt auch als soziokulturell verfasste primär Wahrnehmungswelt bleibt.

Indem ich mich der Annahme des Körperprimates anschließe, verstehe ich die Lebenswelt als einen auf die Leistungen der äußeren Wahrnehmung gegründeten Erkenntnisstil. Strukturen eines derart verfassten Erfahrungsbereiches haben Schütz und Luckmann als „*Aufschichtungen*" konzeptualisiert. Diese Modellvorstellung verwende ich, um den Kreis der notwendigen Bedingungen auf einen *beschränkten sozialen Kontext* festzulegen. Damit verfolge ich die Strategie, die Reichweite des Geltungsanspruches der von Schütz und Husserl übernommenen Bestimmungen der Lebenswelt zu limitieren, um Raum für die Berücksichtigung erfahrungsdifferenter Kontexte zu schaffen. Die *räumliche* Aufschichtung präzisiert die in der Lebenswelt vorherrschende Spontaneität des direkten Handelns, dem in einer Wahrnehmungswelt oberste Bedeutung zukommt. Auch Schütz und Luckmann, die die Lebenswelt ebenso durch sozial vermittelte wie durch unmittelbare Erfahrung charakterisieren, folgen dieser Rangordnung. Die *zeitlichen* und *sozialen* Aufschichtungen bestätigen die Strukturmerkmale der räumlichen und liefern zusätzliche Bestimmungen.

1.2.1 Räumliche Aufschichtung

Im Zentrum der räumlichen Struktur steht der Ort der leiblichen Anwesenheit der lebensweltlich eingestellten Subjekte. Die Reichweite ihrer direkten Handlungen spannt die sogenannte primäre Wirkzone auf. In ihr befinden sich alle Dinge und Personen, auf die sie (in der ein gewisses Zeitintervall umfassenden Gegenwart) allein durch die Bewegung ihres Leibes körperlich einwirken können. Dazu gehört auch die Bedienung von technischem Gerät (Werkzeugen, Fortbewegungsmitteln usw.). Ein „sekundärer" Bereich der Wirkzone berücksichtigt die durch technische Hilfsmittel zustande gebrachten Veränderungen an Körpern, die sich nicht in der primären Zone befinden. Die primäre Wirkzone fällt ganz und die sekundäre teilweise in die Sphäre der wahrnehmbaren Dinge. Die durch diese gebildete „*Welt der aktuellen Reichweite*" gliedert sich im Inneren nach Sinnesmodalitäten (in der Ferne Sichtbares hat selten noch Geruchsqualität, die aber meist weitere räumliche Erstreckung besitzt als Tast- und Geschmacksqualitäten usw.). Nach

---

[14] Vgl. Husserl 1948, S. 55.

außen grenzt sie sich von der „*Welt in potentieller Reichweite*" ab, die vergangene und zukünftige, d. h. nicht anwesende Gegenstände umfasst.[15]

Am Beispiel der häuslichen Schreibtischwelt einer Studentin lässt sich die räumliche Aufschichtung skizzieren: Der von ihr eben noch gebrauchte Computer und der von ihr jetzt benutzte Teil einer Sprechanlage mit Türöffner gehören zur primären Wirkwelt. In der sekundären Wirkwelt befinden sich sichtbare und unsichtbare Dinge: der Türöffner (nicht sichtbar), die Haustür (teilweise sichtbar) und eine davor stehende Person (nicht sichtbar), die kurz zuvor geklingelt hat. Neben dem Inventar der primären Wirkwelt zählen die wahrnehmbaren Gegenstände außerhalb des gegenwärtigen Handlungsradius der Studentin zur Welt ihrer aktuellen Reichweite: Gegenstände etwa, auf die ihr Blick durch das Fenster fällt (Häuser auf der gegenüberliegenden Straßenseite, entferntere Landschaftsausschnitte), nicht hingegen die noch nicht eingetretene Person, die aber schon Teil der Welt in potentieller Reichweite sein kann. In keine dieser Welten fallen nicht sichtbare mechanisch-elektrische Geräteteile, z. B. der Tastatur und der Sprechanlage, es sei denn, die Benutzerin hätte ein Interesse an ihrer Funktionsweise und würde sie in ihre Welt der potentiellen oder gar aktuellen Reichweite mit einbeziehen. Lebenswelt ist im Hinblick auf moderne technische Geräte eine Knopfdruckwelt. Allein auf die für sie relevanten In- und Outputs angewiesen, reicht sie normalerweise nur bis zur Oberfläche der Apparate.

1.2.2 Zeitliche Aufschichtung

Äußerst komplex sind die von Schütz und Luckmann untersuchten zeitlichen Strukturen der Lebenswelt, die sie gegenüber anderen geschlossenen Sinnbereichen durch das Zusammenfließen ansonsten getrennter Zeitformen auszeichnen.[16] In ihren Grundzügen impliziert die räumliche bereits die zeitliche Aufschichtung: Die Gegenwart spielt sich hauptsächlich in der Welt der aktuellen Reichweite ab; vergangene und zukünftige Ereignisse und (gemeinsame) Erlebnisse machen die Welt in potentieller Reichweite aus.

Vom Zustand der Welt jenseits ihrer potentiellen Reichweite sind die lebensweltlichen Subjekte in zeitlicher Hinsicht jedoch anders als in räumlicher Hinsicht betroffen. Was gegenwärtig außerhalb der räumlichen Reichweite liegt, entzieht sich leicht ihrem Interesse und auch ihrer Kenntnis. In ihrer wesentlichen

---

15 Vgl. Schütz/Luckmann 1979, S. 63 ff.
16 Vgl. Schütz/Luckmann 1979, S. 73 ff. In Kapitel 5, Abschnitt 1, diskutiere ich verschiedene, in der Lebenswelt vorkommende Zeitformen.

Lokalität verknüpfen sich Lebenswelten gewöhnlich nur bedingt mit fernab liegenden Geschehnissen. Von den außerhalb der eigenen Reichweite liegenden, zeitlichen Ereignissen haben zwei hingegen für die einzelnen Subjekte einen unbedingten Charakter: Die eigene *Geburt* und der eigene *Tod*. Von ihnen kann man keine direkte lebensweltliche Erfahrung haben.[17] Man weiß davon nur durch Erzählungen und vermutet Ähnlichkeiten mit der Geburt und dem Tod anderer Menschen. Die Mittelbarkeit dieser Erfahrungen steht freilich in keinem symmetrischen Verhältnis. Die eigene Geburt entzieht sich der Erfahrung eines Subjektes ungleich stärker als der bevorstehende eigene Tod, der sich im Altern und Sterben leiblich ankündigt.

Bei Husserl, Schütz und Luckmann begründet die Transzendenz von Geburt und Tod den strikten *Generationenbezug* eines lebensweltlichen Kontextes, in dem die noch lebenden älteren und die jüngeren Menschen höchstens am Rande auftreten. In Kulturleistungen verdinglicht, gehört der Zenit der Tätigkeit der Vorfahren der Vergangenheit an; die kommende Generation nimmt am Erwachsenenleben nur partiell Anteil.

1.2.3 Soziale Aufschichtung

Nach Schütz' und Luckmanns Ausgangsprämisse geht jedes einzelne Subjekt alltagspraktisch fraglos davon aus, „daß andere Menschen existieren" (Schütz/Luckmann 1979, S. 87). Die soziale Aufschichtung thematisiert eine nach *Graden der Anonymität* vorgenommene Differenzierung der Sozialerfahrung: Anonymität verhält sich umgekehrt proportional zur Unmittelbarkeit der Erfahrung, wobei keine Sozialerfahrung so unmittelbar ist, dass sie ohne die Anwendung anonymer Bestimmungen auskäme. Anonymität bezeichnet auf Personen angewandte Typisierung, d.h. Bildung und Benutzung von Typen zur Identifikation von Personen („unser Briefträger Herr Martin", „ein Volksfeind" usw.).[18] Sie betrifft Handlungsaspekte weniger in der primären Wirkzone als in der potentiellen Reichweite.

Bei Schütz und Luckmann verliert sich die Reichweite der sozial aufgeschichteten Lebenswelt ins Unbestimmte. Nicht nur die schwächsten Formen der Mittelbarkeit von Sozialerfahrung, sondern auch die stärksten zählen sie noch zur Lebenswelt, die zwar ihren Mittelpunkt behält, sich aber zur gesamten gesellschaftlichen Sozial- und Kulturwelt ausdehnt. Teils entspricht solch radikale Of-

---

17 Vgl. Schütz/Luckmann 1979, S. 74 f., und Schütz/Luckmann 1984, S. 171 ff.
18 Zur lebensweltlichen Typisierung vgl. Schiemann 2005, Kapitel 1.1.2, Abschnitt 3.1.2.

fenheit dem Horizontcharakter der lebensweltlichen Erfahrung, teils macht sie eine Einteilung der sozialen Erfahrung, in der lebensweltliche neben anderer Erfahrung steht, unmöglich. Im Unterschied zu Schütz und Luckmann möchte ich deshalb das Kriterium der Anonymität so verwenden, dass *der durch die räumliche Aufschichtung bereits beschränkte Ausschnitt der Sozialwelt deutlicher hervortritt.* Anonymität soll Bestimmungen liefern, nach denen eine Person – jedenfalls näherungsweise – Menschen, die sie zu ihrer mit ihnen geteilten Lebenswelt rechnet, von denen unterscheidet, die nicht dazu gehören, aber dennoch in ihr auftreten. Dabei können die auf das Wesen der Lebenswelt als Wahrnehmungswelt zurückgehenden Grundlagen dieser Grenzziehung noch ganz der Analyse von Schütz und Luckmann entnommen werden. Erfahrung, die in Anonymität weitestgehend minimierbar ist, findet ihnen zufolge nur in „face-to-face-Beziehungen", d. h. bei leiblicher Anwesenheit statt. Dabei heißt die aufmerksame Zuwendung eines Subjektes zu einem anderen *„Du-Einstellung"* und die von ihm als gleich erfahrene Person *„Mitmensch".* Ist diese Orientierung wechselseitig, wird die soziale Beziehung *„Wir-Beziehung"* genannt. (Schütz/Luckmann 1979, S. 90 f. – auch im Original hervorgehoben)

Wir-Beziehungen lassen sich nun nach Graden der Anonymität klassifizieren. Je konkreter, detaillierter und in der Regel wohl auch langanhaltender die unmittelbare Sozialerfahrung ist, desto geringer ist die Bedeutung einzelner Typisierungen bei einer Du-Einstellung.[19] Eine Situationsalternative spannt hierbei, wie ich ergänzen möchte, das Möglichkeitsfeld geringer Anonymität auf: Das Alter Ego erscheint entweder als einzigartiges Individuum, das sich gar nicht treffend typisieren lässt, oder es weist eine Vielzahl zu seiner Erscheinung passende, sich überschneidende Typisierungen auf. Höhere Anonymitätsgrade kommen durch die sukzessive Ersetzung der unmittelbaren Sozialerfahrung durch Typisierungen zustande. Im Extremfall können Typisierungen völlig an die Stelle von Sozialerfahrung treten. Da Wir-Beziehungen von einer durch Typisierung unersetzbaren Aufmerksamkeitszuwendung abhängen, werden sie durch jede Zunahme der Anonymität zerstört. In Wir-Beziehungen mit minimierten Anonymitätsgraden sehe ich das soziale Wesensmerkmal der gemeinsamen Lebenswelt.

1.2.4 Abschließende Charakterisierung

Als Wahrnehmungswelt haben die subjektive und die gemeinsame Lebenswelt eine *zentrische Natur*. Die hier vor allem erörterte gemeinsame Lebenswelt finden

---

[19] Vgl. Schütz/Luckmann 1979, S. 95 ff.

die Individuen als vertrauten Sozialraum vor, in dem sie sich mehr oder weniger aufmerksam aufhalten, den sie aber auch verlassen und wieder betreten können. Man kennt die Objekte und Personen seiner Lebenswelt in ihrem Eigensinn. Sie halten sich als solche in der Erinnerung, wenn sie nicht mehr präsent sind oder man sich selbst außerhalb der Lebenswelt befindet (Traum, Phantasie, Öffentlichkeit, Berufswelten usw.). In abgestuften Graden der Bekanntheit lagern sich andere Erfahrungsräume um die Lebenswelt und überschneiden sich teilweise mit ihr. Personen, die aus diesen Räumen kommend in der Lebenswelt eintreten, bleiben von ihr anfänglich unterschieden. Da alles, was zur Lebenswelt gehört, wahrnehmbar sein muss, ist ihr zeitlicher Modus wesentlich die Gegenwart; aus der Vergangenheit stammen die Erfahrungen, die Wahrnehmungsleistungen ermöglichen und Handlungen orientieren; in die Zukunft reichen die Wünsche, Erwartungen und Handlungsplanungen.[20]

Auch als gleichberechtigter Erkenntnisstil neben anderen verliert die Lebenswelt nicht ihre *grundlegende Bedeutung für die begriffliche Erfassung von Modernisierungsprozessen*. Zunehmende Professionalisierung kann erst vor dem Hintergrund der bestehenden nichtprofessionalisierten Erfahrungsräume, die ihren Inbegriff in der redefinierten Lebenswelt finden, verstanden werden. Ihre Integration in eine Mannigfaltigkeit differenter Sinnbereiche bietet zudem Voraussetzungen, die Lebenswelt selbst als kulturelles Phänomen zu begreifen, das nur im Plural geschichtlich wandelbarer Lebenswelten auftritt. Der kulturgeschichtlich wirksame Ausdifferenzierungsprozess der Erfahrung führt zur Vervielfältigung der nichtlebensweltlichen Erkenntnisstile.

1.3 Beispiele nichtlebensweltlicher Erkenntnisstile

Am Beispiel zweier nichtlebensweltlicher Erfahrungen – der experimentellen naturwissenschaftlichen Erfahrung und der Subjektivität – möchte ich die An-

---

20 Die Eigenschaften von Bereichen, die denen der Lebenswelt entsprechen oder ähnlich sind, treten hervor, wenn – wie beispielsweise bei der Bekämpfung von Seuchen – die Bewegungsfreiheit der Menschen eingeschränkt wird. Individuen sind dann etwa verpflichtet, ihre Handlungsräume wesentlich länger als gewöhnlich auf einen privaten und räumlich auf eine Wohnung konzentrierten Ausschnitt ihres Lebens zu begrenzen. Der Zwang zum Aufenthalt in einem künstlich verengten lebensweltlichen oder lebensweltnahen Bereich problematisiert ansonsten im Selbstverständlichen verborgene Bestimmungen der Lebenswelt. Wie die Erfahrungen mit der Coronavirus-Pandemie zeigen, spielen die Möglichkeit der Orientierung an äußeren Wahrnehmungen, direkten Handlungen und face-to-face-Beziehungen eine gesellschaftlich so überragende Rolle, dass deren Einschränkung für die Betroffenen eine erhebliche Herausforderung darstellt.

wendung von Schütz' Kriterienkatalog zur Abgrenzung verschiedener Erkenntnisstile abschließend noch einmal diskutieren. Schütz und Luckmann haben diese beiden Erfahrungskontexte nicht als abgeschlossene Sinnbereiche erwähnt. Nur an einigen Stellen gehen sie pauschal auf die *Wissenschaft* und auf die dazu gerechnete „wissenschaftliche Kontemplation" ein.[21] Ohne eine überzeugende Begründung geben zu können, kontrastiert Schütz die letztere vor allem mit der Lebenswelt. Sein Verständnis der wissenschaftlichen Kontemplation weist zudem weniger Ähnlichkeit mit den in den Wissenschaften vorfindlichen Erkenntnisstilen als mit Husserls Begriff der subjektiven Erfahrung auf.[22]

Damit, dass Schütz und Luckmann die *Subjektivität* nicht als abgeschlossenen Sinnbereich berücksichtigen, verfehlen sie die konstitutive Bedeutung, die dieser Erkenntnisstil für das moderne Selbstverständnis einnimmt. Als die drei „Quellen des Selbst" nennt etwa Charles Taylor in seiner überzeugenden Studie über die Identitätsformen der Neuzeit neben der „Stimme der Natur" und der lebensweltverbundenen „Bejahung des gewöhnlichen Lebens" die „Innerlichkeit",[23] die die Abgrenzung der Vernunft von einer ihr gegenüber äußeren Welt sowie ihre Herausbildung als autonome Instanz der Erkenntnis und des Handelns bezeichnet.[24] Der Mainstream des frühneuzeitlichen Subjektivitätsdiskurses hebt mit der rituellen und Spielräume der Einsamkeit eröffnenden Abkehr von der Lebenswelt an.[25] Subjektivität wird bald Gegenstand methodischer Analysen, an die die psychologischen Verfahren der Introspektion (Wundt, James, Titchener und die Würzburger Schule unter Külpe) oder die phänomenologischen Verfahren der Reduktion (Husserl) anknüpfen.[26] Schließlich hat sie in der Philosophie des Geistes als Raum der Empfindungsqualitäten in den letzten Jahrzehnten eine ungeahnte Renaissance erfahren.[27]

1.3.1 Experimentelle Naturwissenschaft

Schütz' Begriff des Erkenntnisstils bietet die Möglichkeit, die Pluralität der modernen Erfahrungsweisen in erster Näherung einer Einteilung zu unterziehen. So

---

21 Vgl. Schütz 1971, S. 281 ff., und Schütz/Luckmann 1979, S. 48 f. und 356 ff.
22 Vgl. Schiemann 2002, S. 82 f.
23 Vgl. Taylor 1993, S. 207 ff.
24 Den Begriff der Neuzeit verwende ich in einem die Moderne als ihre gegenwärtige Periode umfassenden Sinn, vgl. Schiemann 1997, S. 5 f.
25 Vgl. Bürger 1998.
26 Vgl. Varela/Shear (Hrsg.) 1999.
27 Vgl. einführend hierzu Güzeldere 1996.

ist auch die einheitliche Charakterisierung der der experimentellen Naturwissenschaft entsprechenden Erfahrung nur in Abhebung von anderen Erkenntnisstilen sinnvoll. Sie kann nicht beanspruchen, der Vielfalt von naturwissenschaftlichen Methoden, Gegenstandsbereichen und Konzeptionen gerecht zu werden. Berücksichtigt man diese Einschränkung, so bedarf es keiner näheren Erläuterung, warum einer begrifflichen Abgrenzung der experimentellen Naturwissenschaft eine kaum zu überschätzende Bedeutung zukommt: Die *Verwissenschaftlichung und Technisierung der Moderne* haben in diesen Disziplinen einen – wenn nicht: den – maßgeblichen Motor.

Das experimentelle Verfahren der Naturwissenschaften ist ein zweckrationaler Handlungszusammenhang, der auf die Feststellung oder Erzeugung von Phänomenen abzielt und der Bildung, Überprüfung oder Kritik von Wissen über die objektivierbare Wirklichkeit dient.[28] Er findet in nahezu allen Naturwissenschaften Ausbildung und Anwendung und lässt sich als kennzeichnendes Merkmal der meisten naturwissenschaftlichen Disziplinen heranziehen. Der hier verwendete Ausdruck „*Phänomen*" meint Ereignisse, Vorgänge oder Zustände, von denen erwartet wird oder bereits nachgewiesen ist, dass sie sich begrifflich beschreiben lassen, unter geeigneten Umständen regelmäßig eintreten und einer theoretischen Erklärung zugänglich sind. In einer weiteren Bedeutung kann er sich zugleich oder alternativ auf das Bestehen der Regelmäßigkeit selbst beziehen. Der experimentellen Erzeugung von Phänomenen muss also keine bestimmte Vorstellung über sie vorangehen. Zahlreiche Phänomene wurden sogar in Experimenten entdeckt, die dafür nicht vorgesehen waren.

Generell gilt, dass die zur systematischen Erfassung von Phänomenen notwendige Minimierung von Parametern und Variablen eine kontrollierte Abgrenzung der zu untersuchenden Gegenstände von ihren Umgebungen erfordert, wozu Experimente oftmals in manipulierbaren technischen Vorrichtungen durchgeführt werden. Als Kennzeichen der experimentellen Erfahrung kann diese *Objektisolation* gelten. Sie tritt bei quantenphysikalischen Objekten besonders deutlich hervor. Atome weisen beispielsweise gegenüber vielen anderen Gegenständen der Naturwissenschaften eine relativ hohe Stabilität auf. Ihre zum Zweck physikalischer Untersuchung vorgenommene Zerlegung erfordert aufwendige technische Verfahren, deren Umfang, grob gesprochen, mit der Kleinheit der Zerlegungsprodukte zunimmt. Um Elementarteilchen künstlich zu isolieren, bedarf es hochenergetischer Beschleunigeranlagen, die zu den größten naturwissenschaftlichen Experimentalvorrichtungen gehören.[29]

---

28 Übersicht über die neuere Literatur zum Experiment bietet Feest/Steinle 2016.
29 Die Objektisolation quantenphysikalischer Objekte diskutiere ich in Kapitel 6.

Experimentelle Phänomene werden wahrgenommen oder beobachtet. *„Wahrnehmen"* benennt die durch äußere Sinneseindrücke vermittelte Perzeption von Körpern, wie sie auch in der Lebenswelt vorkommt. *„Beobachtung"* heißt hingegen der durch Apparate vermittelte empirische Bezug auf theoretische Entitäten (Elektronen, Atome, Gene, Schwarze Löcher usw.). Viele Experimente der Naturwissenschaft gelten Eigenschaften, die für eine Perzeption teils zu klein, teils zu groß, teils zu entfernt, teils zu kurzlebig oder teils zu selten sind. Werden Beobachtungen mit Hilfe oder durch Messinstrumente gewonnen, kann sich die sinnliche Wahrnehmung beschränken auf die Ablesung von Zeigerstellungen oder anderen Darstellungen der Resultate, d.h. von austauschbaren Repräsentationen von Daten über theoretische Entitäten. Die Wahrnehmung von nicht zeichenhaft vertretbaren Gegenständen braucht dann nicht mehr konstitutiv zu sein.[30] Beobachtungen sind aber auch sinnlich vermittelt, insofern sie durch Handlungen zustande kommen. Die fortschreitende Automatisierung der Experimentiertechniken hat indes Beobachtungsformen denkbar werden lassen, die auf menschliche Sinnesleistungen nur noch peripher oder gar nicht mehr angewiesen sind.

Die genannte Bedingung der Umgebungsabgrenzung erlaubt, Experimente raumzeitlich zu verorten. Ihr intendierter Geltungsanspruch ist jedoch nicht lokaler, sondern universeller Art. Wissenschaftliches Wissen soll unter reproduzierbaren Bedingungen überprüfbar sein und behauptet *uneingeschränkte intersubjektive Gültigkeit*. Zum Universalitätsanspruch passt die entgrenzende Struktur der Forschungsorganisation. Die Träger der experimentellen Naturwissenschaft sind nicht einzelne Individuen, sondern die weltweit vernetzten, wissenschaftlichen Gemeinschaften der jeweiligen Disziplinen. Der von ihnen produzierten Erkenntnis kommt insofern allerdings nur eine relative Objektivität zu, als die experimentelle Naturwissenschaft – wie die Wissenschaft überhaupt – ein wesentlich *soziokulturelles Unternehmen* ist. Dementsprechend folgen Naturwissenschaftler*innen in ihren Überzeugungen wandel- und ersetzbaren „Denkstilen" (Ludwik Fleck) bzw. organisieren ihre Arbeit im Rahmen von wandel- und ersetzbaren „Paradigmen" (Thomas S. Kuhn). Unter diesen historisch kontingenten Rahmenbedingungen hat sich die vorherrschende Rationalität der experimentellen Naturwissenschaft als *instrumentell* erwiesen. Sie genügt, grob gesprochen, teils einer inneren Dynamik der problemlösenden Erkenntnisgewinnung, teils äußeren gesellschaftlichen Ein-

---

30 Experimentelle Beobachtungen ohne Messinstrumente kommen z.B. in der Mikroskopie vor, wenn Objekte, die nur durch optische Geräte identifizierbar sind, in ihren qualitativen Eigenschaften beschrieben werden.

flussfaktoren, die die Entwicklung der Methoden und der Untersuchung von Gegenstandsbereichen fördern oder erschweren können.

Diese noch sehr rudimentäre Beschreibung der experimentellen Naturwissenschaft lässt sich nun in der Terminologie von Schütz' Kriterienkatalog wiedergeben und präzisieren. Mit der Lebenswelt teilt die experimentelle Naturwissenschaft das Merkmal des „Hell-Wach-Seins" ihrer handelnden Personen im ersten Kriterium der *Spannung des Bewusstseins*. Aber diese Aufmerksamkeitsintensität vermag sich bei Experimenten nur auf Dinge zu richten, die als Zeichen für die Resultate einer selbst nicht wahrnehmbaren Datenermittlung fungieren, wie die Diskussion der Beobachtungen gezeigt hat. Folglich lässt sich die räumliche Struktur einer experimentellen Anordnung nicht notwendig auf Wahrnehmungsbedingungen zurückführen. Sie variiert vielmehr mit den methodischen, gegenstandsabhängigen und institutionellen Vorgaben. Das Spektrum kann von einer eng begrenzten Lokalität bis zu einer erdumspannenden Globalität reichen. Moderne Kommunikationssysteme erlauben, die Durchführung von Experimenten gegebenenfalls über weit auseinanderliegende Orte zu erstrecken und die gewonnenen Daten an anderen Orten auszuwerten. Auch das zweite Kriterium steht in relativer Unabhängigkeit von der Reichweite des Wahrnehmungsfeldes eines Individuums: Die *vorherrschende Spontaneität* des experimentellen Handelns richtet sich auf den Entwurf, die Durchführung und die Auswertung von Experimenten sowie auf die Entwicklung und Anwendung der zugehörigen begrifflichen und theoretischen Konzeptionen. Erfolgreiche Experimente erfordern eine in praktischer und systematischer Hinsicht hoch ausgebildete Professionalität, die normalerweise durch Denkstile bzw. Paradigmen geleitet ist. Als Beispiel für die spezifische *Epoché*, das dritte Kriterium, nennt Schütz die Einklammerung der körperlichen Existenz des Forschers „als psycho-physisches menschliches Wesen" (Schütz 1971, S. 286). Für den Inhalt der wissenschaftlichen Erkenntnis gilt allgemein, dass nicht nur die persönlichen Interessen des forschenden Subjektes, sondern auch auf seine Arbeit und ihre Resultate beziehbare Wertsetzungen keinen Eingang finden sollen. Dieses Regulativ geht in die vom vierten Kriterium beschriebene *Form der Sozialität* ein, die durch die Organisation in wissenschaftlichen Gemeinschaften gegeben ist. Erfordert die experimentelle Praxis noch ein Können, das lebensweltlichen Handlungsformen ähnlich sein mag, so verlangt der Universalitätsanspruch der wissenschaftlichen Erkenntnis gerade die Austauschbarkeit der einzelnen handelnden Personen. Schließlich reflektieren sich die bisherigen Bestimmungen wie auch die Grenzen ihrer Anwendbarkeit auf die Vielfalt der unterschiedlichen Varianten der experimentellen Naturwissenschaft im letzten Kriterium der spezifischen *Zeitperspektiven*. Ein gemeinsames Element ließe sich näher mit dem von Hans Blumenberg geprägten Begriff der „Weltzeit" als „Inbegriff aller denkbaren Chronologien" (Blumenberg 1986, S. 295) darstellen und der für die Alltagspraxis typischen „Lebenszeit" entgegensetzen.

1.3.2 Subjektivität

Subjektive Erfahrung heißt die Erfahrung, in der die *Aufmerksamkeit eines Subjektes seinen eigenen Bewusstseinsereignissen oder -zuständen gilt*, indem es sie erlebt oder auf sie reflektiert. Beispiele subjektiver Erfahrung bieten die von Husserl eingeführte transzendentale Epoché und die von Hermann Schmitz beschriebenen Formen der affektiven Betroffenheit und des Selbstbewusstseins mit Selbstzuschreibung. Personen, denen subjektive Erfahrung zugeschrieben wird, haben zu ihr einen *privilegierten Zugang*. Ihre Erfahrungsberichte haben den Status der Unkorrigierbarkeit und werden aus der Perspektive der ersten Person singular gegeben. Die Merkmale des zugehörigen Erkenntnisstils verhalten sich teilweise komplementär zu denen der Lebenswelt.[31]

Die Richtung der *Spannung des Bewusstseins* ist der der Lebenswelt entgegengesetzt: Lebensweltlich gilt die Aufmerksamkeit den äußeren Wahrnehmungsgegenständen, subjektiv den eigenen Bewusstseinszuständen (Empfindungen, Wahrnehmungen, Gedanken, Einstellungen, Stimmungen usw.), die von alltagspraktischer Bedeutung abgelöst sind. Ist der Ort der leiblichen Anwesenheit das unverrückbare Zentrum der räumlichen Struktur der Lebenswelt, kann von ihm in subjektiver Erfahrung abgesehen werden. Gedanken, die nicht mit Wahrnehmungen und Empfindungen verknüpft sind, fehlt die Notwendigkeit einer eigenen räumlichen Lokalisierung. Man kann sich bloß in Gedanken an einen Ort begeben oder sich in seine Gedanken verlieren und darüber seinen physischen Ort vergessen. Während die *vorherrschende Spontaneität* einer Person lebensweltlich den gezielten Eingriff in die mit seinen Mitmenschen geteilte äußere Welt bezweckt, vollzieht sie sich subjektiv als unsichtbarer Akt in der inneren Bewusstseinswelt und hat nicht hauptsächlich handelnden, sondern erlebenden oder reflektierenden Charakter. Professionalität, die in der Lebenswelt nicht vorkommen muss, vermag sich in der Subjektivität durchaus auszubilden. Das individuelle Gewahrwerden der eigenen Innerlichkeit setzt zwar keine spezielle Kompetenz voraus, weil die Möglichkeit seiner Realisierung integraler Teil des modernen Selbstverständnisses ist. Zur systematischen mentalen Selbsterkun-

---

31 Die Bestimmungen eines subjektiven Erfahrungskontextes habe ich in Schiemann 2005, Kapitel 1.2.2, entwickelt und in ihrem Verhältnis zu Schütz' Begriff der „wissenschaftlichen Kontemplation" kritisch in Schiemann 2002, S. 82 f., diskutiert.

dung stehen aber die Methoden der Introspektion und der phänomenologischen Reduktion zur Verfügung, die eigens erlernt und eingeübt werden können. Die subjektive *Epoché* klammert nicht den Zweifel an der Realität von Gegenständen, sondern die mit ihnen vornehmlich in anderen Welten verbundenen praktischen Zwecke ein. Nicht welche handlungsrelevanten Eigenschaften etwa den Gegenständen einer Wahrnehmung zukommen, sondern mit welchen Erlebnisqualitäten, Gedanken oder propositionalen Einstellungen sich ihre Wahrnehmung verbindet, wie ihre Gegebenheitsweise von raumzeitlichen Positionierungen abhängt usw., bilden mögliche Fragestellungen des subjektiven Erkenntnisstils. Subjektive Erfahrung ist ihrer *Form der Sozialität* nach nicht vergemeinschaftete, sondern wesentlich einsame Erfahrung, mit keinem anderen Menschen uneingeschränkt teilbar. Die *Zeitperspektiven* schließlich fokussieren sich auf die lebensweltlich unthematischen Dimensionen des inneren Zeitbewusstseins.

1.4 Schluss

Ich habe Schütz' Konzeption der Erkenntnisstile exemplarisch anhand von drei Sinnbereichen, die für den *modernen Ausdifferenzierungsprozess* der Erfahrung eine herausragende Bedeutung haben, diskutiert: Die Lebenswelt ist als Inbegriff nichtprofessionalisierter Erfahrungsräume anzusehen, die experimentelle Naturwissenschaft gilt zumindest als ein maßgeblicher Motor von Verwissenschaftlichung und Technisierung, die Subjektivität ist grundlegend für das heutige Selbstverständnis der Moderne.

Den drei Bereichen kommt aber auch für die *phänomenologische Analyse* von Erfahrung eine besondere Relevanz zu. Traditionell hat die auf Husserl zurückgehende Phänomenologie der *Lebenswelt* eine im doppelten Sinn fundierende Stellung zugewiesen: Sie sei Grundlage der menschlichen Erfahrung im Allgemeinen und der naturwissenschaftlichen Erkenntnis im Besonderen. Gegen diese, der gegenwärtig vorherrschenden Pluralität der Erfahrung widersprechenden Bestimmung habe ich im Anschluss an Schütz nicht nur die Lebenswelt, sondern auch die *experimentelle Naturwissenschaft* als einen eigenständigen Kontext eingeführt.

Mit Recht hat Husserl herausgearbeitet, dass sich die Analyse der Lebenswelt einer lebensweltexternen Perspektive bedienen muss. Diese Einsicht ist in zweifacher Hinsicht zu verallgemeinern. Jede Analyse eines Erfahrungsbereiches erfordert eine außerhalb dieses Kontextes liegende Referenz. Die Pluralität der Erfahrung liefert diese Bezugspunkte mit der Differenz unterschiedlicher Erkenntnisstile. Zu ihnen gehört auch der für die Durchführung der phänomenologischen Lebensweltanalyse entscheidende Sinnbereich, die *Subjektivität*. Subjektivität ist ebenso wenig wie die Lebenswelt ein ausgezeichneter Kontext. Sie ist nicht die „letztlich alle Weltgeltungen mit ihrem Inhalt, und in allen vorwissenschaftlichen und wissenschaftlichen Weisen zustande bringende Subjektivität" (Husserl 1950 ff., Bd. VI, S. 70), sondern genügt einem Erkenntnisstil, dessen andere Erfahrungen nicht bedürfen, um Geltung zu beanspruchen. Sie verdankt sich einer Einstellung, die von jeder Person mit oder ohne Übung und mit mehr oder weniger Gewinn eingenommen werden kann.[32] Subjektivität ist in diesem Sinn ein allgemein zugänglicher, aber bloß individuell erfahrbarer und für neuzeitliche Selbstverhältnisse typischer Erkenntnisstil.

---

[32] Husserl vergleicht die Einstellungswechsel, die sich mit dem Übergang von der natürlichen zur transzendentalen Einstellung vollziehen, mit der Änderung von Aufmerksamkeitsrichtungen, die „normale Menschen" vollziehen, wenn sie von lebensweltlichen Beschäftigungen („Familienvater") zu beruflichen („Schuster") oder politischen („Bürger") übergehen (Husserl 1950 ff., Bd. VI, S. 139 ff. und 154), d. h. die Grenzen verschiedener Erfahrungsbereiche überschreiten.

2 Persistenz der Lebenswelt?
Das Verhältnis von Lebenswelt und Wissenschaft in der Moderne

Das Verhältnis von Lebenswelt und Wissenschaft ist notorisch uneindeutig. Beide Ausdrücke haben zahlreiche Bedeutungen, die jeweils zu unterschiedlichen Relationen führen. Aber auch innerhalb eines begrifflichen Rahmens ergeben sich divergierende Beziehungen zwischen den beiden Erfahrungsformen. Lebenswelt kann man etwa in der Nachfolge Edmund Husserls, des wirkungsmächtigsten Lebenswelttheoretikers, als Kontrastbegriff zur Wissenschaft auffassen. Setzt man für „Wissenschaft" die Praxen und Theorien der akademischen Disziplinen, bezeichnet „Lebenswelt" den Inbegriff der vorwissenschaftlichen oder außerwissenschaftlichen Erfahrung, die sich in einer Engführung des Begriffes unter anderem auf vertraute Sozialbeziehungen, selbstverständlich vollzogene Handlungsabläufe und fehlende Professionalität beschränken lässt.[1] Demgegenüber erfordert die wissenschaftliche Arbeit, die in eine Vielzahl von Disziplinen zerfällt, eine hochentwickelte Spezialisierung. Zwar kennt die Wissenschaft ebenfalls vertraute Sozialbeziehungen, aber die Geltung ihrer Erkenntnisse darf gerade nicht von der Persönlichkeit der handelnden Personen abhängen. Auch die Handlungsroutinen der Wissenschaft stehen im Gegensatz zur Lebenswelt, da sie immer hinterfragbar bleiben.

Dass zwischen diesen beiden begrifflich soweit nur vage umrissenen Erfahrungsweisen divergierende Verhältnisbestimmungen möglich sind, werde ich im *ersten* Teil exemplarisch an Prozessen der Verwissenschaftlichung der Lebenswelt und ihren Gegentendenzen verdeutlichen. Die kontroversen Einschätzungen reichen von Argumenten für die Nichtexistenz bzw. Beseitigung der Lebenswelt bis zu Begründungen für die Notwendigkeit ihrer Beibehaltung bzw. Wiederherstellung. Die gegensätzlichen Beurteilungen werte ich als Ausdruck einer historischen Konstellation, in der sich die Beseitigung der Lebenswelt vollziehen könnte. Die lebensweltliche Erfahrung könnte durch wissenschaftliche Problematisierungen ihrer Welteinstellung und Handlungsvollzüge sowie durch Technisierung von Wahrnehmungsprozessen aufgehoben werden. Dass man von diesem denkbaren Ende der Lebenswelt allerdings noch einigermaßen weit ent-

---

[1] Der Begriff der Lebenswelt umfasst im Folgenden nur die gemeinsame Lebenswelt verschiedener Individuen, zwischen denen vertraute Sozialbeziehungen bestehen. Zum Begriff der gemeinsamen Lebenswelt vgl. Kapitel 1, Abschnitt 2.

fernt ist, möchte ich abschließend im-*zweiten* Teil zeigen, indem ich ihren Abstand zur Wissenschaft sowie ihr Verhältnis zur Technik diskutiere.

2.1 Verwissenschaftlichung und ihre Gegentendenzen

2.1.1 Verwissenschaftlichung der Lebenswelt

Verwissenschaftlichung meint, dass nichtwissenschaftliche durch wissenschaftliche Erfahrung verdrängt wird. Dazu kann es kommen, wenn die Wissenschaft der nichtwissenschaftlichen Erfahrung Kompetenzen entzieht oder sie zunehmend durchdringt.[2] Auf die Lebenswelt angewandt, finden sich für beide Fälle zahlreiche Beispiele. *Kompetenzentziehungen* haben im vergangenen Jahrhundert etwa im Bereich von Ernährung und Krankheit stattgefunden. So ist die Güte der über Handelsketten verteilten Nahrungsmittel in der Regel nicht mehr lebensweltlich, sondern nur noch mit wissenschaftlichem Sachverstand, auf den sich die Verbraucher*innen verlassen müssen, beurteilbar. Was früher von bäuerlichen Lebensmittelbetrieben bezogen wurde, ist heute industriell hergestellt, mit synthetischen Stoffen versetzt und mit Verpackungen überregional versandfähig gemacht. Weniger anonym ist die Kompetenzentziehung im Bereich der Krankheiten, deren Feststellung und Behandlung mehr und mehr zum Gegenstand der wissenschaftlich gestützten Medizin geworden ist. Die Schulmedizin verfügt über technische Apparate zur Analyse von Körperveränderungen (z. B. radiologische Geräte), die sich der lebensweltlichen Wahrnehmung entziehen. Die therapeutischen Maßnahmen können meist ohne wissenschaftliche, etwa pharmakologische, Sachkenntnis nicht durchgeführt werden. Dabei ist das in Diagnose und Therapie angewandte Wissen in unterschiedlichem Grad mit Ungewissheiten behaftet, so dass medizinische Beurteilungen und Handlungsempfehlungen bei identischen Symptomen mitunter gegensätzlich ausfallen können.[3]

Der lebensweltlich verbliebene Umgang mit Krankheiten ist zugleich ein Fall von *Durchdringung* der Erfahrung mit wissenschaftlichem Wissen. Die Schulmedizin nimmt der Lebenswelt nicht nur die Zuständigkeit, sondern verbreitet über Krankheiten auch Erkenntnisse, die in das lebensweltliche Verständnis einge-

---

[2] Ich übernehme diese Unterscheidung von Mahlmann 1991, S. 7.
[3] Die Kompetenzentziehung kann folglich mit einer tiefgreifenden Handlungsunsicherheit verbunden sein. In seinen Grundelementen geht die Ungewissheit des medizinischen Wissens auf die Ungewissheit zurück, die wissenschaftlichem Wissen überhaupt eigen ist, wenn Theorien nicht hinreichend eindeutig mit empirischen Befunden verbunden sind. Zur Hypothetizität des naturwissenschaftlichen Wissens vgl. Heidelberger/Schiemann (Hrsg.) 2009.

hen.[4] Ein weiteres Beispiel für eine infiltrierende Verwissenschaftlichung ist die „Psychologisierung des Alltagsbewusstseins" (Regina Mahlmann), wie sie sich etwa für den Wandel der lebensweltlichen Auffassung der Ehe nachweisen lässt. Mit dem 20. Jahrhundert beginnt tiefenpsychologisches Wissen über Ratgeberliteratur, die eheliche Erotik zu enttabuisieren. Ab der Mitte des vergangenen Jahrhunderts werden dann die traditionellen Rollen der Geschlechter verstärkt auch psychologisch hinterfragt, wobei die Popularisierung des Diskurses dazu beiträgt, dass Argumente auch lebensweltlich nachvollzogen werden können.[5]

Handelt es sich bei diesen Fällen der Verwissenschaftlichung um den Ausdruck einer allgemeinen Tendenz, die bereits jetzt schon zur Schwächung der Unabhängigkeit der Lebenswelt geführt hat und zukünftig vielleicht ihre Auflösung bewirken wird? Eine solche Sichtweise legt die Konzeption der *Wissensgesellschaft* nahe, der zufolge „wissenschaftliches und technisches Wissen [...] eine größere Bedeutung als jemals zuvor" (Carrier/Krohn/Weingart 2007, S. 9) erhalten haben:

> Wenn immer sich ein Problem stellt – ist Fasten ungesund? Macht zuviel Fernsehen dumm? Vererbt sich schlechter Charakter? – verlassen wir uns bei dessen Lösung nicht mehr auf das Alltagswissen. Vielmehr werden Experten zu Rate gezogen, und wenn diese auch nichts wissen, wird ein Forschungsprojekt aufgelegt. Mehr noch: Eine Vielzahl von Problemen, mit denen sich die Menschen in modernen Gesellschaften beschäftigen – die Veränderung des Klimas, der Abbau der Ozonschicht, die Strahlenbelastung durch Mobiltelefone und Hochspannungsleitungen, die Übertragbarkeit der Vogelgrippe auf den Menschen – sind erst durch die Wissenschaft aufgedeckt worden (Carrier/Krohn/Weingart 2007, S. 9).

Keine lebensweltrelevante Frage wird demnach mehr ohne Einbeziehung wissenschaftlicher Erkenntnisse behandelt. Von einer nichtwissenschaftlichen Erfahrung, wie es der Begriff der Lebenswelt behauptet, kann deshalb strenggenommen gar nicht mehr gesprochen werden. Der moderne Alltag findet zudem angeblich in einer Welt statt, deren Probleme sich der sinnlichen Wahrnehmung entziehen und sich nur mit wissenschaftlichen Verfahren erkennen lassen. Richtig an dieser Einschätzung ist die Feststellung des zunehmenden Einflusses der Wissenschaft auf die Lebensbedingungen und das Lebensverständnis in modernen Gesellschaften. Die *Lebensbedingungen* hängen fast durchgehend von einer technischen Infrastruktur ab, deren Konstruktion und Aufrechterhaltung

---

[4] Durch die Übernahme medizinischen Wissens erhöht sich die Akzeptanz von Therapievorschriften oder von Verhaltensregeln zur Krankheitsprävention. Wissenschaftlich begründete Vorsorgemaßnahmen können im Fall von Seuchen tief in die lebensweltkonstitutiven Handlungsformen eingreifen.
[5] Mahlmann 1991, S. 53 ff.

sich entscheidend der Anwendung von wissenschaftlicher Erkenntnis verdankt. Bei Störungen dieser Technosphäre (im Verkehrswesen, in der Stromversorgung etc.) drohen die Lebensbedingungen zusammenzubrechen. Solange die Infrastruktur intakt ist, beschränkt sich allerdings der Verwissenschaftlichungseffekt im Wesentlichen auf Kompetenzentziehungen, da nur die Gebrauchsseite der technischen Einrichtungen lebensweltlich verfügbar ist und man von den Funktionsweisen der Strukturen nichts verstehen muss, um sie zu benutzen. Anders verhält es sich mit dem *Lebensverständnis*, das der Durchdringung durch wissenschaftliche Erfahrung ausgesetzt ist.

Man kann die von der Konzeption der Wissensgesellschaft vorgebrachten Argumente zur Auflösung der Lebenswelt noch verschärfen, indem man die explizite *Kritik der Wissenschaft an der lebensweltlichen Erfahrung* hinzunimmt. Die Wissenschaft bietet nicht nur Lösungen zu lebensweltlichen Fragestellungen, sie erkennt nicht nur Probleme, die sich der sinnlichen Wahrnehmung entziehen. Sie kritisiert zudem und vor allem den Geltungsanspruch des lebensweltlichen Wissens. Theorien verschiedener Disziplinen behaupten die Falschheit von in der Lebenswelt vorherrschenden Auffassungen. In der Philosophie vertritt etwa der „eliminative Materialismus" die Ansicht, dass alle (mentalistischen) Vorstellungen, die ein unabhängiges Bewusstsein voraussetzen, der Wirklichkeit nicht entsprechen und deshalb auf die Dauer nicht aufrechtzuerhalten sind.[6] Diese Ansicht trifft sich mit neurowissenschaftlichen Beschreibungen, die die lebensweltliche Selbstwahrnehmung des Handelns, insbesondere die Vorstellung eines freien Willens, für falsch und beseitigungswürdig halten. Zu einer angemessenen Beurteilung von (strafbaren) Handlungen gelange man nur, wenn man von einer Determination menschlichen Verhaltens ausgehe.[7] In der Physik behaupten Theorien, die an Albert Einsteins spezielle und allgemeine Relativitätstheorie anknüpfen, dass das Zeiterleben, das auch für die Lebenswelt konstitutiv ist, eine Illusion darstelle. Die reale Welt kenne kein Werden, der beobachtbare Zeitfluss von der Vergangenheit in die Zukunft und der darauf bezogene Wandel sei eine subjektive Konstruktion.[8]

Den verschiedenen Formen der wissenschaftlichen Kritik an der lebensweltlichen Erfahrung ist gemeinsam, dass sie diesen Erfahrungstypus für *kontingent* hält. Als der wissenschaftlich-technischen Zivilisation nicht mehr angemessen wird die Überwindung der Lebenswelt für den künftigen kulturellen Fortschritt für notwendig gehalten.

---

6 Diese Position vertritt u. a. Churchland 1992.
7 Vgl. etwa Singer 2007.
8 Vgl. Carrier 2009, S. 58 ff., und in diesem Band Kapitel 5, Abschnitt 3.2.

2.1.2 Lebensweltliche Gegentendenzen

Bevor ich auf Argumente gegen die Unvermeidlichkeit der Verwissenschaftlichung zu sprechen komme, möchte ich exemplarisch auf Gegentendenzen zur Verwissenschaftlichung hinweisen, die von der Wissensgesellschaftskonzeption nicht hinreichend gewürdigt werden, aber das eigentlich erstaunliche Phänomen einer modernen Alltagspraxis ausmachen. Bereits im Hinblick auf die erwähnten Beispiele lassen sich Einstellungen in der lebensweltlichen Praxis nachweisen, die einer nur noch über Wissenschaft und ihre Technik zugänglichen Welt zuwiderlaufen. Im Bereich der *Ernährung* hat das Interesse an Lebensmitteln, deren Herstellung und Verteilung für lebensweltliche Dimensionen nachvollziehbar bleiben, schon marktrelevante Ausmaße angenommen.[9] Zu denken ist hierbei an ökologisch angebaute Nahrungsmittel, bei denen lokale Erzeugungs- und Vertriebsbedingungen eine Aufwertung erfahren und sinnliche Fähigkeiten zur Beurteilung vermehrt zum Einsatz kommen. Im lebensweltlichen Umgang mit *Krankheiten* hat sich trotz des wachsenden Einflusses der Schulmedizin unverkennbar eine Distanz zur objektivierenden Einstellung gehalten bzw. auf neue Weise etabliert. Davon zeugt die Verbreitung alternativer Diagnose- und Heilverfahren,[10] von denen teilweise umstritten ist, ob sie wissenschaftlichen Standards genügen, oder der sich entwickelnde Gebrauch von Patientenverfügungen,[11] mit denen der Einsatz von Apparaten und sonstigen wissenschaftlich-technischen Mitteln zur Lebensverlängerung begrenzt, wenn nicht gänzlich unterbunden werden soll. Die Macht des medizinischen Wissens hat als Gegenimpuls auch zur Aufwertung des Rechtes auf Nichtwissen in der Lebenswelt geführt. Ein Beispiel hierfür ist die präventive Gendiagnostik, mit der sich für eine Person die Wahrscheinlichkeit des Eintretens von bestimmten Krankheiten berechnen lässt. Weil allein schon das Wissen um diese Angaben das Wohlbefinden im Alltag zu tangieren vermag, finden Gründe, die Lebenswelt davon frei zu halten, Anerkennung.[12] Die *Psychologisierung* des Alltagsbewusstseins, um zum dritten Beispiel zu kommen, hat zwar das lebensweltliche Lebensverständnis beeinflusst, bildet

---

[9] Der Umsatzanteil von Bioprodukten an allen Lebensmitteln lag 2018 in Deutschland bei 5,3 Prozent, vgl. Bund Ökologische Lebensmittelwirtschaft e. V. 2020, S. 28.
[10] Über die Verbreitung alternativer Diagnose- und Heilverfahren unterrichten Marstedt 2003 und Harris et al. 2012.
[11] Vgl. Bundesnotarkammer 2020.
[12] Vgl. Wehling 2006, S. 313 ff.

aber keinesfalls die alleinige Ressource zur Einschätzung sozialer Beziehungen und Konflikte.[13]

Gegentendenzen zur Verwissenschaftlichung sind, wie schon diese wenigen Beispiele andeuten, reichlich *unterschiedlich motiviert*. Wo die Lebenswelt von der in ihren Erfahrungsbereich einbrechenden Wissenschaftlichkeit in beachtlichem Maß *unbeeindruckt* bleibt, kann sie sich auf ihre historisch weit zurückliegenden, mitunter bis in die Antike reichenden Ursprünge stützen. Bereits in den Schriften des Aristoteles finden sich Begrifflichkeiten, die noch heute zur Beschreibung der Lebensweltstrukturen verwendet werden können.[14] Wo bestimmte Formen der Verwissenschaftlichung auf *Kritik* stoßen, kann es – gleichsam der Verwissenschaftlichung zum Trotz – um die Verteidigung des Herkömmlichen, aber auch um die Einsicht in die Notwendigkeit eines Wandels gehen. Im lebensweltlichen Interesse an ökologischen Nahrungsmitteln mag sich etwa ebenso der Wunsch nach Wiederherstellung traditioneller Herstellungs- und Verteilungsformen reflektieren wie auch das Bestreben ausdrücken, unter den Bedingungen des Lebens in technischen Umwelten eine Versorgung zu schaffen, die an den Erfahrungshorizont der Lebenswelt anschließbar bleibt, ohne dabei generell auf den Rückgriff auf wissenschaftliche Erkenntnisse verzichten zu müssen.

Können die Gegentendenzen trotz der Vielfalt ihrer Beweggründe als Teil einer übergreifenden Strömung, die der Verwissenschaftlichung der Lebenswelt zuwiderläuft, aufgefasst werden? Einige Argumente von Hans Blumenbergs postum veröffentlichter *Theorie der Lebenswelt* sprechen für Strukturen der Lebenswelt, durch die sie ihre Distanz zur Wissenschaft auch unter den Bedingungen einer zunehmenden Verwissenschaftlichung aufrechterhält. Blumenberg entwickelt seinen Lebensweltbegriff in der Tradition von Husserls Phänomenologie als eine nichtwissenschaftliche, das heißt „eine[...] theoretische[...] Verarbeitung von Erfahrung nicht benötigenden Sphäre" (Blumenberg 2010, S. 55). Lebenswelt bezeichne einen von Ungewissheit und Zweifel freien Bereich, „in [dem] es sich leben läßt" (Blumenberg 2010, S. 49), und auf dessen Herstellung kulturelle Systeme „tendieren" (Blumenberg 2010, S. 59). Die notwendige „Abschirmung" (Blumenberg 2010, S. 103) dieses theoriefreien Bereiches nicht nur gegen die wissenschaftliche Erkenntnis, sondern gegen jede Problematisierung des selbstverständlichen Weltverhaltens beschreibt Blumenberg allerdings als gegenläufigen Prozess. Jede Störung an den Grenzen der Lebenswelt aktiviere innerhalb der

---

13 In Abgrenzung von Tendenzen der Verwissenschaftlichung stützen sich etwa Konzepte der psychosozialen Beratung aus dem Bereich der „Lebensweltorientierung" auf die eigenständigen Erfahrungen und Kompetenzen der Lebenswelt, vgl. z. B. Thiersch 2006.
14 Vgl. Schiemann 2005, S. 153 f. Auf die Lebensweltlichkeit der von Aristoteles beschriebenen Erfahrung hat auch Jürgen Mittelstraß (z. B. Mittelstraß 1974, S. 63 f.) hingewiesen.

Lebenswelt eine latent vorhandene Neugierde, die über die Grenzen heraustreibe, zur Auflösung der Lebenswelt beitrage und in wissenschaftlicher Erkenntnis Erfüllung finde.[15] Zugleich arbeite die Wissenschaft umgekehrt daran, die Lebenswelt von Störungen freizuhalten, da sie für die Sicherheit der Lebensbedingungen sorge.[16] Dass hierbei der Tendenz zur Auflösung der Lebenswelt entgegengewirkt wird, führt Blumenberg auf die lebensweltliche *Strategie der Delegation* zurück.[17] Indem die Aufklärung der Ursachen von Störungen außerhalb der Lebenswelt stattfinde, werde ihre Thematisierung lebensweltangemessen reduziert. In einer von Wissenschaft dominierten Kultur hat die Lebenswelt in Blumenbergs Theorie einen Inselcharakter, da sie eine begrenzte, gegen andere Erfahrung abgeschottete Welt ist.[18]

Blumenberg bestreitet nicht die zunehmende Verwissenschaftlichung der modernen Gesellschaft und die dadurch bewirkte Bedrohung der Lebenswelt. Aber er macht in diesem Prozess auf Strukturen aufmerksam, die der Gefährdung der Lebenswelt entgegengerichtet sind, oder, wo schon ihr „Verlust" eingetreten ist, ihre „Wiederherstellung" begünstigen (Blumenberg 2010, S. 59). Indem sein Vokabular von „Verlust" und „Wiederherstellung" die Lebenswelt als historisch kontingente Erfahrungsweise unterstellt, berührt sich seine Theorie mit der wissenschaftlichen Kritik der Lebenswelterfahrung. Blumenbergs Lebensweltbegriff ist jedoch uneindeutig, da er den Ausdruck „Lebenswelt" auch für einen „transzendentalen Begriff" hält, der „nie [...] etwas in der Zeit Datierbares und etwa im Raum bestimmter Kulturen Lokalisierbares" bezeichne (Blumenberg 2010, S. 79 f.).

2.1.3 Gleichrangigkeit der beiden Tendenzen

Unabhängig von diesen begrifflichen Unstimmigkeiten kann man Blumenbergs Theorie als eine Gegenposition zur wissenschaftlichen Kritik der Lebenswelt auffassen. Beide bestimmen die Lebenswelt als eine nichtwissenschaftliche Erfahrung, die über keine spezielle Sachkompetenz verfügt. Während die Verwissenschaftlichungsbefürworter die Lebenswelt tendenziell als eine überholte und, wenn überhaupt noch vorhandene, dann zu beseitigende Lebensform ansehen, finden sich bei Blumenberg Argumente für die Möglichkeit ihrer Beibehaltung bzw. Wiederherstellung. Während jene eine an Wissenschaft orientierte Veränderungsdynamik verfechten, steht dieser für eine der Lebenswelttradition ver-

---

15 Vgl. Blumenberg 2010, S. 103 f.
16 Vgl. Blumenberg 2010, S. 56 ff.
17 Vgl. Blumenberg 2010, S. 139 und 151 ff.
18 Vgl. Blumenberg 2010, S. 50 f.

pflichtete „konservative" Position (Blumenberg 2010, S. 64). Wenn allerdings die Lebensweltinsel in der Wissensgesellschaft bestehen will, muss sie – vor allem durch Ausbau ihres delegativen Verfahrens – ihre Strukturen als Antwort auf die veränderten Verhältnisse modifizieren. Auch Blumenbergs Position spricht für die Notwendigkeit der Transformation der Lebensweltstrukturen. Schon der Wandel einer Erfahrungsweise, die sich – um mit Blumenberg zu sprechen – „über Jahrzehntausende hindurch weitgehend konstant gehalten" hat (Blumenberg 2010, S. 125), könnte von einschneidender Bedeutung sein. Von diesen Veränderungen müssen kategorial die möglichen Folgen eines Verlustes der Lebenswelt abgehoben werden. Lässt es sich heute noch gut leben, ohne ein näheres Verständnis für die Erkenntnisse der Wissenschaften zu haben, würde in einer Welt ohne Lebenswelt jede Lebensentscheidung, und sei sie auch noch so alltäglich, auf ein spezielles Fachwissen angewiesen sein.

Die divergierenden Bestimmungsmöglichkeiten des heutigen und zukünftigen Verhältnisses von Lebenswelt und Wissenschaft werte ich als Ausdruck eines *kulturellen Umwälzungsprozesses*, bei dem die Existenz der Lebenswelt auf dem Spiel steht. Sowohl ihre Beseitigung als auch ihre Transformation stellen ernstzunehmende Zukunftsszenarien dar. Stützen sich die Kritiker der Lebenswelt auf den bereits erreichten Grad der Verwissenschaftlichung, so können sich ihre Verteidiger auf die zugleich bestehenden Gegentendenzen berufen. In dieser Situation kommt der *Bestimmung des Lebensweltbegriffes* besondere Bedeutung zu. Sollte die Lebenswelt an ein Ende kommen, wäre dieser tiefgreifende kulturelle Einschnitt nur unter der Voraussetzung einer hinreichend präzisen Begrifflichkeit zu beobachten und zu beurteilen. Um ein Maß für den Wandel zu haben, muss sich der Begriff am Ausgangspunkt des Prozesses, das heißt an den bisherigen Formen der Lebenswelt orientieren. Ihre Definition sollte kontingente Welteinstellungen und Handlungsweisen umfassen, deren Beseitigung heute bereits vorstellbar ist. Sie sollte hinreichend weit sein, um die Pluralität der existierenden Lebenswelten zu erfassen und hinreichend eng, um ihre Gemeinsamkeiten gegen andere Erfahrungstypen abgrenzen zu können.

2.2 Persistenz der Lebenswelt

Der von mir hier vorausgesetzte Lebensweltbegriff grenzt sich bisher nur gegen die Wissenschaft ab. Für eine Bestimmung seiner Eigenschaften stütze ich mich auf Husserls Begriff der Lebenswelt als Wahrnehmungswelt. Beschränkte man die Definition der Lebenswelt jedoch allein auf ihre Differenz zur Wissenschaft, liefe man Gefahr, mit dem Begriff uneinlösbare Fundierungsansprüche zu verbinden. Lebenswelt war für Husserl nicht nur das „vergessene Sinnfundament der Naturwissenschaften" (Husserl 1950 ff., Bd. VI, S. 48), sondern „die alles Seiende und alle Allheiten wie all ihre Zwecke und bezweckenden Menschen und Menschenleben" umspannende Welt (Husserl 1950 ff., Bd. VI, S. 460). In diesem umfassenden Sinn weitet sich der Begriff auf eine Pluralität von Erfahrungen aus, die Fachwissen oder spezielle Praktiken jenseits und innerhalb der Wissenschaften umfassen.

Um eine Engführung zu erreichen, hatte ich schon die Bedingungen der vertrauten Sozialbeziehungen, der selbstverständlich vollzogenen Handlungsabläufe und der fehlenden Professionalität genannt. Ihre Charakterisierung entnehme ich der Sozialphänomenologie von Alfred Schütz. Mit ihrer Schichtenlehre der Alltagserfahrung bietet sie die Möglichkeit, die Lebenswelt auf einen beschränkten sozialen Kontext festzulegen, der durch zunehmende Verwissenschaftlichung und Technisierung beseitigt werden könnte. Allerdings erhebt auch Schütz einen Fundierungsanspruch, wenn er die Lebenswelt als „oberste oder ausgezeichnete Wirklichkeit", „Archetyp unserer Erfahrung der Wirklichkeit [..., aus der] alle anderen Sinnbereiche [...] als von ihr abgeleitet angesehen werden" dürfen, bezeichnet (Schütz/Luckmann 1979, S. 264 und 267). Wie ich bereits gezeigt habe, lässt sich Schütz' Konzeption korrigieren, so dass das Element der Vielfalt gestärkt und die Sonderstellung der Lebenswelt beseitigt wird. Die Lebenswelt referiert dann auf einen Wirklichkeitsausschnitt, der von anderen, geltungstheoretisch gleichrangigen Erfahrungsbereichen unterschieden ist.[19]

Menschliches Leben ist nicht konstitutiv auf die Lebenswelt im hier definierten Sinn angewiesen. Wahrnehmungsvollzüge könnten etwa nach dem Muster der *ästhetischen Erfahrung* einer fortgesetzten Thematisierung und Problematisierung unterzogen werden.[20] Oder sie könnten Gegenstand einer durchgreifenden *Technisierung* sein, wie es sich ansatzweise bei elektronischen Kommunikationsformen, die nicht auf leibliche Anwesenheit angewiesen sind, beobachten lässt. Die Technik des Telefonierens erlaubt etwa die Kommunikation über die Grenzen einer gegenwärtig wahrnehmbaren Welt hinweg. Wo sich vertraute soziale Beziehungen hauptsächlich auf derartig entgrenzte Kommunikationsformen gründen, können sie nicht mehr als lebensweltlich bezeichnet werden. Seit jeher haben freilich Mittel zur Verfügung gestanden, um direktes Handeln in der Lebenswelt jenseits ihres Horizontes wirksam werden zu lassen. Ein Beispiel hierfür wäre ein über weite Entfernungen und lange Zeiträume geführter Briefwechsel, der die Beteiligten in eine lebensweltähnliche Beziehung bringt. Wenn aber

---

19 Vgl. Kapitel 1.
20 Die Thematisierung und Problematisierung der *ästhetischen Erfahrung* wird unter dem Stichwort „Ästhetisierung der Lebenswelt" diskutiert, vgl. Bubner 1989.

kommunikative Überschreitungen und Aufhebungen der Lebensweltgrenzen zur gesellschaftlichen Normalität werden, bedrohen sie die Existenz der Lebenswelt.

Die begriffliche Bestimmung der Lebenswelt als begrenzter Erfahrungsraum erlaubt nicht nur, Konkretisierungen ihrer historischen Kontingenz vorzunehmen. Sie bietet auch Erklärungen für ihre erstaunliche Beständigkeit in zunehmend verwissenschaftlichten und technisierten Umwelten, wofür ich abschließend einige Belege anführen möchte.

2.2.1 Abstand zur Wissenschaft

Ihr nichtprofessioneller und unthematischer Charakter bringt die Lebenswelt in einen allenfalls partiell überbrückbaren Abstand zur Wissenschaft. Als institutionalisierte *Problematisierung aller Selbstverständlichkeit* steht Wissenschaft im Gegensatz zur Lebenswelt. Bedarf es in der Lebenswelt keiner besonderen Kompetenz, zeichnet sich die Wissenschaft durch den fortgesetzten Ausbau ihrer *Spezifität* aus. Wissenschaftliche Ausbildung und Forschung finden ausschließlich in besonderen Institutionen statt. Die Ausbildung erfordert eine jahrelange Konzentration auf ein Spezialgebiet, womit eine Kompetenz erworben wird, die schon für Mitglieder anderer Disziplinen und erst recht für nicht akademisch gebildete Personen uneinholbar ist. Die Differenz von Spezialwissen und einer von jedem*r erwart- oder erlernbaren Alltagskompetenz ist durch die Hebung des allgemeinen Bildungsniveaus und die Verbreitung der wissenschaftlichen Ausbildung kaum relativiert worden.[21]

Zwar verfügen wissenschaftliche Erkenntnisse über eine hohe gesellschaftliche Anerkennung und finden verstärkt Eingang in das lebensweltliche Selbst- und Weltverständnis – nicht zuletzt weil sie die lebensweltliche Erfahrung praxisbezogen durchdringen, wie am Beispiel der Medizin und Psychologie gezeigt. Zugleich ist aber auf den *kulturellen Bedeutungsverlust* hinzuweisen, den die Geltung wissenschaftlicher Erkenntnisansprüche seit dem 19. Jahrhundert erlitten hat. Die wissenschaftlichen Theorien haben – wie Hermann Lübbe überzeugend dargelegt hat – in den aufgeklärten Öffentlichkeiten des 20. Jahrhunderts ihren ehemals weltanschaulich aufgeladenen Sensationswert verloren.[22] Zu den letzten wissenschaftlichen Erkenntnissen, die noch zur Erschütterung weltanschaulicher Orientierungsmuster geführt haben, gehören die darwinsche Evolutionstheorie

---

[21] Die Relativierung der Differenz halten Nowotny/Scott/Gibbons 2005 für ein Kennzeichen von modernen Wissensgesellschaften in dem von ihnen sogenannten Mode-2.
[22] Vgl. Lübbe 1986.

und vielleicht auch die Revolutionen der modernen Physik. Was heute jedoch die Neurowissenschaften über den freien Willen, die Biologie und die Verhaltenswissenschaften über den genetischen Code oder die Physik über die unerforschten Weiten des Universums berichten, nimmt die Lebenswelt mit Respekt, aber distanziertem Interesse zur Kenntnis. Die wissenschaftliche Erkenntnis hat neben ihrem Bildungs-, vor allem Unterhaltungswert erhalten und muss sich im Spektrum des allgemeinen Medienangebotes bewähren. Es zeichnen sich allerdings auch gegenläufige Ansätze für neue lebensweltwirksame kulturelle Bedeutsamkeiten von wissenschaftlichen Erkenntnissen ab, wenn diese einen Beitrag zur allgemeinen Umorientierung von alltagspraktischen Einstellungen leisten. Ein derartiger Wandel deutet sich etwa für die wissenschaftlich gestützte Einsicht in die Gefahren des anthropogenen Klimawandels an, die die Wahrnehmung und Wertschätzung von Natur und den Umgang mit ihr zu beeinflussen beginnt.[23]

2.2.2 Verhältnis zur Technik

Ich hatte bereits Blumenbergs These von der lebensweltlichen *Strategie der Delegation* erwähnt. Die zur wissenschaftlichen Erkenntnis führende Neugierde wird demnach an Institutionen außerhalb der Lebenswelt delegiert, um Störungen der selbstverständlichen Handlungs- und Wahrnehmungsabläufe innerhalb der Lebenswelt zu vermeiden. Dass theoretisches Wissen dennoch in die Lebenswelt vordringt, führt Blumenberg mit auf *Technisierungen* zurück, die naturwissenschaftliches Wissen anwenden. Technisierung nennt er „die ständige Vermehrung und Verdichtung" einer Dingwelt aus Apparaten, Instrumenten, Schaltern, Signalen etc. (Blumenberg 2010, S. 185). Sie gilt neben der Verwissenschaftlichung als wesentliche Quelle für die Präsenz der Wissenschaften in der Lebenswelt.[24] Auch für Technisierungen kann Blumenberg zeigen, dass die Verbreitung des ihnen zugrunde liegenden Wissens begrenzt bleibt. Sein Paradigma ist die Ersetzung der mechanischen durch elektrische Türklingeln. Während bei den mechanischen Vorrichtungen (Zug- und Drehklingeln) die Betätigung in einem sinnlich nachvollziehbaren Zusammenhang mit dem Effekt stehe, werde die Wirkung durch das Drücken des Knopfes der elektrischen Klingel nur noch ausgelöst. „In einer Welt, die immer mehr durch Auslösefunktionen gekennzeichnet ist" (Blumenberg 2010, S. 210 f.) oder, wie ich es formuliert habe, sich als

---

[23] Ein kulturell wirksamer Wandel des menschlichen Naturverhältnisses ist vermutlich Bedingung für die Lösung der Klimakrise.
[24] Vgl. Jakob 1998.

Knopfdruckwelt präsentiert, verbergen sich die Funktionsweisen hinter den Gehäusen, wird das Technische und mit ihm seine wissenschaftlichen Voraussetzungen unsichtbar. Indem die stets schon fertige Welt des Technischen alle Fragen abweist, ermöglicht sie „die Umkleidung des künstlichen Produktes mit Selbstverständlichkeit" (Blumenberg 2010, S. 211). Selbstverständliche Handlungsvollzüge im Bereich des Wahrnehmbaren sind es aber gerade, durch die sich die Lebenswelt gegenüber anderen Erfahrungsweisen auszeichnet. Bei Blumenberg bleibt unberücksichtigt, dass die Herausbildung der Knopfdruckwelt auch ganz dem lebensweltlichen Gewicht der äußeren Wahrnehmung entspricht, die sich überhaupt nur mit Oberflächen zufriedengibt. Die Unsichtbarkeit des Technischen, die auch als ihr Blackbox-Charakter bezeichnet wird, trägt dazu bei, den mit Technisierungen verbundenen Einfluss der Wissenschaften auf das menschliche Selbstverständnis in Grenzen zu halten. So wie das Innere der Mitmenschen in aller Regel lebensweltlich unthematisch bleibt, soll auch das Innere der Technik nicht in den Blick kommen.

Blumenberg weist aber auch darauf hin, dass Technik lebensweltliche Handlungen uniformiert und sich diese als „eine abhängige Größe zuordnet" (Blumenberg 2010, S. 211). Die wachsende *Abhängigkeit von wissenschaftlich-technischen Verfahren*, die die Lebenswelt in der Moderne mit nahezu allen anderen Erfahrungsbereichen teilt, ist jedoch nur im Störungsfall thematisch, dessen Relevanz durch das delegative Verfahren gering gehalten wird. Die in der Lebenswelt zum Einsatz kommenden Geräte können schon bei kleinen Mängeln meist nicht mehr ohne (externen) Sachverstand repariert werden. Um Störungsmöglichkeiten systematisch auszuschalten, sind die Geräte der modernen Technik zunehmend so organisiert, dass die Möglichkeit von fehlerhaften Handhabungen minimiert ist und durch sie kaum ein Schaden entstehen kann. Die *„idiotensichere"* Technik steht in bezeichnendem Kontrast zur Komplexität ihrer Funktionsweisen. So wenig man von den technischen Funktionsweisen verstehen muss, so wenig muss man sich für die wissenschaftlichen Erkenntnisse, die den Funktionsweisen zugrunde liegen, interessieren.

Weniger als Technisierung der Lebenswelt denn als durch Technik ermöglicht, ist der *beträchtliche Fernsehkonsum und die wachsende Internetnutzung* zu verstehen. Sie unterbrechen die lebensweltliche Erfahrung und zerstören diese bei hinreichender Intensität und Dauer, haben aber den fundierenden Charakter der sinnlichen Unmittelbarkeit bisher nicht soweit aufgehoben, dass der Lebensweltbegriff seinen Gegenstand verloren hätte. So verbringen in Deutschland Kinder im Alter von sechs bis dreizehn Jahren durchschnittlich zwar fast zwei Stunden mit elektronischen Medien, meist sind dabei aber andere Mitglieder der

Lebenswelt zugegen.[25] Die Nutzung der elektronischen Medien steht generell in Wechselwirkung mit anderen, immer noch bedeutsamen alltagspraktischen Tätigkeiten, in denen die Mitglieder der Lebenswelt lokale Sozialität praktizieren wie bei der Haushaltsführung, Familienpflege, Wahrnehmung privater Kontakte, sportlichen Betätigung etc.

2.3 Schluss

Die Tendenzen zur Aufhebung der Lebenswelt und die dagegen gerichteten Tendenzen zu ihrer Beharrung oder Transformation habe ich als gleichrangig eingeführt. Beide bieten Zukunftsszenarien, von denen man nicht wissen kann, ob sie eintreten werden und, wenn ja, welche von ihnen dominieren wird. Es handelt sich um Hypothesen, die sich als Extreme gegenüberstehen, zwischen denen eine Vielzahl von alternativen Entwicklungsmöglichkeiten besteht und die als Abstraktionen andere Einflussfaktoren auf den historischen Wandel der Lebenswelt unberücksichtigt lassen. Die äußerste Konsequenz der sich beschleunigenden Verwissenschaftlichungs- und Technisierungsprozesse wäre die Beseitigung der Lebenswelt. Insofern es sich um eine Lebensform handelt, die auf die antike Formierung der europäischen Kultur zurückgeht, wären die Folgen einer solchen Umwälzung nicht absehbar. Das weitreichendste Resultat, das die Beharrungs- und Transformationstendenz erreichen könnte, wäre eine Lebenswelt, die an ihre noch bestehenden Traditionslinien anknüpfen würde. Vermutlich würde dann der Inselcharakter der Lebenswelt gegenüber einer zunehmend technische Umwelt hervortreten.[26]

Ich habe den Argumenten für die Existenz der Lebenswelt mehr Raum gelassen als denen für ihre Auflösung, da die ersteren als das eigentlich erstaunliche Phänomen der Moderne nach Erklärung verlangt. Zudem scheint mir die Dynamik der Verwissenschaftlichung und Technisierung mit einer Armut für Alternativen für die von ihr beseitigten lebensweltlichen Lebensformen versehen zu sein. Gegenüber der ersatzlosen Destruktion des lange Bewährten ist man zunächst gut beraten, für seine Fortexistenz zu argumentieren. Kulturelle Veränderungsprozesse bringen mit neuen Lebensformen auch neue Begrifflichkeiten ihrer Beschreibung hervor. Solange dies aber noch nicht der Fall ist, sollte an den erprobten und brauchbaren Begriffen, zu denen die Lebenswelt gewiss noch zu rechnen ist, solange es nur geht, festgehalten werden.

---

25 Für den begrenzten Einfluss von Fernsehkonsum und Internetnutzung vgl. Dornes 2012, S. 27.
26 Den beiden Zukunftsszenarien entsprechen im Verhältnis von Natur und Technik eine Aufhebung oder eine Aufrechterhaltung der Differenz von Natur und Technik, vgl. Kapitel 10.

3 Die Wissenschaft der Schichten. Vergleich und Kritik der Konzeptionen von Nicolai Hartmann und Werner Heisenberg

Die Vorstellung, dass sich die Welt nach Seinsschichten ordnen lässt, geht in Europa bis auf die Anfänge der Philosophie zurück und hat bis heute wenig von ihrer Plausibilität verloren. Schon Demokrits Atomismus kann als ein früher Vertreter des Schichtengedankens aufgefasst werden.[1] Eine unsichtbare Schicht von Atomen bringt die Schicht der sichtbaren Gegenstände hervor. Von Schichten kann dabei insofern die Rede sein, als sich Atome und sichtbare Gegenstände jeweils durch verschiedene Eigenschaftstypen unterscheiden lassen. Demokrits Atome differieren nur in Größe, Form und Lage; den sichtbaren Gegenständen kommen, wenn vielleicht auch nur scheinbar, außerdem verschiedene qualitative Eigenschaften zu. Eine nichtatomistische Schichtenauffassung findet sich bei Aristoteles, der zwischen den nicht beseelten und den beseelten Körpern unterscheidet und letztere nach den Funktionen von Ernährung und Zeugung, Wahrnehmung sowie Denken gliedert.[2] Mit diesen Eigenschaften erklärt er die Differenz zwischen toter Materie, bewegungslosen Pflanzen, wahrnehmenden Tieren und mit geistigen Fähigkeiten ausgestatteten Menschen. Auch wenn Aristoteles zwischen den vier Schichten vielfältige Übergänge anerkennt, besteht er doch auf ihrer grundsätzlichen qualitativen Verschiedenheit. Gegen Aristoteles' Wirklichkeitsgliederung wendet sich später René Descartes' Entgegensetzung von räumlichen Körpern und nichträumlichem Geist – zwei Substanzen, die sich auch als Seinsschichten verstehen lassen und bis heute in modifizierter Form im Leib-Seele-Dualismus fortwirken.

Erst mit dem vergangenen Jahrhundert beginnen sich die wissenschaftlichen von den lebensweltlichen Schichtenauffassungen zu lösen. Lebensweltlich gestützte Vorstellungen zeichnen sich durch die Unmittelbarkeit der Gegebenheit und die Selbstverständlichkeit des Verständnisses ihrer Gegenstände aus, d.h. durch Eigenschaften, die der unanschaulichen und hinterfragenden wissenschaftlichen Erkenntnis der Moderne entgegengesetzt sind. Lebensweltlich besteht heute eine Pluralität von Schichtenauffassungen, deren man sich kontextabhängig zur besseren Weltorientierung bedienen kann. Teils ist die auf Aristoteles zurückgehende Vierteilung, teils die auf Descartes zurückgehende Zweiteilung besser anwendbar – um nur zwei der genannten Beispiele, die lebensweltlich aktuell geblieben sind,

---

1 Vgl. Hartmann 1942, S. 44.
2 Vgl. Hartmann 1943, S. 180 ff., und Schiemann 2005, S. 42 ff.

zu erwähnen.³ Wissenschaftlich sind im vergangenen Jahrhundert qualitative Unterscheidungen kritisiert, traditionelle Schichtenvorstellungen reformuliert und Neuansätze entwickelt worden.⁴ Nicolai Hartmanns und Werner Heisenbergs Schichtenkonzeptionen sind Beispiele für das Zusammenspiel dieser Tendenzen. Bemerkenswerterweise bleiben sie beide an lebensweltlichen Vorstellungen in einem Ausmaß orientiert, das heute aus wissenschaftlicher Perspektive nicht mehr zu rechtfertigen ist. Will man am Anspruch festhalten, die ganze Welt zu erfassen, muss man Schichten hinzunehmen, die sich der lebensweltlichen, d. h. vor allem anschaulichen Erfahrung entziehen.

Nicolai Hartmanns Lehre vom Schichtenaufbau der Welt knüpft ausdrücklich an historischen Vorgängern an und sucht sie auf doppelte Weise mit dem gegenwärtigen Wissen zu verbinden. Hartmann möchte zum einen dem Bestreben der Lebenswelt, „sich in der Welt zurechtzufinden" (Hartmann 1946, S. 63),⁵ eine Orientierung geben. Zum anderen beabsichtigt er, dem Erkenntnisfortschritt der Wissenschaften gerecht zu werden. Die aus der Lebenswelt und der Wissenschaft gewonnenen Erkenntnisse möchte er zu einer Einheit zusammenfügen, ohne die jeweiligen Auffassungen unkritisch zu übernehmen.

Wo Hartmann in einzelnen Fragen von wissenschaftlichen Aussagen abweicht, sieht er sich zu ausführlichen Begründungen genötigt. Als Ausdruck des engen Bezuges auf die einzelwissenschaftliche Erkenntnis kann man die von ihm wiederholt vorgetragene Parallelisierung der Struktur des Inhalts seiner Lehre vom Schichtenbau der realen Welt mit der akademischen Disziplinengliederung werten. Die Schichtenlehre behauptet einen Aufbau der realen Welt aus den vier übereinanderliegenden Schichten des Anorganischen, des Organischen, des Seelischen und des Geistigen. Mit dieser Gliederung des Seins in „heterogene[...] Gegenstandsbereiche" ergebe es sich,

> daß auch die Wissenschaften sich nach ihnen in zusammengehörige Gruppen von Gebieten aufgespalten haben: von den exakten Wissensgebieten der anorganischen Natur heben sich durch einen klaren Grenzstrich die biologischen ab; diesen folgt die Psychologie mit ihren

---

3 Vgl. Schiemann 2005, S. 3 ff., wo der Begriff der Lebenswelt allerdings enger gefasst ist, so dass er die Anwendung des cartesischen Dualismus nur bedingt zulässt.
4 Zur Kritik vergleiche Stephan 1999, S. 129–155, für Schichtenvorstellungen im Kontext von Emergenztheorien, und Heil 2005, S. 17–49, für eine grundsätzliche Infragestellung. Reformulierungen präsentieren Hartmann und Heisenberg. Beispiel für einen Neuansatz ist die Beschreibung von Schichten im Rahmen der sogenannten effektiven Feldtheorien der Physik, vgl. z. B. Crowther 2015.
5 Hartmann spricht nicht von der Lebenswelt, sondern von der damit synonymen „natürlichen" Weltsicht.

Nebenzweigen, von der sich ihrerseits wieder die eigentlichen Geisteswissenschaften [...] scheiden (Hartmann 1942, S. 38).

Um Hartmanns Anspruch, das System der Wissenschaft und ihre Erkenntnisse geordnet erfasst zu haben, zu beurteilen, kann es hilfreich sein, seine Schichtenlehre mit Ansätzen zu vergleichen, die ebenfalls eine Gliederung des Realen behaupten, aber von Wissenschaftler*innen aus anderen Disziplinen formuliert wurden. Ein solcher Ansatz, der zudem noch in zeitlicher und kultureller Nähe entstanden ist, findet sich in einem Manuskript von Werner Heisenberg, das unter dem Titel *Ordnung der Wirklichkeit* postum veröffentlicht wurde.[6] Heisenberg entwickelt in dieser Schrift ein Modell der Wirklichkeit, das in seinen Begründungsbezügen und seiner Gliederung einige Verwandtschaft mit Hartmanns Ontologie aufweist.[7] Auch Heisenberg ist sowohl um den Anschluss an ein alltagspraktisches Weltverständnis als auch um die kritische Verarbeitung von wissenschaftlichen Erkenntnissen bemüht. Seine Einteilung der Wirklichkeit deckt sich extensional zum überwiegenden Teil, wie ich zeigen werde, mit Hartmanns vier Schichten.

Der Reiz des Vergleichs liegt allerdings weniger in den Gemeinsamkeiten als vielmehr in den Differenzen und den dabei hervortretenden Desideraten der beiden Konzeptionen. Heisenberg versteht sein Schichtenmodell nicht wie Hartmann als Fortsetzung und Zusammenfassung vorangehender Bemühungen, sondern als einen Bruch mit den Hauptströmungen der philosophischen Tradition. In der geschichtlichen Entwicklung der Versuche um eine Bestimmung der Weltstruktur sieht er statt einer Generaltendenz, die langfristig auf eine Annäherung an die Wahrheit hinausläuft,[8] tiefgreifende Diskontinuitäten zwischen den aufeinanderfolgenden epochalen Thematisierungsmöglichkeiten.[9] Heisenbergs Motivation für die Suche nach einer Weltordnung ist den Intentionen von Hartmann damit geradezu entgegengesetzt. Er fragt nicht nach einer epochenübergreifenden Orientierung, sondern nach einer epochenspezifischen Charakterisierung der Welt, die wegen eines zukünftig möglichen Geltungsverlustes immer nur hypothetisch sein kann. Auch Hartmanns Schichtenlehre ist nicht einem geschichtlichen Wandel

---

6 Das Manuskript ist erstmals in Heisenberg 1984 erschienen und liegt außerdem als Heisenberg 1989 vor.
7 Auf die Verwandtschaft zwischen Heisenbergs Konzeption der abgeschlossenen Theorien und Hartmanns Kategorienlehre weist auch Höfert 1952 hin. Heisenbergs Schichtenkonzeption kann als Verallgemeinerung der zuvor entwickelten Konzeption der abgeschlossenen Theorien angesehen werden, vgl. Schiemann 2008a, S. 70 ff. und 90.
8 Vgl. Hartmann 1940, S. 33.
9 Vgl. Heisenberg 1984, S. 218, 277, 295 und 304 f.

entgangen, der in ganz anderer Weise als Hartmann es wohl selbst annahm, die Grundstrukturen seiner Kategorialanalyse entwertet hat.

Zu den Differenzen zwischen den beiden Ansätzen gehört ferner, dass Heisenberg einen viel geringeren Begründungsaufwand als Hartmann betrieben hat und seine knappen Ausführungen mitunter vage bleiben. Heisenberg selbst bezeichnete sein schmales Manuskript von etwa 140 Druckseiten vielleicht auch wegen einiger formaler und inhaltlicher Schwächen, als „privat" und „persönlich".[10] Die Schrift hat den Charakter eines Vermächtnisses, in dem Heisenberg, falls er die Zeit des Nationalsozialismus nicht überleben würde, der Nachwelt seine Weltanschauung mitteilt. Obwohl das Manuskript die zusammenhängendste Ausarbeitung von Heisenbergs philosophischen Auffassungen darstellt, ist es in Umfang und Tiefe seiner systematischen Ausarbeitung kaum mit Hartmanns Lehre vergleichbar. Hartmanns begriffliche Präzision liefert umgekehrt einen Maßstab der Kritik, der auch auf Heisenbergs Modell Anwendung finden kann.

Im Vergleich der beiden Schichtenkonzeptionen werden schließlich auch Mängel deutlich, die teils auf die nachfolgende Entwicklung der einzelwissenschaftlichen Erkenntnis, teils auf den seitherigen Wandel der auch alltagspraktisch wirksamen kulturellen Selbstverständlichkeiten zurückgehen. Einige Schwächen können durch Anpassung an veränderte Wissensbedingungen behoben werden. In diesem Zusammenhang werde ich die Einführung zweier neuer Schichten vorschlagen, die beide Konzeptionen ebenso erweitern wie sie ihre Grenzen hervortreten lassen. Die vorgeschlagenen Schichten rahmen die Konzeptionen von Hartmann und Heisenberg gleichsam ein und stellen sie damit in einen neuen Bedeutungszusammenhang. Es lassen sich aber auch grundlegende Bedenken formulieren, die in Richtung einer Ordnung der Wirklichkeit weisen, die keiner Schichtenauffassung mehr folgt.

In diesem Kapitel werde ich zunächst die beiden Schichtenkonzeptionen einführen, dann weitergehend vergleichen und kritisch erörtern. Ich werde die beiden Konzeptionen als Varianten einer wissenschaftlichen Weltsicht thematisieren, die an die lebensweltliche Perspektive anzuknüpfen versucht. Auf das Verhältnis von wissenschaftlicher und lebensweltlicher Weltsicht, das Hartmann und Heisenberg als unproblematisch unterstellen, komme im Schlussteil zurück.

---

10 Belege in Schiemann 2008a, S. 85.

3.1 Hartmann

Hartmanns Verpflichtung gegenüber der philosophischen Tradition und sein zugleich bestehender Rekurs auf die lebensweltliche Perspektive zeigen sich exemplarisch bei der Einführung seiner vier Schichten. Alltagspraktisch sei es evident, dass die „Mannigfaltigkeit der Formen [der Welt] offenbar ein Stufenreich" bilde (Hartmann 1942, S. 36).[11] Auch bezweifelt er nicht, dass sein der neuzeitlichen Philosophie entlehnter Ansatz zur Festlegung der Schichtenordnung lebensweltlich weitgehend einleuchtend sei. Mit Berufung auf Descartes' Metaphysik nimmt er zunächst eine Zweiteilung des Realen in eine räumliche Außenwelt und eine unräumliche Innenwelt vor. Während Hartmann die sich daran anschließende Gliederung der Außenwelt in Anorganisches und Organisches ebenfalls als gemeinhin bekannt voraussetzt, hält er die Aufspaltung der Innenwelt in Seelisches und Geistiges nicht gleichermaßen für verständlich. Als das allein vom Individuum Erfahrbare sei das Seelische erst mit der psychologischen Forschung hervorgetreten und vom Geistigen, das alle intersubjektiv zugänglichen Phänomene des Bewusstseinslebens bezeichne, zur Abgrenzung gekommen.[12] Das Geistige untergliedert er in die drei Unterschichten des personalen, objektiven und des objektivierten Geistes. Der personale Geist erfasst das einer Person zugeordnete Bewusstseinsleben, der objektive Geist bezieht sich auf kollektive Errungenschaften, die auf Leistungen des personalen Geistes beruhen (Sprache, Recht, Sitte, Moral und Wissenschaft)[13] und der objektivierte Geist meint „die in der sinnlichen Welt vorfindbaren Gebilde, die der [...] personale oder objektive [...] Geist geschaffen [...] hat" (Bollnow 1982, S. 72) (Gebäude, Infrastrukturen, Kunstwerke, Bücher etc.).

In keiner Weise hinterfragt Hartmann in seinen weiteren Überlegungen die allgemeine Plausibilität einer sechsfach geteilten Welt. Der Umfang der Abschnitte seiner Werke, in denen er diese Gliederung als feststehende Tatsache einführt, nimmt sich im Verhältnis zur Ausführlichkeit der Kennzeichnungen der

---

[11] Die Differenz zwischen lebensweltlicher und wissenschaftlicher Stufung besteht nach Hartmann darin, dass erstere „nicht fundamental genug ist", da sie nur „Gebilde (Ding, Organismus, Mensch usw.)", nicht aber Seinsschichten erfasst (Hartmann 1942, S. 36 und 39). Vgl. außerdem Hartmann 1940, S. 188 ff. Bei Heisenberg 1984, S. 232 f., findet sich eine vergleichbare Unterscheidung zwischen einer „Einteilung der Dinge (im allgemeinsten Sinn)" und einer wissenschaftlichen „Ordnung der gesetzmäßigen Zusammenhänge". Der Ausdruck „Stufe", den Hartmann und Heisenberg synonym zu „Schicht" verwenden, suggeriert eher als letzterer eine hierarchische Struktur, die meist nur bedingt zu rechtfertigen ist.
[12] Vgl. Hartmann 1940, S. 189 f., Hartmann 1942, S. 37, und Hartmann 1946, S. 73 f.
[13] Vgl. Hartmann 1942, S. 64.

einzelnen Schichten und ihrer Beziehungen verschwindend gering aus. Mit Ausnahme der Schicht des Seelischen hat Hartmann sowohl die einzelnen Schichten als auch die Beziehungen zwischen ihnen in gesonderten Monografien erörtert (vgl. Abb. 1).[14]

objektivierter Geist
objektiver Geist
personaler Geist
Seele
organologische Schicht
kosmologische/anorganische Schicht

Abb. 1: Die Einteilung der realen Welt nach Hartmann. Der natürliche Bereich ist weiß, der nichtnatürliche Bereich ist grau unterlegt. Die dünne Linie symbolisiert das Überformungsverhältnis, die dicken Linien stehen für die Überbauungsverhältnisse zwischen je zwei Schichten.

Die Schichten sind jeweils durch ein System von Kategorien charakterisiert, wobei die Begründung der Auswahl der einzelnen Kategorien selbst nicht systematisch ausgewiesen ist und kontextspezifisch unterschiedlich ausfällt. Zu jeder Schicht gehören Kategorien, deren Auftreten allein für die jeweilige Schicht spezifisch ist. Die durch diese Kategorien bezeichneten Eigenschaften hält Hartmann für irreduzibel, d. h. für nicht ableitbar durch die Eigenschaften der anderen Schichten. In diesem Zusammenhang lassen sich die von ihm nicht genannten notwendigen (aber nicht hinreichenden) Bedingungen für die Einführung weiterer Schichten angeben: Sie bestehen im Nachweis von Eigenschaften der Welt, die durch keine bereits kategorial erfassten Eigenschaften erklärt werden könnten.[15]

Jede Schicht teilt Kategorien mit einer anderen Schicht. Schichten haben keine von anderen Schichten isolierte Existenz, sondern bilden ein wechselseitig aufeinander bezogenes Schichtensystem, das durch die sogenannten Fundamentalkategorien, die allein allen Schichten gemeinsam sind, als Ganzes zusammengehalten wird. Die Beziehungen zwischen den einzelnen Schichten werden durch ein komplexes Geflecht von kategorialen Gesetzen beschrieben. Diese Gesetze sichern den hierarchischen Zusammenhang und Aufbau der Schichten. Aus der Vielfalt der Bestimmungen möchte ich nur das Gesetz der Indifferenz herausgreifen. Es besagt: Nur die unteren Seinsschichten können

---

14 Vgl. Hartmann 1933, Hartmann 1940 und Hartmann 1950.
15 Das Kriterium muss nicht hinreichend sein, wenn die betreffenden Eigenschaften in den Grenzen einer schon bestehenden Schicht auftreten.

ohne die oberen existieren. Damit ist zugleich gemeint: Die Existenz jeder oberen Schicht setzt die Existenz aller relativ zu ihr unteren Schichten voraus.[16] Dieses Gesetz scheint mir nicht infallibel zu sein. Kann zwar Organisches schlechterdings nicht ohne Anorganisches auftreten, so fragt es sich doch, ob mit gleicher Notwendigkeit Seelisches oder Geistiges nicht ohne Organisches vorzukommen vermag.[17] Wenn Hartmann betont, die Bestimmungen seiner Schichtenlehre seien bloß hypothetisch, sind damit einzelne Kategorien oder kategoriale Gesetze gemeint, wobei er so weitreichende Korrekturen, wie eine partielle Außerkraftsetzung des Gesetzes der Indifferenz nicht diskutiert.[18]

3.2 Heisenberg

Der hypothetische Charakter von Heisenbergs Konzeption schließt auch die Infragestellung der Grundstruktur ihrer eigenen inhaltlichen Gliederung ein.[19] Heisenbergs Schichtenmodell versteht sich – wie bereits erwähnt – als Gegenentwurf zu einer vorangehenden Ordnungsauffassung. Ebenso lässt es die Möglichkeit zu, selbst durch künftige, inkommensurable Konzeptionen der Wirklichkeit abgelöst zu werden. Auch für Heisenberg ist Descartes' Zweiteilung der Welt die zentrale philosophische Referenz für die Einführung seines Modells. Im Gegensatz zu Hartmann möchte er aber nicht an der Spaltung von Objekt und Subjekt anknüpfen, sondern sie überwinden. Die Beseitigung dieser Auftrennung des Weltzusammenhangs ist die leitende Idee seiner gesamten Konzeption, die alle Schichten als Verbindungen von subjektiven und objektiven Elementen auffasst. Als Vorlage dient dabei ein Ordnungsgedanke von Johann Wolfgang von Goethe, der die „Wirkungen, die wir in der Erfahrung bemerken, [...] vom Niederen zum höheren Rang aufsteigend" durch neun Eigenschaften gliedert: „zufällig, mechanisch, physisch, chemisch, organisch, psychisch, ethisch, religiös, genial" (Goethe 1989, S. 788).[20] Diese Gliederung ist unmittelbar an der lebensweltlichen

---

16 Vgl. Hartmann 1940, S. 520 und 529 ff., und Hartmann 1942, S. 69, 73 und 83.
17 Vgl. Hartmann 1942, S. 69. Abweichende Formulierung in Hartmann 1940, S. 520 und 529 ff. Geistiges ohne Organisches zu schaffen, kann als Ziel der Künstlichen-Intelligenz-Forschung, auf die ich weiter unten zu sprechen komme, angesehen werden.
18 Vgl. Hartmann 1940, S. 29 ff., und Hartmann 1950, S. 411 ff. Feyerabend 1963 zeigt, dass Hartmann 1950 seinen Anspruch auf Hypothetizität nicht einlöst, sondern dogmatisch verfährt.
19 Zu Heisenbergs hypothetischer Wissenschaftsauffassung vgl. Schiemann 2009, S. 70 ff.
20 Vgl. Heisenberg 1984, S. 159 und 232.

Erfahrung orientiert und dient Heisenberg dazu, der Behauptung einer isoliert bestehenden reinen Objektivität bzw. Subjektivität zu widersprechen.[21]

An die Stelle der cartesischen Entgegensetzung soll eine Pluralität von Wirklichkeitsschichten treten, die durch unterschiedliche Verhältnisse ihrer jeweils subjektiven und objektiven Anteile differieren.[22] Als „objektiv" bezeichnet Heisenberg die „Darstellung eines [...] Sachverhalts", bei der „sich der betreffende Sachverhalt [...] von uns und von seiner Darstellung ablösen lasse" (Heisenberg 1984, S. 229). „Subjektiv" nennt er hingegen die Beschreibungen, bei denen dies in unterschiedlichem Grad nicht möglich sei (Heisenberg 1984, S. 235). Sein Schichtenmodell ist zwischen einem objektiven und einem subjektiven Pol aufgespannt. Vom objektiven Pol ausgehend nimmt die Objektivität der Schichten „schrittweise" im Verhältnis zur Subjektivität ab (Heisenberg 1984, S. 231).

Als Physiker stehen ihm dabei paradigmatisch die Gegenstandsbereiche bestimmter Theorien seiner eigenen Disziplin vor Augen. Inbegriff einer Theorie, die mit dem Anspruch der Objektivität auftritt, sei die klassische Physik (Mechanik, Elektrodynamik, phänomenologische Thermodynamik, spezielle und allgemeine Relativitätstheorie). In den Beschreibungen ihrer Gegenstände komme das beschreibende Subjekt nicht vor. Allerdings werde diese Objektivität durch Subjektivität in Form von Idealisierungen erkauft, die „durch den Eingriff unseres Denkens [...] bestimmte Vorgänge, Erscheinungen, Gesetze" (Heisenberg 1984, S. 235 f.) aus der betrachteten Wirklichkeit herauslösten. Da Idealisierungen, die in allen Theorien der Wirklichkeit vorkommen, in der klassischen Physik die vergleichsweise geringste Bedeutung haben, kann Heisenberg ihren Gegenstandsbereich zu Recht als die unterste, d. h. „objektivste"' Schicht (Heisenberg 1984, S. 236) bezeichnen. Der mit ihrer Beschreibung traditionell verbundene absolute Objektivitätsglaube sei durch die moderne Atomphysik, in der keine Aussage mehr unabhängig vom messenden Eingriff des Beobachters sei, erschüttert worden. Heisenberg ordnet die subatomaren und atomaren Prozesse der sogenannten chemischen Schicht zu, da sich seiner Auffassung nach alle chemischen durch subatomare und atomare Prozesse erklären lassen. Bei den Erkenntnisweisen, die für die darüber liegenden Schichten typisch sind, kann immer weniger vom erkennenden Subjekt abgesehen werden. Ähnlich wie Hartmann hebt Heisenberg vom Anorganischen zunächst das Organische ab, legt darüber eine Schicht des Bewusstseins und schließt mit Schichten, die das in-

---

21 Die lebensweltliche Erfahrung ist nicht eindeutig der Differenz von Subjektivität und Objektivität zuzuordnen. Sie ist subjektiv, insofern sie sich konzentrisch um die Subjekte legt, von deren sinnlicher Perspektivität sie ausgeht; sie ist objektiv, insofern ihre Subjektivität nicht thematisch wird.
22 Heisenberg 1984, S. 231.

dividuelle Bewusstsein (mit zunehmender Subjektivität) transzendieren. Die oberste Stufe bildet die Schicht des Schöpferischen, in der die Gegenstände allein vom Subjekt hervorgebracht werden (vgl. Abb. 2).[23]

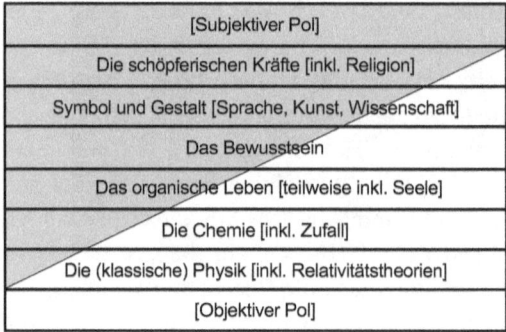

Abb. 2: Die Einteilung der Wirklichkeit nach Heisenberg. Weiß symbolisiert objektive, grau subjektive Anteile in den Schichten der Wirklichkeit. In eckige Klammern gesetzte Bezeichnungen dienen der Erläuterung und stammen nicht von Heisenberg.

Obwohl die Schichten in ihrem Anspruch, die Objekt-Subjekt-Spaltung aufzuheben, mit einem durchgehenden Aufbauprinzip verbunden sind, besteht zwischen ihnen kein kontinuierlicher Übergang. Jeder Schicht werden ein oder mehrere Begriffe zugeordnet, die den spezifischen Erfahrungen ihrer wissenschaftlichen Untersuchungen entsprechen.[24] Heisenberg verbindet mit seinem Schichtenmodell wie Hartmann eine antireduktionistische Grundeinstellung, die sich in seinen späteren Schriften allerdings nicht mehr nachweisen lässt.[25]

Eine von Heisenberg selbst nicht diskutierte Pointe seiner Konzeption besteht darin, dass sie eine umgekehrte Lesart und damit eine entgegengesetzte Weltdeutung zulässt. Grundlage dieser Möglichkeit ist, dass sein Modell selbst nicht unabhängig von seiner Darstellungsweise ist. Als „wissenschaftlich" bezeichnet er die von ihm selbst gewählte Ordnung, die vom objektiven Pol ausgehend zu immer subjektiveren Schichten aufsteigt. Diese Weltauffassung hat Objektivität zum Ziel, die einer realistischen Darstellung vergleichbar ist, aber im Fortgang zu

---

23 Vgl. Heisenberg 1984, S. 246 ff.
24 Vgl. Heisenberg 1984, S. 234.
25 So schließt Heisenberg die Möglichkeit, dass sich ganzheitliche Strukturen des Lebens und seiner symbolischen Vermögen durch physikalisch nicht messbare Kräfte erklären lassen, nicht grundsätzlich aus, vgl. Heisenberg 1984, S. 260 ff. Dem entspricht auch seine Rede von den „schöpferischen Kräften", vgl. Heisenberg 1984, S. 294 ff.

den weniger objektiven Schichten in wachsendem Maß ihre Erklärungskraft verliert. Eine alternative, im Geltungsanspruch gleichberechtigte Konzeption würde umgekehrt vom subjektiven Pol zu den zunehmend objektiven Schichten absteigen und dabei immer weniger in der Lage sein, die Phänomene zu erklären. Heisenberg nennt diese Konzeption „religiös" und man kann annehmen, dass er ihren Wirkungszenit historisch vor der Neuzeit verortet. Für sie stehen die Bereiche der wissenschaftlichen Objektivität im Bann des unendlich entfernten, für immer unverständlichen entgegengesetzten Pols.[26]

Ob er seine eigene wissenschaftliche Konzeption selbst als für die Gegenwart typisch oder als einen Vorgriff auf eine sich erst in Ansätzen abzeichnende neue Ordnungsstruktur angesehen hat, wird aus Heisenbergs Manuskript nicht ganz deutlich. Zu den Anzeichen für eine epochale Verschiebung in den „Fundamenten des Denkens" (Heisenberg 1984, S. 304) rechnet er neben der Revolution der modernen Physik auch die gesellschaftlichen und kulturellen Wandlungen in Deutschland vor 1933 sowie die Herrschaft des Nationalsozialismus.[27] In den Nachkriegsjahren gewann die Technisierung der Welt als Ereignis, das fundamentale Veränderungen in den Daseinsbedingungen bewirken könnte, an Bedeutung.[28]

3.3 Vergleich und Erweiterung der Schichtenkonzeptionen

Einige Gemeinsamkeiten und Differenzen der Konzeptionen von Hartmann und Heisenberg habe ich bereits genannt. Stellt man die Ordnungen in schematischer Darstellung nebeneinander, fällt zunächst die Ähnlichkeit der Reihenfolge ihrer Stufen auf. Diese Gemeinsamkeit geht vor allem darauf zurück, dass beide Autoren Elemente einer lebensweltlichen Weltsicht wiedergeben, die im abendländischen Kulturkreis gemeinhin unbestritten ist.[29]

---

26 Vgl. Heisenberg 1984, S. 228 ff.
27 Vgl. Heisenberg 1984, S. 218 und 304.
28 Vgl. Heisenberg 1984, S. 411, und Schiemann 2008a, S. 86 und 118 ff.
29 In der europäischen Kulturtradition hat die von Platon und Aristoteles formulierte Unterscheidung von Anorganischem und Organischem sowie Ordnung des Organischen in Pflanzen, Tiere und Menschen seit der Antike die lebensweltliche Ontologie geprägt. Ingensiep 2001, S. 27, 59 und 258, und Jahn 1985, S. 63, 219 f. und 235, weisen auf die Verbindung zur Lehre der „drei Naturreiche" von Mineralien, Pflanzen und Tieren hin. Vgl. für die historische Entwicklung Hartmann 1943 und für die gegenwärtige lebensweltliche Relevanz Schiemann 2005, S. 43 ff., 118 ff. und 130 ff.

Bei beiden Autoren schließt das Anorganische auch den Bereich der kosmischen Dimensionen ein. Diese Gemeinsamkeit verbindet sich allerdings mit tiefgreifenden Differenzen. Während Heisenberg in der zur klassischen Physik gerechneten speziellen und allgemeinen Relativitätstheorie die Grundlage für die Aussagen über die „ganz fernen Räume[...] und Zeiten" sieht (Heisenberg 1984, S. 244), lehnt es Hartmann ab, Konsequenzen der Relativitätstheorien in seiner Schichtenlehre überhaupt zu berücksichtigen. Im anorganischen Bereich ergibt sich eine weitere Abweichung durch die unterschiedliche Beschreibung des ganz Kleinen. Heisenberg sieht in den spezifischen Grenzen der Objektivität des Subatomaren ein Argument für die Einführung einer gesonderten Schicht, Hartmann ordnet hingegen Atomares und Subatomares in die Schicht des Anorganischen ein. Für die Schicht des Organischen ist bei beiden Autoren auffällig, dass sie keine Begriffe vorsehen, mit denen sich Pflanzen und Tiere unterscheiden ließen. Heisenberg hätte diese Differenz mit seinem weitgefassten Begriff des Bewusstseins vornehmen können, da er die Möglichkeit offen hält, dass Tiere, nicht aber Pflanzen am Bewusstsein teilhaben.[30] Hartmanns Schicht der Seele erlaubte eine ähnliche Ausweitung, wenn ihre Orientierung an Descartes' Dualismus gelockert würde.[31] Heute könnte der in der Bioethik erörterte Begriff der Empfindungs- bzw. Leidensfähigkeit zur weiteren Schichtengliederung des Organischen herangezogen werden. Auch jüngere Erkenntnisse der Astrobiologie sprechen für eine Unterteilung des Organischen. Einfache Lebewesen kommen demnach im Universum vielleicht nahezu überall, komplexe Lebewesen nur sehr selten vor, weil die Existenzmöglichkeit von letzteren ein extrem unwahrscheinliches Zusammentreffen zahlreicher unabhängiger Bedingungen voraussetzt.[32] Schließlich ist bei den oberen Schichten erwähnenswert, dass es Hartmann, wie schon den Bezeichnungen des „objektiven" und „objektivierten" Geistes zu entnehmen ist,[33] auf Objektivität, Heisenberg hingegen auf Subjektivität ankommt. Die oberen Schichten sind bei Hartmann stärker differenziert: Oberhalb des Bewusstseins unterscheidet er drei, Heisenberg nur zwei Stufen. Im Folgenden werde ich nur auf die Problematik der Zuordnung der Eigenschaften des ganz Kleinen und des ganz Großen eingehen.

---

30 „[V]ielleicht kann der Bereich der Wirklichkeit, der das organische Leben umfaßt, nicht abgegrenzt werden von jenem weiteren Bereich, der in seinen der gewöhnlichen Sprache zugänglichen Teilen das Wissen von der menschlichen Seele einschließt" (Heisenberg 1984, S. 259).
31 Hartmann spricht nur Tieren ein „ungeistiges" (Hartmann 1933, S. 48) bzw. „geistloses" (Hartmann 1942, S. 38) Bewusstsein zu.
32 Vgl. Ward/Brownlee 1999.
33 Vgl. Hartmann 1933.

3.3.1 Eigenschaften des ganz Kleinen

Beide Autoren diskutieren die Frage, ob sich die konstitutiven Prinzipien des ganz Kleinen von den anderen Weltbereichen unterscheiden. Im Zentrum steht die Frage des Zufalls bzw. der Wahrscheinlichkeit. Zu den elf Kategorien der anorganischen Schicht rechnet Hartmann den Kausalnexus.[34] In dieser Schicht kann es demnach keine ursachelosen bzw. zufälligen Ereignisse geben.[35] Während Heisenberg demgegenüber für die Quantentheorie vom „Zwang zur Anerkennung des Zufalls" (Heisenberg 1984, S. 257) ausgeht, argumentiert Hartmann, dass sich vom Zufall nicht widerspruchsfrei sprechen lasse. Man müsse Kausalität auch dort, wo man den Zufall behaupte, insofern voraussetzen, als man Ereignisse erwarte.[36]

Dieser bewusstseinsrelative Zufallsbegriff wird dem heutigen Stand der einzelwissenschaftlichen Erkenntnis nicht gerecht. Das zufällige Auftreten von Einzelereignissen ist nach den Standardtheorien der Physik von den subjektiven Erwartungen der Beobachter*innen unabhängig. Die bislang vorgeschlagenen Theorien, mit denen quantisierte Einzelereignisse durch kausale Mechanismen erklärt werden, haben sich als äußerst problematisch herausgestellt. Sie sind zu Annahmen gezwungen, die sich der experimentellen Verifikation entziehen, und überzeugen in Struktur, Gegenstandsumfang und Voraussagekraft gegenüber den Standardtheorien nicht. Vor allem bestreiten diese Ansätze nicht das Faktum der Irregularität der quantisierten Einzelereignisse.[37]

Der fehlende Nachweis eines Kausalnexus ist nicht die einzige Eigenschaft, durch die sich das ganz Kleine von den größeren Dimensionen abhebt. Ich möchte an dieser Stelle Heisenbergs Ansatz durch weitere Argumente für die Einführung einer gesonderten Schicht des ganz Kleinen ergänzen. Eigenschaften wie der Spin oder die Paritätsverletzung haben kein Analogon in anderen anorganischen Bereichen. Die im ganz Kleinen experimentell außerdem gut bestätigten Korrelationen zwischen räumlich entfernten Quantenobjekten und die simultane Realisierung verschiedener Zustände eines Quantenobjektes treten im Makroskopischen allenfalls im Übergangsbereich zu kleineren Dimensionen und unter besonderen Bedingungen auf.[38] In den letzten Jahrzehnten hat die Erforschung der Beziehung zwischen den seltsamen Zuständen des ganz Kleinen und den

---

34 Vgl. Hartmann 1950, S. 251 f.
35 Vgl. Hartmann 1950, S. 348 und 370 ff.
36 Vgl. Hartmann 1950, S. 375.
37 Vgl. die einschlägigen Darstellungen in Albert 1992 und Rae 1996.
38 Diesen Bedingungen lassen sich nicht nur technisch realisieren, sondern könnten auch biologischen Prozessen zugrunde liegen: Vgl. Vedral 2011.

Phänomenen der darüberliegenden Dimensionen gezeigt, dass sich der Übergang zwischen beiden auf ein schmales Zeitfenster reduziert.[39] Insgesamt scheinen die Eigenschaften des ganz Kleinen irreduzibel und so weitgehend eingrenzbar, dass man gute Gründe hat, über die Einführung einer gesonderten Schicht nachzudenken. Im Hinblick auf die räumliche Größenordnung ihrer Objekte, nicht aber der darüber hinausreichenden Reichweite ihrer Wechselwirkungen würde sie nach unten zwischen der Grenze der Anwendbarkeit der heute bekannten physikalischen Gesetze (ca. 10^{-35} Meter) und des gerade noch messbar Kleinen (ca. 10^{-18} Meter) zu verorten sein und nach oben hin bis in die Dimensionen des Atomaren bzw. des Nanometerbereichs (10^{-9} Meter) reichen, d. h. an Heisenbergs chemischer Schicht angrenzen.[40]

3.3.2 Eigenschaften des ganz Großen

Hartmann unterscheidet in der Schicht des Anorganischen „zwei geschlossene Reihen dynamischer Gefüge, zwischen denen eine [...] Lücke klafft" (Hartmann 1950, S. 483). Die eine Reihe werde gebildet von den „Mikrosystemen" atomarer und subatomarer Dimensionen, die andere von den „Makrosystemen", die mit den „Zusammenballungen der Materie, welche die Sternkörper bilden, [beginnt und ...] mit den großen Spiralsystemen [...] oder auch gar mit ganzen ‚Schwärmen' von solchen Systeme" endet (Hartmann 1950, S. 484).[41] In der Lücke zwischen diesen beiden Bereichen befänden sich Bruchstücke der Makrosysteme und die organische Natur, die damit aus der anorganischen Stufenleiter gleichsam „herausfalle" (Hartmann 1950, S. 485).

Dass Hartmann beide Reihen in einer Schicht vereinigt, geht auf seine Überzeugung zurück, dass sie durch die dimensionalen Kategorien, die auch für das Organische gelten, und durch das spezifische Kategoriensystem des Anor-

---

[39] Der Übergang von den kleineren zu den größeren Phänomenen wird in den Theorien der „Dekohärenz" beschrieben, auf die ich in Kapitel 6 näher eingehe.

[40] Die Größenordnung des gerade noch messbar Kleinen ergibt sich aus der kleinstmöglichen Wellenlänge der Objekte, die zu seiner Beobachtung eingesetzt werden. Diese Wellenlänge verhält sich umgekehrt proportional zur eingesetzten Energie, die gegenwärtig für Beobachtungszwecke maximale Werte bei den Teilchenbeschleunigern der Hochenergiephysik erreicht (ca. 1 Teraelektronenvolt=$1,6 \times 10^{-7}$ Joule). Das gerade noch messbar Kleine entspricht heute der Reichweite der schwachen Wechselwirkung, die u. a. zwischen den elementaren Bestandteilen der Atomkerne wirkt. Die Messinstrumente mit der bisher (und vielleicht bis auf weiteres) größten Auflösung gestatten also nicht mehr und nicht weniger als die für irdische Verhältnisse vermutlich relevante Struktur der Materie zu bestimmen.

[41] Zu Hartmanns besonderem Interesse für Astronomie vgl. Harich 2004, S. 78 ff.

ganischen einheitlich bestimmt seien. Zur Herstellung der Einheit glaubt er nicht nur die Besonderheiten des Submikroskopischen, sondern auch die aus den Relativitätstheorien der Physik folgenden Bestimmungen von Raum und Zeit für seine Schichtenlehre ablehnen zu müssen. Seiner Auffassung nach können Raum und Zeit nicht im Kosmos entstehen, kann der Raum nicht selbst gekrümmt sein und muss eine absolute Gleichzeitigkeit von Ereignissen möglich sein.[42] Hartmann nimmt damit den Standpunkt der newtonschen Physik ein, die das lebensweltliche Verständnis von Raum und Zeit absolut setzt.[43]

Solche Verallgemeinerung ist aber mit den physikalischen Tatsachen und den auf sie bezogenen heutigen Theorien nicht mehr ohne Weiteres verträglich. Auf der Erde kommen allein aufgrund der relativ geringen Entfernungen zwischen Ereignissen sowie der niedrigen Geschwindigkeiten und kleinen Größen der bewegten Massen keine relativistischen Effekte vor, die der direkten Wahrnehmung zugänglich wären.[44] Obgleich diese Effekte im Übergang zu den Dimensionen des ganz Großen kontinuierlich beginnen aufzutreten, kann man ihre erst bei hohen Energien bzw. starken Feldern einsetzende leibliche Wirksamkeit als naturphilosophischen Grund für die Einführung einer gesonderten kosmischen Schicht ansehen.[45] Welten, in der relativistische Veränderungen von Zeit- und Längenmaßen für die Sinneswahrnehmung Relevanz erhielten, würden sich qualitativ von denen unterscheiden, in denen dies nicht der Fall ist.[46] Es muß aber als fraglich angesehen werden, ob die zukünftigen technischen Möglichkeiten der Menschen ausreichen werden, um die dafür notwendigen Energiemengen pro Zeiteinheit aufzubringen. Weil die energetischen Größen zur Erreichung relativistischer Effekte vermutlich auch erforderlich sind, um interstellare Distanzen zu

---

42 Vgl. Hartmann 1950, S. 216 ff. und 236 ff.
43 Feyerabend 1963, S. 86, stellt allgemein fest, dass „Hartmanns Vorgehen [in seiner *Philosophie der Natur*] zu einem Festhalten an den Kategorien der klassischen Physik" führe. Zum Verhältnis von newtonschem und lebensweltlichem Raum- und Zeitverständnis vgl. Kapitel 4, Abschnitt 1, und Kapitel 5, Abschnitt 2.
44 Vgl. Kapitel 5, Abschnitt 3.2. Für das Verständnis der Prozesse in den unanschaulichen Bereichen des Subatomaren ist die spezielle Relativitätstheorie zu berücksichtigen.
45 Die Naturphilosophie hat die Natur, das Wissen von ihr und das Verhältnis des Menschen zu ihr zum Thema. Durch ihren Bezug auf den Menschen ist sie von den Naturwissenschaften und einer Wissenschaftstheorie, die vornehmlich an den begrifflichen Grundlagen und formalen Strukturen der naturwissenschaftlichen Theorien interessiert ist, unterschieden.
46 Ein Beispiel für die kategoriale Verschiedenheit zwischen nicht relativistischen und relativistischen Welten sind die nur in Letzteren möglichen „Zeitreisen". Vgl. hierzu einführend Wüthrich 2007.

durchqueren, könnte die kosmische Schicht, die aus irdischer Perspektive erst jenseits des Sonnensystems beginnt, für Menschen unzugänglich bleiben.[47]

In grundbegrifflicher Hinsicht legt sich die Einführung einer kosmischen Schicht ebenfalls nahe: Während die Beschreibung der ganz kleinen und mittleren Phänomene die Existenz von Raum und Zeit immer schon voraussetzt, kann die Beschreibung der Welt des ganz Großen die Entstehung von Raum und Zeit umfassen. Die Hypothese des sogenannten Urknalls behauptet den Beginn von Raum und Zeit. Indem die Zeit von dem im ganz Großen wirksamen Gravitationsfeld abhängt, verliert sie ihre Stellung als Grundbegriff der Theoriebildung.[48]

Im letzten Jahrzehnt haben astronomische Daten und kosmologische Theorien weiteren Anlass zur Annahme der Möglichkeit einer Schicht des ganz Großen gegeben. Aus Messungen von Phänomenen, die als Ausdruck einer beschleunigten Expansion des Universums gedeutet werden,[49] ist auf die Präsenz einer Energie geschlossen worden, deren Eigenschaften und Ursachen bisher nicht aus den bekannten physikalischen Gesetzen abgeleitet werden können. Diese sogenannte „dunkle Energie" hat einen Anteil von etwa 74 Prozent an den insgesamt im Universum vorhandenen Materie- und Energieformen.[50] Sie determiniert das zukünftige Schicksal des Universums. Ihre Konstanz vorausgesetzt, wird sie in der fernen Zukunft von vielleicht 10^{100} Jahren zur Auflösung aller Körper und damit zur Vernichtung allen Lebens und seiner auffindbaren Spuren führen.[51] Das Universum tritt uns nicht nur mit einer schwer vorstellbaren Größe der räumlichen Ausdehnung und Leere gegenüber, sondern mit einer auf lange Sicht zunehmenden Lebensfeindlichkeit, die jeden Anthropozentrismus in Schranken weist.

3.4 Schluss

Meine Überlegungen zur Schicht des ganz Kleinen und des ganz Großen verstehen sich als Versuche, Resultate der historischen Veränderung der wissenschaftlichen Erkenntnis in den Konzeptionen von Hartmann und Heisenberg zu berücksichtigen. Die beiden neu hinzugenommenen Schichten entziehen sich im Gegensatz

---

47 Vgl. Kapitel 5, Abschnitt 3.2, und Schiemann 2019. Der nächste Stern ist ca. 4 Lichtjahre entfernt.
48 Vgl. Kapitel 5, Abschnitt 3.2 und 3.3.
49 Zu diesen Phänomenen gehört die Bewegung explodierender Supernovae, für deren Messungen der Nobelpreis für Physik 2011 verliehen wurde.
50 Vgl. Börner 2008.
51 Vgl. Schiemann 2019.

zu den anderen weitestgehend der lebensweltlichen Anschaulichkeit. Während die mittleren Dimensionen der unmittelbaren Erfahrung offenstehen, lassen sich die ganz kleinen und ganz großen Dimensionen nur mit technischen Hilfsmitteln beobachten und beeinflussen. In ontologischer Hinsicht kommt den beiden Schichten des ganz Kleinen und ganz Großen fundamentale Bedeutung zu. Nach den gegenwärtigen Standardtheorien der Physik wird das ganz Kleine durch die Bestandteile der gesamten sichtbaren Materie, das ganz Große durch die gesamte Materie- und Energiedichte des beobachtbaren Universums gebildet.[52] Das aus dem ganz Kleinen hervorgehende Organische, Seelische, Bewusste und Geistige (bis zum objektivierten Geist oder zu den schöpferischen Kräften) wird von diesen beiden Schichten gleichsam eingerahmt. Damit legt sich eine übergreifende Dreiteilung aller Schichten in die der ganz kleinen, der mittleren und der ganz großen Dimensionen nahe.

Als Beispiele einer wissenschaftlichen Weltsicht sind die beiden Konzeptionen einem Wandel unterworfen, der zu Infragestellungen der Schichtenidee selbst führen kann. In theoretischer Hinsicht ist an dieser Stelle auf die verbesserten Realisierungsbedingungen des von Heisenberg in seinem Manuskript und von Hartmann generell abgelehnten Programms einer reduktionistischen Welterklärung hinzuweisen. Gegenwärtig in Wissenschaften verbreitete Formen des Reduktionismus lehnen Schichtenmodelle ab, weil jene alle Phänomene im Prinzip durch physikalische Bestimmungen für erklärbar halten.[53] Sie stützen sich vor allem auf die beeindruckenden Leistungen in der Physikalisierung der lebenswissenschaftlichen Phänomene. Solange dieses Programm jedoch – trotz der Fortschritte – von seiner Realisierung noch so weit wie heute entfernt bleibt, haben auch nichtreduktionistische Formen des Physikalismus einige Berechtigung. Sie gehen davon aus, dass Phänomene einer Schicht in einer Sprache charakterisierbar sein müssen, die nicht aus den Eigenschaften der jeweils unteren Schicht ableitbar ist.[54] Diese Eigenständigkeit muss aber nicht eine Unerklärbarkeit implizieren, wie Hartmann und Heisenberg sie für einige Schichteneigenschaften behaupten.

Zur Schichtenvorstellung gegenläufig verhalten sich auch die gesteigerten technischen Möglichkeiten der Manipulation und Herstellung von Phänomenen.

---

52 Der Ausdruck „sichtbare Materie" steht für die sogenannte baryonische Materie (nicht sichtbar sind die sogenannte Dunkle Materie und Dunkle Energie), der Ausdruck „beobachtbares Universum" steht für den von der Erde aus der Erfahrung zugänglichen Teil des Universums.
53 Esfeld/Sachse 2011 bieten ein Beispiel für einen physikalistischen Reduktionismus, der „Schichten von Eigenschaften in der Welt", nicht aber „Stufen von Komplexität in den Konfigurationen physikalischer Eigenschaften" ablehnt (S. 90).
54 Vgl. Beckermann 1999, S. 216 ff.

Die zunehmende technische Verfügbarkeit der Natur hat die Grenzen zwischen den Schichten in neuer Weise durchlässig gemacht. Die Übergänge zwischen Anorganischem und Organischem sind Gegenstand von labortechnischen Untersuchungen geworden, die Beeinflussung von Bewusstseinsprozessen durch medizinische Eingriffe ist in die Phase des Neuro-Enhancements getreten. Mit der Einebnung von Differenzen hat die Möglichkeit der Multirealisierbarkeit von bisher einzigartigen Phänomeneigenschaften an Bedeutung gewonnen: Zukünftig werden womöglich technische Systeme herstellbar sein, die gegenüber den natürlichen Organismen wesensverschiedene Struktureigenschaften aufweisen und ihnen dennoch als Lebewesen gleichen. Multirealisierbarkeit kann auch das Überspringen von ehemals getrennten Schichten implizieren und damit dem bereits genannten Gesetz der Indifferenz widersprechen, demzufolge eine obere Schicht auf alle relativ zu ihr unteren angewiesen ist. Ein Beispiel wäre die viel diskutierte Absicht der Künstlichen-Intelligenz-Forschung, Maschinen zu bauen, die nicht als organisch zu klassifizieren wären, aber dennoch Leistungen aufwiesen, die kognitiven Fähigkeiten des menschlichen Bewusstseins gleichkämen.

Wenn wissenschaftlich orientierte Schichtenkonzeptionen durch die Wissenschaften selbst zunehmend problematisiert oder aufgehoben werden würden, so müssten dadurch aber nicht zugleich lebensweltliche Plausibilitäten, auf die sich die beiden Autoren berufen, beeinträchtigt werden. Begreift man die Lebenswelt nicht als kultur- oder naturumfassende Kategorie, sondern als einen begrenzten Erfahrungsbereich, dann kann man dem Begriff eine spezifische Erkenntnisform zuordnen, die über eigene Weisen der Welterfassung verfügt.[55] Im Unterschied zu den wissenschaftlich verfassten Schichtenkonzeptionen setzt die lebensweltliche Typisierung an Dingen an, die einer oder mehrerer Schichten angehören. Als eine hierfür exemplarische Klassifikation, die mit wesentlichen Bestimmungen der beiden Schichtenkonzeptionen parallel geht, kann man die erwähnte Gliederung der Welt in Anorganisches, Pflanzen, Tiere und Menschen auffassen.[56] Lebensweltlich findet sich auch eine kategoriale Differenz zwischen Phänomenklassen, die in den beiden Schichtenkonzeptionen bemerkenswerterweise nicht als solche thematisiert wird: Natürliche Gegenstände werden technischen gegenübergestellt, wobei Natur als dasjenige gilt, was sich ohne menschliches Zutun zu verändern vermag, während sich die Gegenstände der Technik menschlicher Herstellung verdanken. Dass Heisenberg und Hartmann

---

55 Vgl. Kapitel 1, Abschnitt 2.
56 Vgl. Anm. 29.

keine Schicht bzw. keinen Bereich des Technischen vorgesehen haben, kann man als Lebensweltferne ihrer Ansätze kritisieren.[57]

Die zunehmende Technisierung der Lebenswelt gehört allerdings zu den Faktoren des gesellschaftlichen Wandels, die Anschaulichkeit als notwendige Bedingung lebensweltlicher Erfahrung und damit auch die bisherigen Grundlagen der Verständlichkeit von Schichten der mittleren Dimensionen aufzuheben vermögen. Mag die Schichtenvorstellung der Welt gegenwärtig plausibel erscheinen, muss ihre zukünftige Entwicklung doch als ungewiss angesehen werden.

---

[57] Zur lebensweltlichen Differenz von Natur und Technik vgl. Kapitel 7, Abschnitt 1, und Schiemann 2005. Heisenberg sieht einen engen Zusammenhang von Wissenschaft und Technik – vgl. Schiemann 2008a, S. 115 ff. – und könnte deswegen auf einen gesonderten technischen Bereich verzichtet haben. Hartmann hält die Technik für ein „‚traditionsloses' Geistesgebiet", dessen Erzeugnisse er zur Stufe des objektivierten Geistes rechnet (Hartmann 1933, S. 246 f. und 418). Vgl. auch seine Diskussion der Technik in Hartmann 1942, S. 79 ff.

Teil II **Lebensweltliche und wissenschaftliche Erfahrung**

4 Zweierlei Raum.
Über die Differenz von lebensweltlichen und physikalischen Vorstellungen

Zwischen Lebenswelt und Physik, deren Raumvorstellungen ich in diesem Kapitel diskutieren möchte, bestehen in modernen Gesellschaften nicht leicht zu durchschauende Wechselbeziehungen. Zum einen rekurriert das physikalische Wissen auf lebensweltliche Verständnisweisen. Es verallgemeinert lebensweltliche Systematisierungsformen und bedient sich in seinen Modellbildungen der lebensweltlichen Anschauung. Zum anderen spielt die Physik in der fortschreitenden Technisierung der Lebenswelt eine führende Rolle. Haushaltsgeräte, Apparate für Unterhaltungs- und Kommunikationszwecke sowie Verkehrsmittel – um nur einige bekannte Beispiele zu nennen – basieren wesentlich auf der Anwendung physikalischen Wissens. Elemente der physikalischen Erkenntnis haben zudem lebensweltliche Verständnisweisen und Symbolwelten vielfach beeinflusst. So beflügeln Berichte über relativistische Phänomene und subatomare Effekte, die unter technischen Laborbedingungen experimentell erzeugt werden, nicht zuletzt auch die Phantasie der Autor*innen für das breite Publikum.

Der offenkundigen gegenseitigen Beeinflussung der beiden Erfahrungsbereiche entspricht, dass ihre Erkenntnisweisen vermutlich nicht aufeinander reduzierbar sind. Aus dem physikalischen Wissen lassen sich die Erkenntnisweisen, die die Lebenswelt kennzeichnen, allenfalls erst rudimentär erklären. Auch die umgekehrten – vor allem von der Phänomenologie vorgenommenen – Versuche einer Herleitung der physikalischen Erkenntnis aus lebensweltlicher Erfahrung haben bisher nicht überzeugen können.[1] Physik geht so wenig bislang aus der Lebenswelt hervor, wie sich die Anwendbarkeit ihrer Erkenntnisse auf den Horizont der Lebenswelt beschränkt.

Lebenswelt und Physik stehen nicht nur unverkennbar miteinander in Beziehung, sondern prägen jeweils auch eigenständig die Struktur moderner Gesellschaften. Während die Lebenswelt mit ihrem traditionellen Bezug auf unmittelbare Wahrnehmungs- und Handlungsformen immer noch die lokale Reproduktion bestimmt, begründen physikalische Verfahren und Erkenntnisse die materiellen Techniken der globalisierten Zivilisation. Schätzungsweise fast ein Viertel des Bruttosozialprodukts in hoch entwickelten Ländern entsteht bei-

---

[1] Physikalische Erklärungen lebensweltlicher Phänomene versuchen McCloskey 1983 und Giulini et al. 1999. Phänomenologische Begründungen der Wissenschaften stellt exemplarisch Ströker (Hrsg.) 1979 vor.

https://doi.org/10.1515/9783110730586-005

spielsweise aus Produkten, die direkt oder indirekt mit der Quantenphysik zusammenhängen.[2]

Den Abstand von Lebenswelt und Physik sowie die zwischen ihnen bestehenden Beziehungen möchte ich an den für sie typischen Raumbegriffen erläutern. *Meine These ist, dass jedenfalls einige Raumbegriffe der modernen Physik den lebensweltlichen Raumbegriffen entgegengesetzt sind.* Die Raumbegriffe der modernen Physik liegen nicht in einheitlicher Formulierung vor. Sie zerfallen im Wesentlichen in die zwei Gruppen der Relativitäts- und der Quantentheorie. Für die moderne Physik beschränke ich mich auf Aspekte des Raumbegriffes, die sich an Interpretationen der Quantenmechanik anschließen.[3] Die Quantenmechanik ist derjenige Teilbereich der Quantentheorie, der die Anzahl der betrachteten Elementarteilchen als konstant voraussetzt. Begriffliche Bestimmungen des Raumes sind nicht unmittelbar Gegenstand der Quantenmechanik, sondern erst Thema ihrer Interpretationen. Die von mir ausgewählten Interpretationen folgen den unter dem Titel „Kopenhagener Deutung" zusammengefassten Auffassungen, die in der Physik und der Wissenschaftstheorie bis heute als Standard anerkannt werden.[4] Sie bieten der lebensweltlichen Perspektive, die den meisten Menschen ungleich vertrauter als die physikalische ist, vor allem negative Bestimmungen des submikroskopischen Raumes.

Ich möchte außerdem zeigen, dass andere physikalische Raumbegriffe der Lebenswelt näher stehen als die der Quantenmechanik. Als Beispiel für einen solchen Begriff werde ich den klassischen und immer noch aktuellen aus Isaac Newtons Mechanik diskutieren. Grob gesprochen, steht Newtons Raumvorstellung zwischen der modernen physikalischen und der lebensweltlichen Raumvorstellung.

Newtons Begriff ist in seinem Bereich der Bewegung makroskopischer Körper mittlerer Größenordnung heute ähnlich wie vor etwa 300 Jahren, als Newton ihn formulierte, anwendbar. Die mit ihm begründeten Bewegungsgesetze gehören immer noch zum Fundamentalwissen der Physik und haben für die Ingenieur*innenwissenschaften wie etwa das Bauingenieur*innenwesen oder den Maschinenbau grundlegende Bedeutung behalten. Newtons Raumvorstellung drückt darüber hinaus ein für die Moderne kennzeichnendes, von Newton freilich nicht intendiertes Selbstverständnis aus, indem sie eine Gleichzeitigkeit postuliert, die mit der Weltzeit der global vernetzten Systeme durchaus vergleichbar ist.

---

2 Vgl. Tegmark/Wheeler 2001 und Lüth 2015, S. 5.
3 Zu den Raumbegriffen der Relativitätstheorie vgl. Wunner 2006.
4 Vgl. Friebe et al. 2015, S. 275 f.

Newton hat seinen Raumbegriff in expliziter Kritik an lebensweltlichen Auffassungen entwickelt. Die von ihm vorgenommene *Abwendung von der Lebenswelt* wird durch die modernen Raumbegriffe der Physik verschärft. Ihre Begründung geht weniger von einer direkten Auseinandersetzung mit der lebensweltlichen Erfahrung als vielmehr von der Ablehnung letzter lebensweltlicher Restbestände des newtonschen Begriffes aus. Die Quantenmechanik erlaubt nicht nur wie Newtons Mechanik eine der Lebenswelt fremde Anschauung des Raumes, sondern auch den Verzicht auf alle Raumanschauung für einen Wirklichkeitsbereich. Diese Deutung des modernen physikalischen Raumbegriffes steht in diametralem Gegensatz zur Lebenswelt als dem Inbegriff einer anschaulichen Welt.

Bevor ich auf die Verhältnisse zwischen den drei Raumbegriffen näher eingehe, möchte ich an den von mir vorausgesetzten Begriff der Lebenswelt erinnern.

4.1 Lebensweltlicher Raum

Der Ausdruck „Lebenswelt" kann als Sammelbezeichnung für Erfahrungsformen verstanden werden, für die keine besonderen Kompetenzen erforderlich sind; ihre Handlungen erstrecken sich normalerweise auf die sichtbaren Gegenstände in gut bekannten Umgebungen; sie ist eine mit Mitmenschen geteilte Erfahrung, wie sie vor allem in der privaten Lebensführung vorkommt.[5]

Meine Bestimmungen knüpfen an Edmund Husserls, Alfred Schütz' und Thomas Luckmanns Lebensweltanalysen an. Nach Husserl ist die Lebenswelt eine Wahrnehmungswelt. Die in ihr wirksamen *Raumvorstellungen* sind Vorstellungen des subjektiven Wahrnehmungserlebens im mitmenschlichen Zusammenleben und im praktischen Umgang mit den Gegenständen des täglichen Gebrauchs. Im Gesichtsfeld positionierte Wahrnehmungsgegenstände sowie durch direkte Handlungen veränderliche Dinge und Personen konstituieren das Zentrum des lebensweltlichen Raumes. Die Mannigfaltigkeit der Gegenstandseigenschaften, die aus perspektivischen Ansichten resultieren, bringt dementsprechend die Mannigfaltigkeit der Raumbestimmungen hervor. Handlungsdienliche Ortsbestimmungen prägen den lebensweltlichen Raum, in dem die Gegenstände eindeutig lokalisiert und ihre Eigenschaften von den Eigenschaften anderer Gegenstände getrennt sind.

Ausgehend vom Ort der leiblichen Anwesenheit gliedert sich der lebensweltliche Raum in *konzentrisch angeordnete Wirkzonen*. Den Kernbereich bilden alle Dinge und Personen, auf die die Subjekte durch direkte körperliche Bewe-

---

5 Vgl. Kapitel 1, Abschnitt 2.

gung einwirken können. In größerer Entfernung liegen die Gegenstände, die nur über technische Hilfsmittel beeinflussbar sind. Ohne technische Vermittlungen erfordert jede Lageveränderung eines unbelebten Dinges in diesen Wirkzonen eine körperliche Kraftanstrengung. Solange unbelebte Dinge nicht Gegenstand menschlicher Handlungen sind, ruhen sie gewöhnlich. Da sich die Zustände der Bewegung deutlich von denen der Ruhe abheben, unterscheidet man in der Lebenswelt kategorial zwischen den zugehörigen Begriffen.[6] Am äußeren Rand der Lebenswelt liegen schließlich die bloß und gerade noch wahrnehmbaren Gegenstände. Der lebensweltliche Raum ist ein begrenzter irdischer Raum, eine Ausschnittswelt. Diese Bestimmungen sind bereits hinreichend, um sie mit denen der Physik, soweit es denn möglich ist, zu vergleichen.

Während ich von der Lebenswelt annehme, dass es sich um eine historisch relativ stabile Erfahrungsform handelt, unterstelle ich für die Physik einen vergleichsweisen raschen Wandel, der sie – nicht nur im Kontext von Raumvorstellungen – historisch sukzessive von der Lebenswelt entfernt. Bezeichnet man mit „Physik" jede Disziplin, die die Phänomene der unbelebten Natur systematisch erkundet und nach ihren Ursachen fragt bzw. sich um Erklärungen bemüht, fällt auch die *Physik des Aristoteles* darunter.

Aristoteles' Physik nimmt unmittelbar auf die lebensweltliche Erfahrung Bezug. Sie geht wie diese von den sinnlich wahrnehmbaren Dingen und ihren kategorialen Unterscheidungen aus. Über die heute wirksamen lebensweltlichen Raumvorstellungen kann man immer noch viel aus den entsprechenden Kapiteln von Aristoteles' Physikvorlesung lernen.[7] Es sind diejenigen Kapitel, die den Anspruch erheben, für die irdische Erfahrung zu gelten. Systematisch trennt seine Physik zwischen den sublunaren und den weiter entfernten himmlischen Räumen und Bewegungsformen. Ein Beispiel für ein ausschließlich himmlisches Prinzip ist die Natürlichkeit der kreisförmigen Selbstbewegung der Sterne. Seine Auffassung, dass die demgegenüber im Handlungsbereich der Menschen liegenden kreisförmigen Bewegungen, für die die Drehung des Rades beispielhaft ist, gegen die Natur der Dinge gerichtete Ortsveränderungen darstellen und deshalb vom Menschen hergestellt werden müssen, entstammt dem lebensweltlichen Erfahrungsraum.

---

[6] Ich verwende den Ausdruck „kategorial" im weiten Sinn einer grundlegenden begrifflichen Differenz.
[7] Zu Aristoteles' Raumbegriff vgl. Craemer-Ruegenberg 1980, S. 81 ff. Zum Lebensweltcharakter seiner Physik vgl. Cohen 1975, Schiemann 1998 und Kapitel 7.

4.2 Newtons Raum

Newton beseitigt die Unterscheidungen der lebensweltnahen aristotelischen Physik. Im Zentrum steht dabei die *Aufhebung des Gegensatzes von sublunaren und himmlischen Bewegungsformen*. Damit sprengt Newton die lebensweltlichen Begrenzungen und mit ihnen die an sie gebundenen Raumvorstellungen. Der mit dieser Homogenisierung nur exemplarisch erfasste fundamentale Umbruch in den physikalischen Grundprinzipien geht nicht allein auf die Arbeiten Newtons zurück. Andere Naturphilosophen – wie etwa René Descartes und Gottfried Wilhelm Leibniz – haben alternative Konzeptionen entwickelt, die ich hier nur erwähnen kann.[8]

Newton glaubte, die Unterscheidung von sublunaren und himmlischen Bewegungsformen nicht ohne Einführung eines *absoluten Raumbegriffes* abschaffen zu können. Dieser Begriff setzt an die Stelle des lebensweltlichen Gegenstandsprimates den lebensweltlich unvorstellbaren Vorrang des gegenstandsfreien Raumes. Nach Newton ist der Raum insofern absolut, als er eigenständig für sich besteht. Es könnte ihn auch dann geben, wenn sich nichts Materielles in ihm befinden würde. Lebensweltlich leiten sich die Eigenschaften des Raumes hingegen aus denen der Gegenstände ab.

Faktisch ersetzt Newtons Postulat des absoluten Raumes die aristotelische Subjekt- und Erdzentrierung durch eine Sonnen- bzw. Fixsternorientierung. Die stellaren Objekte bilden ein ruhendes Bezugsystem, in dem alle Körper ohne Einwirkung von äußeren Kräften entweder ebenfalls ruhen oder sich mit konstanter (geradliniger) Geschwindigkeit bewegen. Die Gleichwertigkeit von Ruhe und konstanter Geschwindigkeit widerspricht der lebensweltlichen Erfahrung. Zur Aufrechterhaltung von gleichförmigen Geschwindigkeiten, mit denen sich antriebslose Körper im absoluten Raum bewegen, müssen lebensweltlich Kräfte aufgewendet werden.

Newton versah den absoluten Raum mit den Eigenschaften des Unendlichen, Homogenen, Isotropen und Unbeweglichen. An allen Stellen fließt eine identische ebenfalls absolute Zeit in vollständiger Gleichförmigkeit. An einigen Passagen seines Werkes fasst Newton den absoluten Raum als Attribut Gottes auf. „Gott ist überall, als wäre der Raum sein Sinnesorgan" (Breidert et al. 1971 ff., S. 87).

---

[8] Über die historischen Wandlungen des physikalischen Raumbegriffes informiert umfassend Jammer 1960. Eine Einführung in Newtons Naturphilosophie mit weiterführender Literatur bietet Cohen/Smith (Hrsg.) 2002.

4.3 Vergleich des lebensweltlichen Raumes mit dem Newtons

Vergleicht man Newtons soweit gekennzeichneten Raumbegriff mit dem der Lebenswelt, treten *drei Aufhebungen* lebensweltlicher Bestimmungen hervor: die Aufhebung des Gegenstandsprimates, der Differenz von ruhenden und gleichförmig bewegten Körpern und der lokalen Begrenztheit. Was Newtons Begriff noch mit der Lebenswelt teilt, hat er dieser entnommen und verabsolutiert. Dazu gehören die Annahmen, dass die Körper eine eindeutige räumliche Lokalisierung haben, ihre Eigenschaften von den Eigenschaften anderer Gegenstände getrennt sind und im Raum eine einheitliche Ortszeit vorhanden ist, die – dies sei nur nebenbei bemerkt – nicht die einzige lebensweltliche Zeitbestimmung bildet.[9]

An Newtons Zeitbegriff lässt sich erkennen, dass die aus der Wahrnehmungswelt stammenden Vorstellungen mit ihrer Verabsolutierung dem anschaulichen Erfahrungsraum als fremde Kategorien gegenübertreten. Die ursprünglich lokale, nur subjektiv erlebbare Ortszeit wird als universell gültige Zeit zur *Weltzeit*, die sich in global vernetzten Systemen realisiert. Weltzeit und Zeit der Lebenswelt stehen zueinander, wie Hans Blumenberg ausgeführt hat, teilweise in konträrem und prekärem Verhältnis.[10]

Die Distanz, die zwischen Newtons Raumvorstellungen und denen der Lebenswelt besteht, gehört zu einer mit der Neuzeit einsetzenden Objektivierungstendenz, die die gesamte wissenschaftliche Erkenntnis erfasst und der auf die Antike zurückgehenden *Naturbeherrschung* dient. Subjektive Erkenntniselemente der aristotelisch-scholastischen Physik werden durch Orientierung an technischen Konstruktionen eliminiert. Die seither für die Physik kennzeichnenden experimentellen Verfahren heben sich deutlich von den Systematisierungsweisen der lebensweltlichen Praxis ab. Im Gegensatz zu den kontextabhängigen direkten Wahrnehmungs- und Handlungsformen der Lebenswelt wird das physikalische Wissen über die Natur an Apparaten gewonnen, die reproduzierbare Beobachtungsbedingungen garantieren und die mathematische Analyse der Resultate gestatten.[11]

Newtons Raumbegriff schließt an die künstlich vermittelte physikalische Erkenntnisgewinnung an. Um die mit ihm begründeten Bewegungsgesetze zu überprüfen, bedarf es beispielsweise des nur in großer Entfernung von der Erde

---

9 Eine Übersicht über lebensweltliche Zeitbestimmungen findet sich in Schütz/Luckmann 1979.
10 Vgl. Blumenberg 1986. Das im Vergleich zu den Raumbegriffen viel spannungsreichere Verhältnis der Zeitbegriffe von Lebenswelt und Physik sowie den zwischen ihnen stehenden Begriff der Weltzeit diskutiere ich in Kapitel 5.
11 Zu den allgemeinen Kennzeichnungen der experimentellen Naturwissenschaft vgl. Kapitel 1, Abschnitt 3.

vorhandenen oder in speziellen Vorrichtungen herstellbaren Vakuums sowie anderer technischer Einrichtungen.

4.4 Quantenmechanischer Raum

Mit der seit der Neuzeit beständig zunehmenden Technisierung und Mathematisierung der Physik geht nicht nur die Distanzierung von der Lebenswelt, sondern auch die Spezialisierung gegenüber anderen wissenschaftlichen und kulturellen Diskursen einher. In diesem Prozess gewinnen *disziplinimmanente Problemstellungen* gegenüber disziplinexternen Faktoren immer größeren Stellenwert für die Produktion neuer Erkenntnisse. Auch für die Herausbildung der Raumvorstellungen der modernen Physik haben externe Einflussfaktoren vermutlich nur eine untergeordnete Rolle gespielt. In welchem Ausmaß dem innerwissenschaftlichen Diskurs Autonomie zugeschrieben werden darf, ist wissenschaftstheoretisch und -historisch umstritten. Die Relevanz von äußeren Bedingungen betonen für die Quantentheorie Paul Forman am Beispiel der weltanschaulichen Kausalitätskritik der Weimarer Kultur und für die Relativitätstheorie Peter Galison am Beispiel der Problematik der Zeitkoordination des öffentlichen Verkehrswesens.[12]

Ich werde eine interne Darstellung einiger Gründe für die atomphysikalische Kritik an Newtons Physik geben, aus denen die quantenmechanischen Raumvorstellungen erwachsen sind.[13] Die beiden entscheidenden Stationen sind dabei der *Erfolg und der Fall des bohrschen Atommodells*. Das 1913 von Niels Bohr aufgestellte Modell behandelte die Atome wie kleine elektromagnetische Planetensysteme: In der Mitte befand sich der positiv geladene Kern, um den die Elektronen wie die Planeten um die Sonne kreisten. Die Geometrie dieser Struktur stützte sich auf einige Jahre zuvor durchgeführte Experimente von Ernst Rutherford, mit denen die Vorstellung des Atomkerns etabliert worden war. Im Gegensatz zu den Planeten des Sonnensystems durften Bohrs Elektronen aber nur auf bestimmten Bahnen kreisen. Die Bahnabstände bzw. die mit ihnen verbundenen Bahnenergien waren quantisiert. Zudem durften die Elektronen die Bahnen wechseln. Mit dem Wechsel zwischen quantisierten Bahnen erklärte Bohr das eigenartige, schon seit dem 19. Jahrhundert bekannte Emissions- und Absorptionsverhalten von Atomen: Atome emittieren und absorbieren Licht nur in diskreten Frequenzschritten; die entsprechenden Spektren sind folglich nicht kontinuierlich.

---

[12] Vgl. Forman 1971 und Galison 2003. Zur Kritik an Forman vgl. Schiemann 1996 und Beller 1999, S. 58 f.
[13] Standarddarstellungen der Geschichte der Quantenmechanik sind immer noch Jammer 1966 und Mehra/Rechenberg 1982 ff.

Der Erfolg von Bohrs Modell demonstriert den bis in das letzte Jahrhundert reichenden atomphysikalischen Einfluss von Newtons Physik und der damit verbundenen Raum- und Zeitvorstellungen. Von Anfang an war Bohrs Modell mit Problemen belastet, zu denen – um nur eines zu nennen – die völlig ungeklärte Frage der Stabilität der Bahnen zählte. Würden die negativ geladenen Teilchen tatsächlich um den Kern kreisen, müssten sie (wegen der Erzeugung eines Magnetfeldes) beständig Energie verlieren und in kürzester Zeit in den Kern stürzen. Im Zuge verbesserter spektroskopischer Messungen vermehrten sich die Schwierigkeiten rasch und fanden schon Mitte der 20er Jahre eine Lösung in der Quantenmechanik.

Statt die diskreten Spektren aus einem hypothetischen Bahnwechsel von Elektronen zu erklären, berechnet die Quantenmechanik die Spektren aus einem mathematischen Formalismus, der nicht auf bestimmte Aussagen über den raumzeitlichen Zustand der Elektronen im Atom festgelegt ist. Damit ist erkenntnistheoretisch die *Ablehnung aller raumzeitlichen Annahmen* über die innere Struktur der Atome vereinbar. Wird auf eine anschauliche Deutung verzichtet, braucht den theoretischen Entitäten, wie z. B. den Elektronen, keine reale Existenz, sondern nur eine abstrakte Zustandsfunktion zur Voraussage von Messungen zugeschrieben werden.[14]

Diese Deutung der Quantenmechanik wurde bald schon nach ihrer Begründung von den damals führenden Physikern, darunter Max Born und Werner Heisenberg, vertreten und hat später teilweise Eingang in die Kopenhagener Deutung gefunden. Die Ablehnung raumzeitlicher Strukturannahmen begründeten die Physiker mit unterschiedlichen Argumenten. Verbreitet war die Überzeugung, bei den kleinsten Bausteinen der Materie angekommen zu sein. So schrieb Max Born 1926:

> Niemandem ist es gelungen, eine Methode zu entwickeln, um die Bahnen des Elektrons im Atom oder nur seine Position zu einem gegebenen Zeitpunkt zu berechnen. Es scheint keine Hoffnung mehr zu geben, dass dies jemals möglich sein wird, denn, um Längen und Zeiten zu bestimmen, bedarf es Stäbe und Uhren. Letztere bestehen aber aus Atomen und können keine Anwendung in den atomaren Dimensionen finden (Born 1926, S. 69).

Dass Materie aus unteilbaren Elementen zusammengesetzt sei, hat die Naturphilosophie seit ihren griechischen Ursprüngen oft angenommen. Auch Newton gehörte zu den Vertretern eines Atomismus. Mit der Quantenmechanik kommt die Vermutung hinzu, dass die atomaren Bausteine nicht eindeutig im Raum lokalisiert seien

---

[14] Den mit der Quantenmechanik vereinbaren Antirealismus (und Realismus) thematisiere ich in Kapitel 6.

und die herkömmlichen Raum- und Zeitvorstellungen deshalb auf sie keine Anwendung mehr finden würden. In einem Brief von Werner Heisenberg an seinen Kollegen Wolfgang Pauli heißt es ebenfalls 1926: „Daß die Welt kontinuierlich sei, halte ich mehr denn je für gänzlich indiskutabel" (Pauli 1926). Eine diskrete Struktur verhindert die eindeutige Lokalisierung bewegter Körper, wie sie Newtons Physik lebensweltlich voraussetzt. Die diskrete Welt erscheint aus makroskopischer Perspektive verschmiert und mit einer irreduziblen Unschärfe behaftet.

Die Quantenmechanik schließt nicht jede anschauliche Interpretation aus. In Orientierung an den Strukturen der makroskopischen Welt bedienen sich einige Deutungen raumzeitlich verfasster Analogiebildungen. So behauptet die von Niels Bohr vertretene Variante der Kopenhagener Deutung, dass einander widersprechende Veranschaulichungen atomarer Vorgänge (Welle-Teilchen-Dualismus) jeweils eine gleichsam perspektivische und zusammen vollständige Darstellung des Submikroskopischen böten. Zudem werden bis heute Ansätze diskutiert, die die atomphysikalischen Phänomene aus der Annahme eines fundamentalen raumzeitlichen Feldes ableiten.[15] Grundsätzlich bleibt zu berücksichtigen, dass das gegenwärtige Wissen über die Welt des ganz Kleinen durch die jeweils verwendeten Typen von experimentellen Anordnungen vermutlich beeinflusst wird. Der technische Charakter der physikalischen Erkenntnis hat ihr die ursprüngliche Apparateunabhängigkeit genommen. Damit wird, wie Heisenberg hervorhebt, der „Grad der Anwendbarkeit [...] der] geometrischen Begriffe bei den kleinsten Materieteilchen abhängig [...] von den Experimenten, die wir an diesen Teilchen vornehmen" (Heisenberg 1941, S. 72).

4.5 Vergleich von Newtons Raum mit dem der Quantenmechanik

Ich möchte auf die weiteren Entwicklungen der Quantenmechanik und ihrer bis heute naturphilosophisch umstrittenen Deutungen nicht weiter eingehen und mich stattdessen dem Vergleich zwischen Newtons Raumbegriff und dem der Quantenmechanik zuwenden. Die von mir diskutierten Aspekte der quantenmechanischen Raumvorstellungen sind Newtons in dreierlei Hinsicht entgegengesetzt:

Erstens erlauben sie den radikalen Verzicht auf eine raumzeitliche Bestimmung der subatomaren Prozesse. Alle anschaulichen Modelle des ganz Kleinen können als Fehldeutungen abgetan werden. Nach dieser Auffassung entziehen

---

15 Die Deutungen der Quantenmechanik werden bis heute kontrovers diskutiert. Einführend sind Rae 1996, Tegmark/Wheeler 2001 und Friebe et al. 2015.

sich die elementaren Bausteine dem Vorstellungsvermögen nicht wegen einer zu beseitigenden Unkenntnis, sondern aus Prinzip. Pointiert formuliert, eröffnet sich damit eine unergründliche, raumzeitlich unbestimmte Gegenwelt.

Sofern sie *zweitens* positive anschauliche Bestimmungen gestatten, sind sie nicht wie bei Newton den Bedingungen und Resultaten der experimentellen Praxis vorausgesetzt, sondern ihnen unterworfen. Die Merkmale des Raumes verlieren ihre Beobachterunabhängigkeit. Experimente lassen sich als Hinweise auf Raumstrukturen deuten: Einige legen eher die Annahme einer kontinuierlichen, andere eher die Annahme einer diskreten Materie- und Raumstruktur nahe, wieder andere lassen diese Unterscheidung fragwürdig werden.

Die zulässigen Raumbestimmungen widersprechen *drittens* ebenso Newtons wie lebensweltlichen Vorstellungen: Quantenmechanische Objekte haben keine eindeutige räumliche Lokalisierung und ihre Eigenschaften sind nicht raumzeitlich von denen anderer Eigenschaften getrennt.

4.6 Schluss

Die lebensweltliche, newtonsche und quantenmechanische Raumauffassung, so sie sich jeweils einheitlich darstellen lassen, entfalten in der Moderne in unterschiedlichen Erfahrungsbereichen bevorzugt ihre Wirksamkeit und bilden gemeinsam eine *Pluralität von Raumauffassungen*. Als lokal begrenzte Welt bleibt die Lebenswelt von den globalen Strukturen eines umfassenden newtonschen Raumes mit einheitlicher Weltzeit geschieden. Als Wahrnehmungswelt ist die Lebenswelt zudem eine Oberflächenwelt. Sie braucht sich um die inneren Funktionsweisen der technischen Apparate, die im alltagspraktischen Gebrauch stehen, nicht zu kümmern.[16] Computer bleiben lebensweltlich hinreichend beherrschbar, ohne dass man auch nur einen Schimmer von den quantenmechanischen Prozessen haben muss, die in ihnen ablaufen.

Physikalisch und erkenntnistheoretisch ist es allerdings bis heute ein Rätsel geblieben, wie sich die anschaulich nicht unbedingt begreifbaren submikroskopischen Prozesse in die sichtbaren und eindeutig lokalisierbaren Phänomene umsetzen. Das intensive physikalische und philosophische Nachdenken über dieses Geheimnis der Natur würde auf neue Weise herausgefordert, wenn die *Effizienz* des pluralen Neben- und Ineinanders der modernen Raumkonzeptionen unter den ungeklärten Verhältnissen zu leiden anfinge.

---

16 Vgl. Kapitel 2, Abschnitt 22.

5 Die Divergenz der Zeiten von Lebenswelt und Physik

für Gernot Böhme

Um zur Aufklärung der vielschichtigen Beziehungen zwischen Lebenswelt und Physik beizutragen, möchte ich mich den Konzeptualisierungen von Zeit zuwenden, die für die beiden Erfahrungsweisen jeweils typisch sind.[1] Reflektiert sich der für Erfahrung überhaupt grundlegende Charakter der Zeit in der zentralen Stellung, die der Zeit auch in diesen beiden Kontexten zukommt, so leitet sich daraus jedoch keine übergreifende Begriffsbestimmung ab. Im Gegenteil sind die beiden Bereiche jeweils durch eine Mannigfaltigkeit von unterschiedlichen und nur bedingt zusammenstimmenden Thematisierungen von Zeit gekennzeichnet. Einige Eigenschaften der lebensweltlichen Zeit werde ich mit dem von Hans Blumenberg geprägten Ausdruck der *Lebenszeit* zusammenfassen. In der Physik verhindert die Differenz der Zeitbestimmungen zwischen den Bereichen des ganz Großen und ganz Kleinen eine vereinheitlichende Terminologie. Die physikalischen Verständnisweisen in diesen beiden Bereichen stimmen aber darin überein, dass sie auf Annahmen Bezug nehmen, die sich der lebensweltlichen Vorstellungskraft entziehen. Im Bereich der mittleren Dimensionen berühren sich hingegen Formen der objektiven Lebenszeit und der physikalischen Zeit in dem ebenfalls von Blumenberg verwendeten Begriff der *Weltzeit*. Weltzeit bezeichnet die für die Erde gültige objektive Zeit, die ebenso in der Lebenswelt vorkommt wie sie zur Beschreibung der menschlichen Geschichte dient und Teil der kosmischen Zeit ist. Sie nimmt nicht nur physikalische, sondern auch soziale und kulturelle Bestimmungen auf und garantiert die irdische Vergleichbarkeit der äußeren Zeiten.[2]

An der Weltzeit kann das Verhältnis von Physik und Lebenswelt exemplarisch betrachtet werden. Weltzeit geht in lebensweltliche Zeitbestimmungen ein. Mit physikalischen Eigenschaften, die von der Messbarkeit durch Uhren ausgehen, trägt sie dazu bei, die Lebenswelt mit anderen Erfahrungsbereichen zu verknüpfen. Zwar gehen diese Eigenschaften auf lebensweltliche Zeitauffassungen zurück;[3] in der Moderne hat aber die sich verstärkende Unanschaulichkeit der

---

[1] Meinem Verständnis nach erkundet die Physik Phänomene der unbelebten Natur systematisch und fragt nach ihren Ursachen bzw. bemüht sich um ihre Erklärungen (vgl. Kapitel 4, Abschnitt 1). Zum Begriff der Lebenswelt vgl. Kapitel 1, Abschnitt 2.
[2] Zu Blumenbergs Bestimmung der Begriffe der Lebens- und der Weltzeit vgl. Blumenberg 1986.
[3] Vgl. Abschnitt 1.

physikalischen Zeiten auch in die Weltzeit Eingang gefunden. Als Atom- bzw. Laborzeit universell normiert, gewinnt die Weltzeit zunehmend gegenüber lokalen Zeitbestimmungen, zu denen ich einige Bestandteile der Lebenszeit rechne, Dominanz. Vor diesem Hintergrund setzt Blumenberg sogar die Weltzeit der Lebenszeit entgegen und spricht von der sich öffnenden Schere von Lebenszeit und Weltzeit.[4]

Die Tatsache der sich über einen langen historischen Zeitraum vertiefenden Spaltung von lebensweltlichen und physikalischen Zeitverständnissen ist kaum umstritten. Kontrovers werden eher die Relevanz der Differenz und die Möglichkeit ihrer Überwindung beurteilt. In der Soziologie wird etwa die Relevanz von Hartmut Rosa bestritten. Seiner Auffassung nach spielen physikalische Zeitvorstellungen in den alltäglichen Wahrnehmungen von Zeit keine Rolle.[5] Helga Nowotny glaubt hingegen, dass die Eigenschaften der Weltzeit einem Wandel unterworfen sind, der die bisherige kulturbedeutsame Differenz von physikalischer Zeit und Lebenszeit durch eine Aufwertung von zyklischen Zeitformen relativieren wird.[6] In der Physik gehen die Meinungen darüber auseinander, ob die modernen Theorien zur Schließung des seit der Neuzeit aufgebrochenen Gegensatzes von subjektiver lebensweltlicher und objektiver physikalischer Zeit beitragen können. Teils wird dem subjektiven Zeitempfinden eine Realität zugeschrieben, der auch physikalische Erklärungen Rechnung tragen müssten, teils wird es für eine Illusion gehalten.[7]

In diesem Kapitel möchte ich die These vertreten, dass die gut beschreibbare Divergenz von lebensweltlichen und physikalischen Zeitvorstellungen eine problematische Konstellation bildet. Im Diskurs über das Verhältnis der beiden Thematisierungsweisen sehe ich keine Ansätze, die im Stande wären, bisherige fundamentale Trennungen aufzuheben oder geeignet zu vermitteln. Einerseits greifen die physikalischen Erklärungen des subjektiven Zeitempfindens auf lebensweltferne Bedingungen zurück, so dass sie im alltagspraktischen Verständnis als konstruiert erscheinen. Andererseits ist diese Nichtnachvollziehbarkeit nur das Gegenstück zur physikalischen Auffassung des lebensweltlichen Zeitempfindens als Illusion. Das Problem des sich vergrößernden Abstandes der beiden Zeitvorstellungen liegt in den Elementen ihrer Unvermittelbarkeit. Die Weltzeit ist nicht nur ein Äußeres der Lebenswelt, sie verknüpft die Lebenswelt nicht nur mit anderen Erfahrungsbereichen, sondern wirkt mit ihren lebensweltfremden Be-

---

4 Vgl. Blumenberg 1986, S. 69 ff.
5 Vgl. Rosa 2005, S. 64–67 und 113 ff.
6 Vgl. Nowotny 1990, S. 42 und 55 ff.
7 Einführende Übersichten über die verschiedenen Auffassungen in der Physik bieten Mittelstaedt 1976 und Wild 1995.

stimmungen auch in die Lebenswelt hinein. Ihre zunehmende Dominanz führt dazu, dass entgegengesetzte Zeitvorstellungen in der Lebenswelt aufeinanderstoßen. Innerhalb der Lebenswelt entfaltet der Gegensatz der Zeiten zentrifugale Kräfte, die die Einheit und sogar auch die Existenz der Lebenswelt bedrohen. Die physikalischen Elemente der Weltzeit, die auf die Zeitbestimmungen des ganz Kleinen und ganz Großen zurückgehen, werden zugleich in der Lebenswelt immer unthematischer. Die zunehmende Bedeutungslosigkeit ist problematisch, da physikalischen Zeitbegriffen ein weltbildendes Potenzial zukommt, das mit der weitergehenden Ablösung der physikalischen Vorstellungen von der Lebenswelt Gefahr läuft, verloren zu gehen.

Ich beginne im Folgenden mit den Bestimmungen der lebensweltlichen Zeitformen inklusive ihrer die Weltzeit einschließenden oder sich mit ihr berührenden Anteile. Anschließend erörtere ich im zweiten Abschnitt das Verhältnis von lebensweltlichen und physikalischen Bestimmungen der Weltzeit. Hierzu gehören die lebensweltlichen Merkmale, an denen die neuzeitliche Genese des heutigen Begriffes anknüpft, wie diejenigen physikalischen Merkmale, die als fremde in die Lebenswelt eindringen. Im dritten Teil stelle ich vier physikalische Zeitverständnisse in ihrer Differenz zur lebensweltlichen Auffassung dar.

5.1 Lebenszeit

Nach Edmund Husserl, auf den der Begriff der Lebenswelt zurückgeht, entsteht die Zeit der Lebenswelt aus dem subjektiven Bewusstseinsstrom als „Form der Erlebnisse" (Husserl 1950 ff., Bd. X, S. 100). Bei Alfred Schütz, der an Husserls Begriff anknüpfte und dem ich im Wesentlichen folge, ist das subjektive Zeiterleben nur eine der verschiedenen lebensweltlichen „Zeitperspektiven" (Schütz 1971, S. 267), die das autonom handelnde Individuum in seinem mitmenschlichen Zusammenleben einnimmt, um auf die Gegenstände des täglichen Gebrauchs einzuwirken. Lebensweltliches Handeln ist „ein Handeln, das vermöge von Körperbewegungen in die Außenwelt gerichtet ist" (Schütz 1971, S. 242). In seinem Vollzug vereinigen sich subjektive und objektive Zeit und werden „in einen einzigen Strom gefaßt", den Schütz „lebendige Gegenwart (vivid present)" nennt (Schütz 1971, S. 247).[8] Zur subjektiven Zeit gehören der dem Handeln vorausgehende Entwurf und die dem Handeln nachfolgende Reflexion auf das Hand-

---

8 Das Zusammenwirken von subjektiver und objektiver Zeit „im Vollzug lebendiger Existenz" wird auch von Gernot Böhme betont: „Zeit als Form lebendiger Existenz darf [...] nie durch die reine Binnenerfahrung bestimmt werden, sondern hat gerade mit der Rückkopplung dieser Binnenerfahrung an eine Außenwelt zu tun" (Böhme 2009, S. 7 f.).

lungsresultat. Während der körperlichen Leistung, die das Handeln einer Person ausmacht, kann das Subjekt in seinem Bewusstseinsstrom „dahinleben" und sich zugleich der Außenwelt zuwenden (Schütz 1971, S. 246.). Es erfährt sein Handeln sowohl als Äußerung seiner subjektiven Spontaneität als auch als raumzeitliches Geschehnis, das „wie alle Ereignisse der unbeseelten Natur [...] von Chronometern gemessen werden" kann (Schütz 1971, S. 247). Damit fällt das Handeln in die objektive Zeit, die unabhängig vom Subjekt besteht und wegen ihrer potenziellen Universalität bei Schütz und Thomas Luckmann auch Weltzeit heißt.[9]

Subjektive und objektive lebensweltliche Zeit gliedern sich durch die irreversible Abfolge von Zukunft, Gegenwart und Vergangenheit. Durch die Priorität des Handelns kommt der Gegenwart in mehrfachem Sinn überragender Stellenwert zu. Das Handeln des Einzelnen ist lebensweltlich auf das Präsente fixiert und geschieht in gemeinsamer Anwesenheit mit anderen Mitgliedern der Lebenswelt. Ist für die Gegenwart das Zusammenfließen von subjektiver und objektiver Zeit kennzeichnend, differenzieren sich die vergangenen und zukünftigen Ereignisse in subjektiver und objektiver Zeit aus. Subjektiv sind die individuellen Erinnerungen und Erwartungen, objektiv sind Zeiten, in denen die Vorfahr*innen lebten, die nicht in der Lebenswelt anwesenden Zeitgenoss*innen handeln oder die Nachkomm*innen leben werden. Als universalisierbare Zeit ist die objektive Zeit in diesem Kontext historische, also auch irreversible Weltzeit,[10] die die Lebenswelt ebenso transzendiert, wie sie diese mit anderen Erfahrungstypen verbindet.

Subjektive und bisher besprochene objektive Zeit bilden nur die hauptsächlichen Zeitperspektiven der Lebenswelt. Hinzutreten die Zeitformen der Rhythmik des Körpers, die den Alltag strukturierenden natürlichen Zeiten wie der Tag-Nacht-Wechsel oder die Abfolge der Jahreszeiten sowie Elemente der biografischen Zeit der Individuen und der sozialen Zeit.[11] „*Lebenszeit*" steht für den Versuch, Komponenten verschiedener Zeitperspektiven in einer Konzeption zu vereinen. Der verbindende Gehalt besteht dabei in den – um Blumenbergs Formulierung zu zitieren – „lebensweltlich zur Verfügung stehenden Zeitmaße[n] der Erlebbarkeit" (Blumenberg 2010, S. 36). Insofern die Erlebbarkeit in der Lebenswelt auf den Bewusstseinsstrom der Individuen rekurriert, wird die subjektive Zeit zum ausschlaggebenden Maß, das an alle anderen Zeitperspektiven, Merkmale der Weltzeit inbegriffen, angelegt wird.[12]

---

9 Vgl. Schütz/Luckmann 1979, S. 73 ff. Zur näheren Struktur der lebensweltlichen Zeit vgl. Kapitel 1, Abschnitt 2.
10 Vgl. Schütz/Luckmann 1979, S. 73 ff.
11 Vgl. Schütz/Luckmann 1979, S. 75 ff. und 124 ff.
12 Der Begriff „Lebenszeit" weicht damit von der normalerweise mit diesem Ausdruck verbundenen Bedeutung der Zeitdauer eines Menschenlebens ab.

Im soziologischen und historischen Diskurs um die lebensweltlichen Zeitformen wird die Frage erörtert, ob sich ihre Strukturelemente nach eher zyklischen oder linearen Anteilen gliedern lassen.[13] Zyklisch sind regelmäßig wiederkehrende Ereignisse wie das tägliche gemeinsame Essen oder jährliche Feiertage. Linear sind hingegen Ereignisse, die eine geordnete Reihe bilden. Beispiele wären die durch einen Lebensentwurf oder Lebensphasen eingeteilte biografische Zeit oder die durch zukünftige Ziele determinierte soziale Zeit. Die vertrauten Sozialbeziehungen der Lebenswelt gründen sich meiner Auffassung nach vor allem auf zyklische Strukturelemente, während die linearen Anteile meist lebensweltstranszendierenden Charakter haben.

5.2 Weltzeit

Ich übernehme von Schütz und Luckmann die Auffassung der Überschneidung von Weltzeit und lebensweltlichen Zeitverständnissen. Dieser Ansatz wird der Präsenz der Weltzeit in modernen Lebenswelten gerechter als die von Blumenberg behauptete Entgegensetzung von Lebenszeit und Weltzeit. Allerdings kann man mit Blumenberg annehmen, dass sich Weltzeit und lebensweltliche Zeitverständnisse durch unabhängige, teils einander widerstrebende Bestimmungen voneinander abheben. Weltzeit umfasst etwa auch die geschichtliche Zeit, von der lebensweltlich nur Zeiträume von einigen Generationen in Betracht kommen. Als kosmische Zeit erhält die Weltzeit lebensweltlich nicht mehr nachvollziehbare Eigenschaften – worauf noch zurückzukommen ist.

Die zunehmende Distanz von Lebenswelt und Physik findet ihren Niederschlag in der wachsenden Relevanz nichtlebensweltlicher Eigenschaften der Weltzeit, die zur Auflösung des lebensweltlichen Erfahrungskontextes beitragen.

In der historischen Abfolge der großen physikalischen Paradigmata steht Aristoteles' Physik am nächsten zur Lebenswelt.[14] Newtons Grundbegriffe der Mechanik knüpfen noch an lebensweltlicher Erfahrung an, nehmen aber zugleich eine Verallgemeinerung vor, mit der sich der physikalische Zeitbegriff deutlich von alltagspraktischen Bestimmungen abhebt.[15] In der Anmerkung zur Erklärung

---

13 Vgl. Fraser 1988, Young 1988 und Nowotny 1990.
14 Vgl. Cohen 1975 und McCloskey 1983.
15 Das Verhältnis von Bestimmungen der lebensweltlichen Zeitvorstellungen zu den Zeitbegriffen der antiken Physik des Aristoteles und der neuzeitlichen Physik Newtons weist einige Ähnlichkeit zu den entsprechenden Verhältnissen der jeweiligen Raumbegriffe auf, die ich in Kapitel 4 diskutiere.

der mechanischen Grundbegriffe von Newtons „Philosophiae Naturalis Principia Mathematica" heißt es:

> *Zeit, Raum, Ort* und *Bewegung* als allen bekannt, erkläre ich nicht. Ich bemerke nur, dass man gewöhnlich diese Größen nicht anders, als in Bezug auf die Sinne auffaßt und so gewisse Vorurteile entstehen, zu deren Aufhebung man sie passend in absolute und relative, wahre und scheinbare, mathematische und gewöhnliche unterscheidet.
>
> [...] Die *absolute, wahre* und *mathematische Zeit* verfließt an sich und vermöge ihrer Natur gleichförmig, und ohne Beziehung auf irgendeinen äußern Gegenstand. Sie wird so auch mit dem Namen: Dauer belegt.
>
> Die *relative, scheinbare* und *gewöhnliche Zeit* ist ein fühlbares und äußerliches, entweder genaues oder ungleiches, Maß der Dauer, dessen man sich gewöhnlich statt der wahren Zeit bedient, wie Stunde, Tag, Monat, Jahr (Newton 1687, S. 25 – im Original hervorgehoben).

Die „absolute", zugleich „wahre und mathematische" Zeit fließt „gleichförmig", auch wenn nichts Anderes existiert. Der gleichförmige Fluss setzt eine eindimensionale, lineare Struktur voraus. Für alle Zeit ist eine Richtung festgelegt, aber der Richtungssinn sowohl des Flusses als auch der relativ dazu stattfindenden Bewegungen bleibt offen. Das entspricht der Invarianz mechanischer Gesetze gegen Zeitumkehr. In Newtons Gravitationstheorie hängt etwa der Drehsinn von Planeten um ihre Sonne nur von zufälligen Anfangsbedingungen ab. Als mathematische hat die Zeit eine universelle Metrik. Alle Veränderungen können auf sie bezogen werden, so dass sich ermitteln lässt, was sich an verschiedenen Raumpunkten zugleich ereignet.[16]

Newton setzt die lebensweltliche Vorstellung eines unabhängig existierenden Flusses der objektiven Zeit absolut. Ferner verallgemeinert er die aus der lebensweltlichen Konzentration auf die Gegenwart hervorgehende Gleichzeitigkeit zur universellen Bestimmung. Differenzen zwischen der Lebenszeit und Newtons Zeit bestehen in der Richtungsbestimmung und der Mathematisierbarkeit der Zeit. Während die lebensweltliche Irreversibilität mit den Zeitmodi einhergeht, ist die absolute Zeit reversibel, d. h. ihr eigener Richtungssinn ist umkehrbar. Während die Lebenszeit eher zyklisch verfasst ist, ist Newtons Zeit auf Linearität ausgerichtet. Metaphorisch gesprochen, zeigen Uhren lebensweltlich typischerweise wiederkehrende Ereignisse an, während sie bei Newton anfangs- und endlos Veränderungseinheiten abzählen.

Es entspricht der Verabsolutierung der frühneuzeitlichen physikalischen Zeitvorstellungen, wenn Newton andere Zeitbegriffe nicht bloß als „relative" und „gewöhnliche", sondern auch als „scheinbare" bezeichnet. Schon aus der Per-

---

16 Vgl. Callender 2010.

spektive einer klassischen Physik, die ihre lebensweltlichen Ursprünge vergisst, beginnt die lebensweltliche Zeitauffassung den Charakter einer Illusion anzunehmen.[17]

Während sich die Anwendung der Zeitvorstellung der klassischen Mechanik auf Ereignisse in kosmischen Dimensionen als problematisch erwiesen hat, lässt sich die Weltzeit der globalisierten Moderne näherungsweise auf eine einheitliche, linear verfasste und ereignisunabhängige Uhrzeit abbilden.[18] Die relative Kleinheit der irdischen Distanzen, die mit hohen Signalgeschwindigkeiten in kürzesten Zeiten überbrückt werden können, verleiht der globalen Informationsübermittlung das Kennzeichen einer nahezu uneingeschränkten Gleichzeitigkeit. Das gilt nicht nur aus der lebensweltlichen Perspektive, wenn etwa Mitteilungen an weit entfernte Personen über Telefonverbindungen ohne wahrnehmbare Verzögerung übermittelt werden. Von Gleichzeitigkeit geht allgemein die gesellschaftliche, Nationen übergreifende Handlungskoordination aus, die für die Steuerung technischer Systeme oder die Abstimmung ökonomischer Prozesse erforderlich ist.[19]

Die entgrenzende und erdumspannende Natur der modernen Weltzeit ist den lokalen Bestandteilen der Lebenszeit entgegengesetzt. Ich hatte die Lebenswelt als eine gemeinsame Welt direkter Handlungen beschrieben, die sich auf einen Kontext beschränkt, in dem Subjekte durch die Bewegung ihres Leibes, d. h. ohne technische Hilfsmittel, auf Dinge und Personen in der Reichweite ihrer sinnlichen Wahrnehmung einwirken können.[20] Sie ist deshalb eine wesentlich lokale Welt, die durch Kommunikationstechniken, die nicht auf leibliche Anwesenheit angewiesen sind, aufgebrochen wird. Indem die Weltzeit lebensweltliche Veränderungen in das gleichzeitig bestehende Zeitregime entfernter Ereignisse einfügt, relativiert sie die Grenzen der Lebenszeit. Sie hebt diese Grenzen auf, wo sie direktes Handeln mit Mitteln versieht, deren Wirkungen sich fernab der Reichweite sinnlicher Wahrnehmung entfalten. Zeitliche Grenzüberschreitungen und -aufhebungen bedrohen die Existenz der Lebenswelt aber erst dann, wenn sie zur Normalität werden.

---

17 Mit seiner Kritik an lebensweltlichen Zeitvorstellungen distanziert sich Newton von der aristotelischen Naturphilosophie. Aristoteles war an der irdischen Natur, in die er sich das Leben der Menschen eingelassen dachte, orientiert. Newton geht umgekehrt von der supralunaren Welt sowie der mechanischen Technik aus und setzt ihnen die Lebenswelt entgegen. Vgl. allgemeiner zum frühneuzeitlichen Auseinandertreten von Sozial- und Naturzeit auch Elias 1984.
18 Vgl. zum Begriff der Weltzeit Blumenberg 1986, Fraser 1988, S. 245 f., und Dux 1992, S. 312 ff.
19 „Der Zeitbegriff der Uhr ist die sogenannte absolute Zeit" (Hauger 2004, S. 53). Vgl. auch Bebie 1997, S. 143.
20 Vgl. Kapitel 1, Abschnitt 2.

5.3 Zeitvorstellungen der Physik

5.3.1 Thermodynamik

Erstaunlicherweise haben weder die weitere Entwicklung der klassischen Physik noch die Revolutionen der modernen Physik die Differenz zwischen Lebenszeit und physikalischer Zeit befriedigend beschreiben und erklären können.[21] In der klassischen Physik ist der größte Fortschritt für das Zeitverständnis durch die Thermodynamik erzielt worden. Sie kennt mit der sogenannten Entropie eine Größe, die eine Zeitrichtung auszeichnet. Allerdings ist sie nur für abgeschlossene Systeme, d. h. Systeme ohne Energieaustausch mit ihrer Umgebung, definiert: Für sie gilt, dass ihre Entropie nur gleich bleiben oder zunehmen kann. Physikalisch sind für die Zunahme der Entropie Prozesse paradigmatisch, die dem gestaltbildenden Wesen der Lebenswelt insofern entgegengesetzt sind, als in ihnen Strukturen typischerweise nicht entstehen, sondern vergehen – wie etwa der Zerfall eines toten Organismus. Allerdings kommen abgeschlossene Systeme auf der Erde nur angenähert vor und gehen in physikalische Betrachtungen als Idealisierungen ein.

Mit der Thermodynamik verschiebt sich die Frage nach der Zeitrichtung auf die spezifischen Anfangsbedingungen eines Prozesses: Abgeschlossene Prozesse verlaufen nicht umgekehrt – so lautet eine Erklärung –, weil die dafür nötige Vertauschung der End- und Anfangsbedingungen nur durch Entropieabnahme möglich wäre. Wenn eine Tasse vom Tisch fällt und zerbricht, bildet die Tasse auf dem Tisch den Anfangszustand und die Scherben auf dem Boden den Endzustand. Die Umkehrung dieses Vorgangs stellt man sich wie einen rückwärts laufenden Film vor: Die Scherben auf dem Boden fügen sich wieder zu einer Tasse zusammen und werden wie von Geisterhand auf den Tisch in die ursprüngliche Stellung gehoben. Dieser Vorgang ließe sich aber nur mit erheblichem Energieaufwand, dem eine Entropieverringerung entspräche, realisieren. Unter Voraussetzung der Randbedingung der Abgeschlossenheit muss jeder Anfangszustand bereits ein Zustand niedrigerer Entropie gewesen sein. Wo dies für offene Prozesse, in denen Strukturbildung vorkommt, nicht gilt, muss es trotzdem für

---

21 Klaus Morawetz glaubt die nachnewtonsche Physikentwicklung „als Kampf um die Wiedereinsetzung von Prinzipien verstehen" zu können, die der Alltagserfahrung entsprechen und von Newton verletzt wurden (Morawetz 2004, S. 70). Vgl. hierzu auch Rosa 2005, S. 64, Anm. 105. Bartels 1996, S. 55, betont hingegen den auf physikalische Messungen zugeschnittenen Charakter der speziellen Relativitätstheorie, Carrier 2009, S. 24 ff., ihren technischen Ursprung. Zur Entfernung auch der allgemeinen Relativitätstheorien vom subjektiven Zeitempfinden vgl. Stöckler 1993 und Drieschner 2002, S. 58.

übergeordnete Systeme zutreffen.²² Damit verlagert sich die Frage nach dem Ursprung der lebensweltlichen Zeitrichtung thermodynamisch gesehen in weit zurückliegende Vergangenheiten: Von den lokalen Lebenswelten über den Anfangszustand der Erde und des Sonnensystems bis zum Problem des Anfangs des Universums. Der thermodynamische Erklärungsversuch der Zeitmodi nimmt die Form eines kosmologischen Ansatzes an. Wenn das Universum, wie heute allgemein angenommen, eine Frühphase hatte, fragt es sich, ob dieser Zustand von niedrigerer Entropie als die nachfolgenden Zustände war und wie er gegebenenfalls entstand – gesetzt, dass man das Universum als ein abgeschlossenes System betrachten darf. Auf die komplexen Antwortmöglichkeiten der Kosmologie muss ich nicht eingehen,²³ um auf die Differenz von lebensweltlicher und thermodynamischer Betrachtung zu sprechen zu kommen.

Während nämlich aus thermodynamischer Sicht die Fragen nach dem Ursprung von lebensweltlicher und kosmischer Zeitrichtung aufs engste verknüpft werden können, fallen sie aus lebensweltlicher Perspektive auseinander. Dass der physikalische Zusammenhang lebensweltlich nicht oder allenfalls nur partiell nachvollzogen werden kann, geht hauptsächlich auf die unterschiedlichen Größenordnungen der maßgeblichen objektiven Zeiten zurück. Die lebensweltlich bedeutsamen Zeitspannen sind auf die Gegenwart fokussiert und erstrecken sich gewöhnlich auf allenfalls die Lebensalter von vier oder fünf Generationen, d.h. von den eigenen Großeltern bis zu den eigenen Kindern oder Kindeskindern.²⁴ Zeitspannen, die deutlich über diese Größenordnung hinausreichen, nehmen lebensweltlich fiktionalen Charakter an oder bleiben bedeutungslos. Alltagspraktisch entziehen sich die kosmischen Zeiträume, die bis zu einigen Milliarden Jahren zurückreichen und für die Zukunft noch größere Zeitspannen umfassen, weitestgehend der Vorstellungskraft.²⁵

---

22 Lokal können – bei unveränderter Zeitrichtung des übergeordneten Gesamtsystems – in offenen Systemen geordnete Strukturen entstehen.
23 Zur Diskussion der Entropie des Anfangszustandes des Universums und seiner weiteren Entwicklung vgl. Penrose 2011, S. 75 ff.
24 Vgl. Schütz/Luckmann 1979, S. 77 f. und 119 ff., und Großheim 2012. Mit der kulturellen Entwicklung haben sich die lebensweltlichen Zeithorizonte in Europa erweitert, vgl. Wendorff 1985, aber nur der Tendenz nach; sie können sich auch – etwa durch die zunehmende Beschleunigung des sozialen Wandels – verkürzen, vgl. Rosa 2005, S. 187 ff.
25 Dass kosmische Zeitverhältnisse dennoch lebensweltlich thematisch sein können, führe ich in Schiemann 2019, Abschnitt 3.3, aus.

5.3.2 Relativitätstheorien

Auch die Gegenstandsbereiche der modernen physikalischen Theorien, die zur Klärung wissenschaftlicher Zeitvorstellungen beigetragen haben, bewegen sich in lebensfernen Größenordnungen. Weist aber die Thermodynamik mit ihrer Thematisierung der Irreversibilität noch einen Berührungspunkt zur Lebenszeit auf, so verbleiben die modernen Theorien der Physik ganz im Kontext einer objektiv-reversiblen Zeit. Für die Fortentwicklung der naturwissenschaftlichen Zeitvorstellungen sind in der Physik vor allem die beiden Relativitätstheorien und in partieller Konkurrenz dazu die Quantenmechanik von Relevanz.

Die *spezielle Relativitätstheorie* unternimmt gegenüber der klassischen Mechanik einen weiteren Schritt in der Abtrennung der Physik von der Lebenswelt, indem sie gerade die Geltung derjenigen Aspekte von Newtons Zeitbegriff bestreitet, die noch an lebensweltlicher Erfahrung anknüpfen: der universellen Gleichzeitigkeit und der vom Bewegungszustand eines Beobachters unabhängigen Realität der Zeit. Stattdessen führt sie einen auf physikalische Messungen zugeschnittenen Zeitbegriff ein, der sich – zumindest in der ursprünglichen Darstellung der Theorie – auf die Synchronisation von Uhren relativ zueinander bewegter Beobachter mit Hilfe von Lichtsignalen stützt.[26] Je schneller ein relativer Bewegungszustand, desto langsamer laufen die Uhren. Die Verlangsamung der Zeit wird erst bei Geschwindigkeiten sinnfällig, die in der Lebenswelt nicht vorkommen. Als unerreichbare obere Grenze, mit der sich physikalische Ursachen ausbreiten, gilt die Vakuumlichtgeschwindigkeit. Diese Geschwindigkeit ist ein neuer absolut gesetzter Wert, der nur masselosen Entitäten zukommt. Um Massen bis zu diesem Wert zu beschleunigen, müsste unendlich viel Energie aufgewendet werden. Würde sich eine Uhr mit Lichtgeschwindigkeit bewegen, blieben die Zeiger stehen. Man darf dieses Gedankenexperiment als eine nicht leiblich erfahrbare und lebensweltlich völlig irreale Form der Zeitlosigkeit ansehen.

Auf der Erde kann man noch so schnell und lange reisen, ohne dabei merklich an Lebenszeit – im Sinne der einem zur Verfügung stehenden Lebensspanne – zu gewinnen.[27] Um die Zeitdilatation zu erfahren, muss das irdische Schwerefeld mit

---

26 Vgl. Einstein 1905, Bartels 1996, S. 55, und Carrier 2009, S. 24 ff. Böhme weist auf die Differenz von relativistischer und erlebter Gleichzeitigkeit hin: „Nach Einstein können gleichzeitig nur Ereignisse sein, die nicht miteinander wechselwirken können [...]. Erlebte Gleichzeitigkeit dagegen ist gerade durch die Möglichkeit der Wechselwirkung bestimmt. Mit jemanden gleichzeitig zu leben heißt, mit ihm korrespondieren zu können" (Böhme 2009, S. 17).
27 Auch in der nichtprofessionellen Alltagswelt treten Verlangsamungen der Zeit auf, die zwar unabhängig vom Geschwindigkeitszustand sind, aber doch Ähnlichkeiten mit relativistischen Effekten aufzuweisen scheinen. In einer lebensbedrohlichen Situation kann etwa der betroffenen

einem Energieaufwand verlassen werden, dessen Herstellung die gegenwärtigen irdischen Möglichkeiten bei Weitem übersteigt.[28] Ohne Zeitdilatation ist allerdings die Beweglichkeit des Menschen im Kosmos beschränkt.[29] Für die Weltbildrelevanz der physikalischen Zeittheorien nimmt dieses auf den Raum bezogene Resultat eine Schlüsselstellung ein. Pascals Wort vom Erschaudern vor der „unendlichen Weite" der kosmischen Räume hat in der Moderne an Faktizität gewonnen, die längst noch nicht als kulturell verarbeitet anzusehen ist (Pascal 1987, S. 114 f., Fr. 205).

In der *allgemeinen Relativitätstheorie* ist die physikalische Zeit nicht nur vom relativen Bewegungszustand des Bezugssystems, sondern auch von dessen Ort im Gravitationsfeld abhängig. Je stärker das Gravitationsfeld desto langsamer bewegen sich die Zeiger der Uhren, bis sie bei hinreichend großer Stärke der Gravitation (z. B. am Ereignishorizont von schwarzen Löchern) stehen bleiben, womit eine weitere Variante des physikalisch möglichen Zeitstillstandes gegeben ist.[30]

Bis heute ist die allgemeine Relativitätstheorie Grundlage des physikalischen Standardmodells des Universums. Für das Verständnis der kosmischen Phänomene liefert sie den gegenwärtig allgemein anerkannten theoretischen Rahmen. Dennoch stimmt sie nicht mit Beobachtungen zur Dynamik von Galaxie-Clustern überein, ohne eine neue Form von Materie („Dunkle Materie") zu postulieren.

Person eine Ereignisabfolge wie im Zeitlupentempo vorkommen, als ob die objektive Zeit gedehnt wäre. Doch dieses subjektive Zeiterleben ist kategorial von der objektiven Zeitdilatation in schnell bewegten Bezugssystemen unterschieden. Für alle Teilnehmer*innen eines solchen Systems gilt, dass sich ihre realen Lebensprozesse in gleicher Weise verlangsamen. Außerdem wird der relativistische Effekt immer erst nachträglich festgestellt und nicht am eigenen Leib erfahren.

28 Eine Modellrechnung für den Energieaufwand zur Beschleunigung und Abbremsung eines interstellaren Raumschiffes, dessen Insassen eine spürbare Zeitdilatation erfahren würden, ergibt eine Größenordnung von fast dem 60.000fachen des gegenwärtigen gesamten irdischen Primärenergieverbrauchs pro Jahr (vgl. Schiemann 2019, Abschnitt 2.2). Mit diesem Aufwand würden Raumfahrer*innen, die zu einem 12 Lichtjahre entfernten Stern reisten, nach 28 Jahren zurückkehren und dabei nur 10 Jahre älter geworden sein (vgl. Purcell 1960, S. 7).

29 Ohne Ausnutzung von relativistischen Effekten, die erst bei Geschwindigkeiten nahe der Lichtgeschwindigkeit (299.792,458 km/s) auftreten, wäre allein für die Hinreise zu einem 12 Lichtjahre entfernten Stern eine Zeit von mehr als 350.000 Jahren erforderlich, wenn die gegenwärtige Größenordnung der Geschwindigkeit für Mondflüge zugrunde gelegt würde (10 km/s).

30 Bereits im globalen Navigationssatellitensystem (GPS) wird eine Zeitverlangsamung, wenn auch nur in kleiner Größenordnung (von Mikrosekunden, d. h. Millionstel Sekunden) durch die Differenz zwischen der Flughöhe der Satelliten und der Erdoberfläche verursacht. Diese Werte, die teilweise durch die ebenfalls wirksame Geschwindigkeitsabhängigkeit der Zeit kompensiert werden, reichen aber bereits, um die für alltagspraktische Erfordernisse notwendige Messgenauigkeit empfindlich zu stören. Indem sie durch technische Vorrichtungen korrigiert werden, wird im irdischen Kontext die newtonsche Gleichzeitigkeit von Ereignissen gesichert.

Außerdem kann sie die Dynamik der Expansion des Universums nicht vollständig erklären. Neuere Messungen verschiedener astronomischer Phänomene deuten darauf hin, dass das Universum einer beschleunigten Expansion ausgesetzt ist, die nach der schon seit längerem angenommenen Anfangssingularität, dem sogenannten Urknall, eingesetzt hat und in sehr ferner Zukunft wahrscheinlich zur Auflösung aller Körper führen wird. Dieses Modell erlaubt die Festlegung einer kosmologischen Zeit, in die die ebenfalls lineare Weltzeit als winziger Unterabschnitt eingelassen ist.[31]

5.3.3 Quantenmechanik

In ihrer Abhängigkeit vom Gravitationsfeld verliert die physikalische Zeit ihre Stellung als Grundbegriff der Theoriebildung. Wenn die Zeit in zukünftigen physikalischen Fundamentaltheorien keine Rolle mehr spielen sollte, wäre eine Voraussetzung geschaffen, um die lebensweltliche Zeitvorstellung aus physikalischer Perspektive als Illusion ansehen zu können.[32] Ob aber die Fundamentaltheorien nicht mehr auf den Zeitbegriff angewiesen sein werden, ist in der Physik nicht unumstritten. Ein Hintergrund der Kontroverse ist die Unvereinbarkeit von allgemeiner Relativitätstheorie, die wegen der Schwäche der Gravitationskraft vornehmlich in den Dimensionen des ganz Großen wirksam ist, und der Quantenmechanik als einer Theorie für das ganz Kleine.[33] Letztere liefert weniger eine begriffliche Kritik als vielmehr nur Grenzen der Anwendbarkeit von Newtons linearen Zeitvorstellungen.

Im Submikroskopischen lassen sich ebenfalls Effekte erzielen, die alltagspraktisch noch vertraute Bestimmungen der klassischen physikalischen Zeit soweit aufheben, dass die These vom Auseinandertreten der lebensweltlichen und der physikalischen Zeiten auch in diesem Bereich greift. Die Beschreibung eines subatomaren Zustandes erlaubt etwa, dass der korrespondierende Gegenstand (z. B. ein sogenanntes Teilchen) in der universellen Zeit nicht an einem Ort,

---

[31] Die Annahmen eines Anfangs- und eines Endzustandes des Universums haben weltbildende Potenzen, die weniger die Lebenswelt als den Kontext der religiösen Erfahrung betreffen. Während der Anfangszustand die Vorstellung einer Erschaffung der Welt zulässt, nimmt sich hingegen das Ende als trostlose Perspektive einer unüberbietbaren Leere und Sinnlosigkeit aus. Zur Expansion des Universums und seiner naturphilosophischen Bedeutung vgl. Schiemann 2019.
[32] Vgl. zur physikalischen Auffassung der Zeit als Illusion Genz 1997 und Callender 2010.
[33] Die Quantenmechanik ist der Teil der Quantenphysik, der (im Unterschied zur Quantenfeldtheorie) die Anzahl der Quantensysteme als konstant voraussetzt.

sondern zugleich an zwei Orten lokalisiert, d.h. doppelt vorhanden ist.[34] Bestimmte Ereignisse können außerdem ohne Zeitverzögerung und nachweisbaren kausalen Mechanismus miteinander korreliert sein. Ferner lassen sich die Zeitangaben nur als Wahrscheinlichkeiten berechnen, so dass das Auftreten aller Einzelereignisse zufälliger Natur ist.

Die zeitliche Verfasstheit der Welt des ganz Kleinen erscheint aus der Perspektive der Lebenswelt als eine fremde und unwirkliche Welt.[35] Wie sich aus der Perspektive von Interpretationen, die an die allgemeine Relativitätstheorie anschließen, die Lebenszeit als Illusion ausnimmt, wird umgekehrt aus lebensweltlicher Perspektive der physikalischen Zeit, wenn ihre Größenordnung nicht mehr alltagspraktisch nachvollziehbar ist, der Realitätsgehalt abgesprochen – sei es mit Hinweis auf die seltsamen subatomaren Effekte oder auf die Phänomene bei hohen Geschwindigkeiten oder starken Gravitationsfeldern. Das wechselseitige Bestreiten des Realitätsanspruches werte ich als Ausdruck der fortgeschrittenen Entfernung von Lebenszeit und physikalischer Zeit.

5.4 Schluss

Drei Zeitvorstellungen habe ich hauptsächlich unterschieden: die Lebenszeit, die Weltzeit und nichtlebensweltliche physikalische Zeitbegriffe. Die *Lebenszeit* umfasst verschiedene Aspekte der lebensweltlichen Zeit. Sie enthält objektive Bestandteile wie etwa Elemente der Weltzeit oder der biologischen Zeiten und subjektive Zeiten wie den Bewusstseinsstrom und die Zeit der Erinnerungen; sie ist wesentlich zyklisch und irreversibel strukturiert sowie auf die Gegenwart fokussiert; ihre subjektiven Bestandteile sind maßgeblich für die objektiven. Die *Weltzeit*, die außerhalb der Lebenswelt auch auf soziale und geschichtliche Ereignisse referiert, ist wie die lebensweltliche Zeit irreversibel. Indem die Weltzeit die lebensweltliche Gleichzeitigkeit universalisiert, realisiert sie eine Bestimmung von Newtons absoluter Zeit. In die Weltzeit gehen auch frühneuzeitliche physikalische Zeitvorstellungen – die Homogenität, Linearität und Mathematisierbarkeit – ein. Kraft ihrer lebensweltlichen Anteile ist die Weltzeit in der Lebenswelt verankert und dazu in der Lage, die Lebenszeit mit anderen Zeitformen, die ebenfalls auf die Weltzeit bezogen sind, zu verknüpfen. In ihren physikalischen Bestimmungen, die die Lebenswelt transzendieren und Technisierungen ermöglichen, ist die Weltzeit aber der lokalen Eigenart der Lebenszeit entgegengerichtet.

---

34 Vgl. Joos 2002.
35 Das Verhältnis von Lebenswelt und der Physik des ganz Kleinen diskutiere ich in Kapitel 6.

Mit dem wachsenden kulturellen Gewicht der vereinheitlichenden Weltzeit gerät die Lebenswelt zunehmend in den Einflussbereich einer ihr fremden universellen Zeitvorstellung. Es entwickeln sich in der Lebenswelt keine neuen Zeitformen, die die Weltzeit mit den anderen Elementen der Lebenszeit besser integrieren würden. Stattdessen nimmt die Differenz der Zeitbestimmungen innerhalb der Lebenswelt zu. Solange sich dort noch die an die Physik anschließenden objektiven Anteile von den weiteren Bestandteilen der Lebenszeit abheben lassen, sollte man an einer pluralen Begrifflichkeit festhalten. Mit ihr kann die Schnittmenge von Welt- und Lebenszeit von den unabhängig davon bestehenden Elementen der beiden Zeitformen geschieden werden. Innerhalb der Physik passt der Verzicht auf einen einheitlichen Begriff zur gegenwärtigen Theorienvielfalt.

Die mit dem Beginn der Neuzeit hervorgetretene Differenz von Lebenszeit und *physikalischer Zeit* hat sich in der weiteren Entwicklung der beiden Zeitvorstellungen vertieft. Bis auf die Thermodynamik und die einzige bisher nachgewiesene Verletzung der Zeitspiegelungsinvarianz (beim Zerfall eines neutralen K-Mesons) stehen alle physikalischen Theorien dem alltagspraktischen Zeitempfinden allein schon dadurch entgegen, dass sie keine Zeitrichtung auszeichnen. Die Thermodynamik beschreibt zwar eine Zeitrichtung, kann diese aber nicht in lebensweltlich überzeugender Form erklären. Das wird exemplarisch deutlich an ihrem Rückgriff auf kosmische Ursachen, deren zeitliche Größenordnungen sich der lebensweltlichen Anschauung restlos verweigern. Lebensweltlich nicht nachvollziehbare Ausmaße zeitlicher Dauer machen auch den bevorzugten Gegenstandsbereich der speziellen und allgemeinen Relativitätstheorien aus. Die allgemeine Relativitätstheorie steht gleichsam in größter Distanz zu den Formen der lebensweltlichen Zeit, insofern sie es gestattet, die Realität der Zeit als abgeleitetes Phänomen aufzufassen. Die Quantenmechanik rekurriert zwar auf die der lebensweltlichen Zeit nahestehende klassische Physik, erlaubt aber im Submikroskopischen Ereignisse, die aus lebensweltlicher Perspektive unwirklich erscheinen müssen.

Pluralität bietet allerdings keine Lösung des Problems auseinandertretender Zeitvorstellungen. Als Problem hatte ich unter anderem den lebensweltlichen Verlust der orientierenden Kraft genannt, die den *weltbildenden Potenzialen* physikalischer Zeitbegriffe zukommt. Diese Zeitbegriffe haben eine wohl kaum zu überbietende Verortungsfunktion. Ihre Unterschiede zeugen von den kategorialen Differenzen, die zwischen verschiedenen Größenordnungen in der Welt bestehen und als Ausdruck einer Schichtenstruktur der Welt verstanden werden können, in deren Mitte die Lebenswelt gleichsam lokalisiert ist.[36] Die Eigenheiten der Lebenszeit treten durch ihre Abgrenzung gegenüber anderen Zeitverhältnissen in den Dimensionen des ganz Kleinen und ganz Großen hervor. Doch diese physikvermittelte Lagebestimmung kann lebensweltlich immer weniger nachvollzogen werden. Man könnte an dieser Stelle einwenden, dass lebensweltliche Erfahrung, die sich durch einen selbstverständlichen Handlungsvollzug auszeichnet, typischerweise nicht reflexiv sei, folglich auch die Spezifität ihrer Zeitverhältnisse nicht in Relation zu davon abweichenden Weltbestimmungen setzen könne. Man dürfe deshalb nicht von einem Verlust der weltbildenden Potenziale sprechen, da sie für die Lebenswelt nie verfügbar gewesen sind. Dieses Argument setzt jedoch einen zu engen Begriff der Lebenswelt voraus, der das Problem auch nicht beseitigt, sondern nur verschärft. Indem er sich auf die tatsächlich bestehende Fraglosigkeit lebensweltlicher Handlungen bezieht, hebt er deren Unzeitgemäßheit in einer zeitlich zunehmend vernetzten Welt bloß hervor.

---

36 Zur Schichtenstruktur der Welt vgl. Kapitel 3, und speziell zu den Zeittypen vgl. Fraser 1988 und Gloy 2006.

6 Realismus im Kontext. Das Beispiel von Lebenswelt und Quantenphysik

Die Realismusproblematik gehört zu den Themen der Erkenntnis- und Wissenschaftstheorie, die in der jüngeren Vergangenheit am intensivsten diskutiert worden sind. Die Debatten werden nicht nur kontrovers, sondern auch mit einer ausgeprägten Bereichsbezogenheit geführt. Realismus meint die Auffassung, dass Gegenstände und Eigenschaften unabhängig von unserem mentalen Zugang sind. Doch die Gegenstände und Eigenschaften der Welt können in sehr unterschiedlichen Beziehungen zu mentalen Prozessen stehen. Die Vielfalt der Beziehungen reflektiert sich in der Pluralität der Diskurse. Je nach Gegenstandsbereich werden verschiedene, sich teils überschneidende, teils aber auch einander ausschließende Realismusdiskurse geführt. Es ist üblich geworden, etwa zwischen den Diskursen über die Realität makroskopischer Gegenstände in Raum und Zeit, über die Wahrheit wissenschaftlicher Theorien und die Realität ihrer Gegenstände, über die Realität mathematischer Objekte, die Realität moralischer Werte oder die Realität der Objekte religiöser Einstellungen zu unterscheiden.[1]

Diese Ausdifferenzierung hat die Gegenstandsabhängigkeit von realistischen und antirealistischen Positionen deutlich gemacht. Damit ist meiner Auffassung nach ein weiterer, noch nicht vollzogener, aber unumgänglicher Schritt der Klärung der Realismusproblematik vorbereitet. Dieser Schritt besteht in der *vergleichenden Betrachtung* der bereichsspezifischen Argumentationen. Komparative Analysen sind notwendig, weil sie die zwischen den verschiedenen Diskursen bestehenden Beziehungen offenlegen und damit die Phänomengerechtigkeit der Realismusdebatte verbessern.

Die vergleichende Betrachtung ergänzt aber nicht nur die schon bestehenden Diskurse, sie rückt sie auch in ein neues Licht. Denn *äußere Diskursbeziehungen gehören zu den Bedingungen, die den Realismus bereichsimmanent überhaupt erst zum Thema werden lassen*. Pointiert und mit beschränkter Geltung formuliert: Realität wird einerseits erst zum Problem, wo sich Kontroversen zwischen unterschiedlichen Erfahrungsweisen herausbilden; andererseits erhalten Realismusdiskurse mit externen Kontextbezügen eine Schlüsselstellung für die Lösung der spezifischen Probleme des Realismus. So wenig der Realismus ohne äußere Diskursbeziehungen zum Thema wird, so wenig kann er ohne sie angemessen aufgeklärt werden.

---

1 Eine Übersicht über die Realismusdiskurse bieten Willaschek 2000 und Miller 2019.

Um diese Behauptung zu prüfen, werde ich exemplarisch die Beziehungen zwischen *realistischen Auffassungen der Lebenswelt und der Quantenphysik* diskutieren. Lebenswelt und Quantenphysik sind ein ungleiches Paar. Heutige Strukturen der Lebenswelt weisen Ähnlichkeiten mit Alltagserfahrungen auf, die bis auf die Antike zurückreichen; die Quantenphysik ist erst etwas mehr als 100 Jahre alt. In dieser kurzen Zeitspanne war sie führend an der Entwicklung von einer erstaunlichen Bandbreite von technischen Innovationen beteiligt, die tief in die Alltagswelt hineinreichen.[2] Doch wer lebensweltlich mit ihnen zu tun hat, muss von den Funktionsweisen, die ihrem Gebrauch zu Grunde liegen, nichts verstehen. Lebensweltliche Erfahrung, die kaum explizit thematisiert wird, ist den meisten Menschen ganz vertraut; Quantenphysik, über die viele auflagenstarke Bücher geschrieben wurden, ist der breiten Leserschaft fremd geblieben.

Ich habe diese beiden Erfahrungsweisen ausgewählt, weil sie als zwei *extrem differente Kontexte* für eine vergleichende Betrachtung eine Herausforderung darstellen: Während der lebensweltliche Realismus auf das Wahrnehmbare, das der Anschauung unmittelbar Präsente rekurriert, bezieht sich der quantenmechanische Realismus auf das ganz Kleine im Bereich des Nichtwahrnehmbaren. Dieser Differenz entspricht der Abstand der Theorien, die die beiden Erfahrungsweisen typischerweise thematisieren: Die Strukturen der lebensweltlichen Erfahrung sind der bevorzugte Gegenstand der Phänomenologie, während die Strukturen der experimentellen Erfahrung der Quantenphysik vornehmlich Gegenstand der analytisch orientierten Wissenschaftstheorie sind.

Einer vergleichenden Analyse kommen die beiden Erfahrungsbereiche aber auch in besonderer Hinsicht entgegen: Unter den externen Ursprüngen der beiden Realismusproblematiken spielen die Beziehungen zu dem jeweils anderen Kontext eine bedeutende Rolle.

Auch mit der Einschränkung auf zwei Erfahrungsbereiche gestaltet sich die Thematik freilich noch so komplex, dass ich sie nur thesenhaft darstellen kann. Für die gemeinsame Konzeptualisierung von Lebenswelt und Quantenphysik setze ich einerseits einen *weiten Erfahrungsbegriff* voraus: Er umfasst die Prozesse der Erkenntnisgewinnung und Formen des bewährten Besitzes von geordneten und orientierungsstiftenden Inhalten. Andererseits suche ich die beiden Kontexte in einer *idealtypischen* Bestimmung möglichst *eng* zu definieren.

Ich werde im ersten Teil mit einer knappen Skizze dieser beiden Erfahrungskontexte und ihrer realistischen Verständnisweisen beginnen (1.). Im zweiten Teil diskutiere ich die Quantenwelt aus der Perspektive des *lebensweltlichen Realismus*. Diese Sichtweise steht historisch am Anfang des quantenme-

---

[2] Vgl. Tegmark/Wheeler 2001 und Lüth 2015, S. 5.

chanischen Realismusproblems, das sich auf dem Boden der nur langsam wandelbaren Strukturen der Lebenswelt in der ersten Hälfte des vergangenen Jahrhunderts entfaltete. Für den lebensweltlichen Realismus muss die Quantenwelt – grob gesprochen – entweder irreal oder eine andere, nur partiell begreifbare Realität sein (2.). Ich kehre sodann im dritten Teil die Perspektive um und betrachte die Lebenswelt vom Standpunkt eines *quantenphysikalischen Realismus*. Diese physikalistische Auffassung der Lebenswelt hat durch neuere Forschungsresultate einen beachtlichen Auftrieb erhalten, der ernst zu nehmen ist, auch – und gerade dann – wenn man wie ich einem Naturalismus kritisch gegenübersteht. Trotz seiner Erfahrungsbasis ist der Realismus der Quantenphysik ähnlich mehrdeutig wie der der Lebenswelt, die für ihn ebenfalls entweder zum Irrealen oder zu einer anderen Realität zählt. Die Perspektivenumkehr trägt zur weitergehenden Problematisierung, aber auch zum verbesserten Verständnis des lebensweltlichen Realismus bei (3.).

6.1 Zwei Erfahrungskontexte und ihr Realismusverständnis

6.1.1 Lebensweltlicher Realismus

Lebensweltliche Erfahrung lässt sich durch einen Katalog von notwendigen und zusammen hinreichenden Kriterien definieren. Zu ihnen gehört außer der auf äußere Wahrnehmung ausgerichteten (normal-erwachsenen) Aufmerksamkeit unter anderem eine unprofessionelle Handlungstypik und ein ganzheitlich strukturiertes Hintergrundwissen.[3] In das Hintergrundwissen gehen die für das lebensweltliche Weltverständnis kennzeichnenden *Realitätsannahmen* ein, die ich nach ontologischen und epistemischen Anteilen gliedere. Ontologisch wird ein gegenständliches Seiendes angenommen, dem Existenz und Eigenschaften „an sich", d. h. unabhängig von seiner Wahrnehmung, zukommen. Epistemisch besagt der lebensweltliche Realismus, dass Eigenschaften des Seienden nur über die Wahrnehmung erkennbar sind. Für das Zeugnis der Wahrnehmung sind die realen Gegenstände in Raum und Zeit lokalisiert und ihre Eigenschaften von den Eigenschaften anderer Gegenstände getrennt.

Ein solcher Realismus, der den Konzeptionen von William James, John McDowell und Hilary Putnam verwandt ist, fällt unter die Bezeichnung „direkter Realismus".[4] Wahrnehmung und Illusion wird von dieser Wirklichkeitsauffas-

---

[3] Zum Begriff der Lebenswelt als Wahrnehmungswelt vgl. Kapitel 1, Abschnitt 2.
[4] Vgl. James 1912, McDowell 1994 und Putnam 1994.

sung einerseits *lebensweltimmanent* über die Orientierung an konventionellen Standardbedingungen der Wahrnehmung unterschieden. Andererseits grenzt sich die Lebenswelt von Erfahrungsbereichen, wie dem des kindlichen Spiels, des Wahnsinns oder der religiösen Meditation, ab, denen aus lebensweltlicher Sicht nur bedingt Realität zukommt. Wesentlich durch *Konfrontation mit anderen Erfahrungstypen* verliert der direkte Realismus vorübergehend den ihm sonst eigenen Charakter einer unhinterfragten Selbstverständlichkeit. Historisch betrachtet, haben zu einer dauerhaften Problematisierung des direkten Realismus geführt die Erlösungslehren der monotheistischen Religionen, die die Unwirklichkeit und Verkehrtheit des Alltagslebens benennen, und die mit der neuzeitlichen Begründung der Naturwissenschaft einhergehende Erkenntniskritik, wie sie paradigmatisch zuerst René Descartes formulierte und dann John Locke, David Hume und Immanuel Kant fortführten.

Bevor ich mich dem quantenphysikalischen Realismus zuwende möchte ich exemplarisch *Descartes' Kritik am lebensweltlichen Realismus* vorstellen, weil sie für die Abwendung der neuzeitlichen Naturwissenschaft vom Alltagsverständnis der Wirklichkeit bahnbrechend gewesen ist. Descartes' Kritik konzentriert sich auf das lebensweltliche Verständnis von Empfindungen, die die Wahrnehmung begleiten, und lässt sich an seiner Auseinandersetzung mit dem Phänomen der Farbe illustrieren. Nach Descartes meinen die meisten Menschen, wenn sie eine Farbe sehen, dass der äußere Gegenstand ihrer Wahrnehmung der sich zugleich einstellenden inneren Farbempfindung ganz ähnlich sei. Man glaube, eine Eigenschaft des Seienden über die Wahrnehmung zu erkennen. Doch diese Annahme könne „man als die erste und Hauptursache aller unserer Irrtümer ansehen" (Descartes 1969 ff., Bd. VIII, S. 39). Eine genauere Analyse unserer Vorstellungen zeige nämlich, dass der Wahrnehmung nicht zu entnehmen sei, was die Farbempfindung bewirke. Das Bewusstsein der Empfindungen müsse als rein geistiges Phänomen verstanden werden, dem keine Eigenschaft der Gegenstände, auf die sie referieren, ähnlich sei. Den materiellen Gegenständen der Wahrnehmung komme wie den raumerfüllenden materiellen Medien allein Ausdehnung und Ortsbewegung zu. Durch raumzeitliche Zustandsveränderungen der Materie ließen sich die physikalischen Bedingungen aller Wahrnehmungen und Empfindungen erklären. Die realistische Auffassung der Empfindungen wird von Descartes folglich als falsch zurückgewiesen.

6.1.2 Quantenphysikalischer Realismus

Eine Fortsetzung der neuzeitlichen Kritik des lebensweltlichen Realismus knüpft an die Quantenphysik an, die ich jetzt als zweiten Erfahrungskontext mit der für ihn typischen Realismusthematik charakterisieren möchte, soweit dies schon ohne Bezug auf die Lebenswelt als äußeren Kontext möglich ist.

In erster Näherung ist die Quantenphysik *die Physik des ganz Kleinen, das von seiner natürlichen Umgebung isoliert ist und sich in Messanzeigen realisiert*. Lebensweltlich gibt es bei mikrophysikalischen Experimenten in den Laboren meist nicht viel mehr zu sehen als die Anzeigen von Geräten, Zeigerausschläge oder Zahlenangaben. Quantenphysik ist experimentelle Naturforschung, die Erkenntnis in manipulierbaren technischen Kontexten gewinnt, um die zur mathematischen Erfassung erforderliche Minimierung von Parametern und Variablen vorzunehmen. Die Theorie der Quantenphysik umfasst die Quantenmechanik und die Quantenfeldtheorie. Ich werde mich auf die Quantenmechanik, die im Unterschied zur Quantenfeldtheorie die Anzahl der Quantensysteme als konstant voraussetzt, beschränken.

Die Lebenswelt hat mit der *klassischen Physik* gleichsam einen Stützpunkt in unmittelbarer Nähe der Quantenwelt. Zur klassischen Physik zählen diejenigen Theorien, die auch für die Beschreibung der Messapparate hinreichen. Mit ihnen ist das lebensweltliche Weltverständnis, das Gegenständen Eigenschaften an sich zuschreibt, verträglich. Allerdings zeigt die Angewiesenheit der Physik des ganz Kleinen auf Messapparate auch einen grundlegenden Unterschied von lebensweltlicher und quantenmechanischer *Erfahrung* an: Quantenobjekte kann man nicht wahrnehmen, sondern nur beobachten. „Wahrnehmen" meint in diesem Zusammenhang die durch äußere Sinneseindrücke vermittelte Perzeption von Gegenständen, „Beobachtung" den durch Instrumente vermittelten empirischen Bezug auf theoretische Entitäten.

Die *Realismusthematik* betrifft in den Naturwissenschaften die Wahrheit der Theorien und die Realität der von ihnen postulierten Entitäten, d.h. z.B. der Photonen, Elektronen oder auch elektromagnetischen Felder. Analog zur Lebenswelt lässt sich wieder ein ontologischer und ein epistemischer Realismus unterscheiden. Ontologisch wird ein vom Erkennen unabhängiges Seiendes und die unabhängige Existenz von Objekten behauptet, die den theoretischen Entitäten korrespondieren können; epistemisch wird die Möglichkeit des Wissens von den Eigenschaften dieser Objekte und der Wahrheit der sie beschreibenden Theorien angenommen. Das quantenmechanische Realismusproblem ist über die Frage der Rolle der Wahrnehmung für die Erkenntnisgewinnung mit dem lebensweltlichen Realismus verbunden: Welche Funktion soll der Wahrnehmung in der Quantenphysik epistemologisch zukommen?

Diese Fragestellung führt mich zum zweiten Teil des Kapitels, in dem ich die Quantenwelt aus der Perspektive des lebensweltlichen Realismus diskutiere. In dieser Perspektive eröffnen sich erste Verständnisweisen der Quantenwelt.

6.2 Der lebensweltliche Blick auf die Quantenphysik

6.2.1 Erkenntnistheoretischer Antirealismus

Es ist durchaus möglich, den erkenntnistheoretischen Realismus der Lebenswelt auf die Quantenphysik zu übertragen, indem man den Realitätszugang nur auf das Wahrnehmbare, d.h. auf die ablesbaren Messresultate, beschränkt. Da mit dieser Position jedes Wissen über die nicht wahrnehmbaren quantenmechanischen Entitäten bestritten wird, kann man von einem *erkenntnistheoretischen Antirealismus* in Bezug auf diese Objekte sprechen. Für einen solchen Antirealismus sind Photonen, Elektronen usw. bloße Illusionen, Fiktionen oder Konstruktionen, um die Erfahrung zu ordnen. Sofern er nicht auch die Annahme der Existenz einer Quantenwelt überhaupt ablehnt, hält er diese Welt für unerkennbar. Historisch geht dieser Antirealismus der Quantenphysik voran. Er ist kennzeichnend für die Ablehnung des Atomismus durch den Positivismus des ausgehenden 19. und beginnenden 20. Jahrhunderts und findet in Ernst Mach seinen wohl bekanntesten Vertreter.[5]

6.2.2 Erkenntnistheoretischer Realismus

Das Realismusproblem meldet sich als drängendes erst, wenn die Quantenwelt gegenüber der Lebenswelt gleichsam ihre eigenen Realitätsansprüche zur Geltung bringt. Um diese unabhängige Wirksamkeit zu erfahren, darf sich die Erkenntnis des Realen nicht nur auf Wahrnehmbares beziehen. Eine Möglichkeit zur Erweiterung des aus der Lebenswelt stammenden epistemischen Realitätskriteriums besteht darin, quantenmechanischen Objekten jedenfalls die *Werte gemessener Größen* – wie den Ort oder den Impuls – als reale Eigenschaften zum Zeitpunkt der Messung zuzuschreiben.

Mit dieser Voraussetzung lässt sich schon an einer einzigen experimentellen Anordnung die Einsicht gewinnen, dass die lebensweltliche Ontologie in der Quantenwelt keine Geltung hat. Bei dem Experiment handelt es sich um das bekannte Doppelspalt-Experiment, bei dem quantenmechanische Objekte entweder durch einen oder durch zwei nebeneinander liegende sehr schmale Öffnungen – anschaulich gesprochen – hindurchtreten.

Systeme, die in diesem Experiment untersucht werden, sind etwa einzelne Photonen, Lichtstrahlen, die sich aus vielen Photonen zusammensetzen, Be-

---

5 Zu Machs Realismus vgl. Schiemann 1999a.

standteile von Atomen, Atome oder auch Moleküle. An diesen Objekten lässt sich der berühmte *Welle-Teilchen-Dualismus* vorführen: In bestimmten Anordnungen des Experimentes scheinen die Objekte die Eigenschaften eines Teilchens, in anderen Anordnungen die Eigenschaften einer Welle zu besitzen. Die Ausdrücke „Teilchen" und „Welle" entstammen der klassischen Physik und entsprechen der lebensweltlichen Anschauung. Teilchen nehmen wie Geschosse einen definierten Weg, der an einem Aufschlagspunkt endet; Wellen verbreiten sich homogen im Raum und interferieren untereinander wie Wasserwellen. Das Doppelspalt-Experiment zeigt, dass quantenmechanische Objekte nicht Eigenschaften an sich haben, sondern nur *hinsichtlich der Messanordnung*, mit der sie beobachtet werden.[6]

In einem 1978 von John Archibald Wheeler vorgeschlagenen und seit 1984 oftmals durchgeführten Experiment entscheidet die experimentierende Person sogar erst nach dem Eintritt des Untersuchungsobjektes in die Messvorrichtung, ob es als Teilchen oder Welle gelten kann. Wollte man sich diesen Vorgang anschaulich vorstellen, müsste man bei einer Teilchenmessung annehmen, dass die vorher vielleicht auch vorhandene Welle ohne Zeitverzögerung an allen Orten im Raum verschwindet.[7]

Die quantenmechanischen Systeme zeichnen sich durch eine *Unbestimmtheit* aus, die mit der Durchführung einer Messung scheinbar schlagartig zusammenbricht. Vor der Messung kann ihnen keine eindeutige Lokalisiertheit im Raum zugeschrieben werden. Sie sind nicht entweder Welle oder Teilchen, sondern weder Teilchen noch Welle. Im Formalismus der Quantenmechanik werden sie als „Superposition", d. h. Überlagerung, von Bestandteilen einer abstrakten Funktion dargestellt, aus der sich das Messresultat, ihr Erscheinen als Welle oder Teilchen, wahrscheinlichkeitstheoretisch vorausberechnen lässt.

Quantenmechanischen Objekten kommen zudem keine Eigenschaften an sich zu, weil zwischen ihnen *Korrelationen* (sogenannte Einstein-Rosen-Podolsky-Korrelationen) bestehen können. Dieses Merkmal tritt unter anderem an geeignet präparierten Zwei-Objekt-Systemen auf, die über eine gemeinsame Erhaltungsgröße verfügen. Ein Beispiel hierfür sind zwei Photonen, die von einer Quelle in entgegengesetzter Richtung emittiert werden und deren Gesamtdrehimpuls entlang einer Raumachse gleich Null ist, da die Drehimpulse der beiden Photonen

---

[6] Das Doppeltspalt-Experiment und der Welle-Teilchen-Dualismus gehören bis heute zu den Standardthemen der Philosophie der Quantenmechanik. Eine Diskussion im Hinblick auf die Realismusdebatte findet sich in Falkenburg 2007.
[7] Vgl. Shimony 1988 mit einer Darstellung der auf Wheeler zurückgehenden Versuchsanordnung.

betragsgleich und ebenfalls entgegengesetzt gerichtet sind.[8] Gemessen werden nacheinander die Orientierungen der einzelnen Drehimpulse, wobei sich die Raumachse, entlang derer gemessen wird, festlegen lässt, nachdem die Photonen die Quelle verlassen haben.

Man erhält als Resultat am ersten gemessenen Photon eine *Zufallsverteilung* für dessen Drehimpulseinstellung und am zweiten, wie erwartet, die genau entgegengesetzte Einstellung.[9] Die Zufälligkeit ist für die Messung von Einzelereignissen in der Quantenmechanik überhaupt kennzeichnend. Darüber, ob wenigstens der Zufall den quantenmechanischen Objekten als Eigenschaft an sich oder erst im Zusammenhang mit der Messung zukommt, gehen indes die Meinungen auseinander.[10] Die *Korrelation* ergibt sich daraus, dass erst durch die Messung am ersten Photon die (entgegengesetzte) Richtung des Drehimpulses des anderen festgelegt ist. So wenig diese Korrelationen auf physikalische Wechselwirkungen zurückgeführt werden können, gibt es für sie ein lebensweltliches Analogon. Makroskopische Gegenstände haben voneinander unabhängige Eigenschaften. Wenn ihre Eigenschaften korreliert sind, lassen sich dafür lokalisierte Ursachen angeben. Dies aber ist für quantenmechanische Systeme, wie ich hier nicht ausführen kann, ausgeschlossen.

Die realistische Auffassung der Werte gemessener Größen stellt ein Beispiel für einen *epistemischen Realismus im Bereich der Quantenphysik* dar. Was sich diesem Realismus von der Quantenwelt, deren Existenz er voraussetzt, erschließt, hängt nicht vollständig, sondern nur bedingt von der Beobachtung ab.

Elemente dieser Position entsprechen der sogenannten *Kopenhagener Deutung* der Quantenmechanik, die in der Physik, sofern dort der Realismus thematisch ist, bis heute weithin anerkannt wird und in recht unterschiedlichen Varianten vorliegt. Sie geht auf Arbeiten von Niels Bohr, Werner Heisenberg, Max Born und anderen Begründer*innen der Quantenmechanik Ende der 20er Jahre des vergangenen Jahrhunderts zurück. Der Ausdruck „Kopenhagener Deutung" wurde erst später, Mitte der 50er Jahre, von Werner Heisenberg eingeführt. Heisenberg war sich mit Bohr darin einig, dass das Wissen über die Quantenobjekte *nur in der Sprache der lebensweltlichen Ontologie* raumzeitlich lokalisierter und getrennter Gegenstände formulierbar ist. Demnach ist die klassische Physik eine Idealisierung der lebensweltlichen Erfahrung und hat wie diese nur begrenzte

---

8 Dem Drehimpuls entspricht bei einem makroskopischen Körper ein Schwung, mit dem er sich wie ein Kreisel um seine eigene Achse dreht.
9 Vgl. d'Espagnat 1980.
10 Die Frage des Zufalls ist Gegenstand der Kontroverse zwischen deterministischen und indeterministischen Deutungen der Quantenmechanik, die jeweils in verschiedenen Varianten vorliegen. Vgl. etwa Bub 1997 und Rae 1996.

Geltung. Obwohl die klassische Physik als Physik der Messinstrumente dem quantenphysikalischen Wissen vorausliegt, kann sie paradoxerweise in dieser Deutung auf die quantenphysikalischen Gegenstände selbst keine konsistente Anwendung finden. Die unvermeidliche klassische Beschreibung bleibt an die Messanordnungen gebunden, die jeweils nur spezielle Eigenschaften von Quantenobjekten nachweisen. Welle- und Teilcheneigenschaften sind nach der Kopenhagener Deutung einander ausschließende und zugleich ergänzende Eigenschaften, wofür Bohr den Begriff der Komplementarität geprägt hat. Die Quantenwelt ist nach diesem erkenntnistheoretischen Realismus zwar bloß partiell erkennbar. Die Erkenntnis reicht aber doch soweit, dass Lebens- und Quantenwelt als *verschiedene Wirklichkeiten* Kontur gewinnen.[11]

In der wissenschaftstheoretischen und -historischen Rezeption ist die Auffassung vertreten worden, dass die Kopenhagener Deutung die *Tradition von Kants transzendentaler Begründung der Erkenntnis fortschreibe*. Insbesondere weise der Rekurs auf die Lebenswelt zu den von Kant genannten Bedingungen der Möglichkeit von Erfahrung Ähnlichkeiten auf, zu denen eine vergleichbare Funktion der Anschauungsformen von Raum und Zeit und der Kategorie der Kausalität gehöre.[12] Meiner Auffassung nach lässt der Vergleich der beiden Konzeptionen jedoch weniger Gemeinsamkeiten als Gegensätze zwischen ihnen hervortreten. Die von der Kopenhagener Deutung behauptete begrenzte Reichweite der lebensweltlichen Erkenntnisbedingungen resultiert unter anderem daraus, dass die Begriffe des Raumes, der Zeit und der Kausalität empiristisch aufgefasst werden, was Kants universellem Geltungsanspruch zuwiderläuft. Die vor allem von Heisenberg hervorgehobene Differenz der Realität von Lebens- und Quantenwelt ist zudem unverträglich mit einer Einheit der Erkenntnis, um deren unumstößliche Fundierung es Kant vor allem zu tun war.[13]

6.3 Der Quantenblick auf die Lebenswelt

Es sind die schon erwähnten neueren Forschungsresultate, die die *ontologische und epistemische Trennung von Makro- und Mikrowelt fragwürdig* erscheinen lassen. Bis vor einigen Jahrzehnten glaubten die meisten Wissenschaftler*innen,

---

11 Zur Kopenhagener Interpretation vgl. Beller 1996, Friebe et al. 2015, S. 54–60, und Faye 2019. Zu Heisenbergs Interpretation der Quantenmechanik vgl. Schiemann 2008a, S. 44 ff. Friebe et al. 2015 bemerken, dass „die Kopenhagener Deutung von der großen Mehrheit der Physiker [...] bis zum heutigen Tage [...] als Standarddeutung akzeptiert" werde (S. 275 f.).
12 Vgl. Camilleri 2005, Bitbol 2017 und Faye 2019.
13 Vgl. Schiemann 2008a, S. 54 ff.

dass Quanteneigenschaften nur in subatomaren oder atomaren Dimensionen auftreten würden und sich der beeindruckende technische Nutzen, den man aus der Quantenphysik zieht, auch künftig auf die Bewirkung von Phänomenen ohne Quanteneigenschaften beschränke. Experimente haben aber immer deutlicher gemacht, dass zwischen den ganz kleinen und den mittleren Größenordnungen keine scharfe Grenze besteht. Hierzu gehört der Nachweis von Quanteneigenschaften an Molekülverbänden im Nanometerbereich oder an makroskopischen Systemen bei tiefen Temperaturen; für die Bereiche der Nachrichtenverschlüsselung, der Kommunikation und Datenverarbeitung zeichnen sich neuartige technische Anwendungen von Quanteneigenschaften ab.[14]

Angeregt durch die ausnahmslose Bestätigung aller quantenmechanischen Voraussagen und die immer größeren Dimensionen der Objekte mit Quanteneigenschaften, haben realistische Interpretationen der Quantenmechanik Auftrieb erhalten, die von einer *universellen Geltung* dieser Theorie ausgehen: Ihnen zufolge müssen nicht nur Messapparate, sondern auch deren Umgebung, das Bewusstsein der Beobachter und schließlich das ganze Universum in die quantenmechanische Betrachtung einbezogen werden.[15] Wie aber müsste man sich Quantenphänomene vorstellen, die auch lebensweltlich präsent wären?

Diese Fragestellung leitet zum dritten Teil dieses Kapitels über, der die vorangehende Perspektivenrichtung umkehrt und die Lebenswelt vom Außenstandpunkt eines quantenphysikalischen Realismus betrachtet. Jetzt ist es die Lebenswelt, deren Realität entweder den Status einer Sonderwelt erhält oder bestritten wird.

Sonderbar muten Quantenphänomene an, die auch lebensweltlich präsent wären. Es würde sich um *quantenmechanische Superpositionen im Makroskopischen* handeln, d.h. um das zeitgleiche Vorkommen einander sich ausschließender Eigenschaften an einem Gegenstand: Beispiele wären etwa materielle Objekte, von denen man nicht wissen könnte, ob sie den Charakter von lokalisierten Teilen oder im Raum verbreiteten Wellen hätten; oder auch nicht eindeutig definierbare Zustände von Lebewesen, wie zum Beispiel der Zustand einer Katze, die zugleich auch ein Vogel wäre oder die sich an einem Ort und zugleich an einem anderen Ort aufhielte oder – um ein bekanntes Gedankenexperiment von Ernst Schrödinger aufzunehmen – die zugleich lebend und tot wäre.[16] Woran liegt es, dass wir lebensweltlich nicht wahrnehmen, was quantenmechanisch möglich sein könnte?

---

14 Vgl. Bouwmeester/Ekert/Zeilinger (Hrsg.) 2000, Zeilinger 2003 und Arndt 2009.
15 Vgl. einführend Bub 1997 und Rae 1996.
16 Vgl. Schrödinger 1935 und Joos 2002.

Antworten, die vielleicht wegweisend sind, haben durch ihren Bezug auf die Erforschung der sogenannten *Dekohärenz* beachtlich an Gewicht gewonnen. „Dekohärenz" ist ein technischer Ausdruck und benennt einen physikalischen Vorgang, der quantenmechanische Superpositionen auflöst. Wichtig ist die dahinter stehende Idee, den Übergang von der quantenmechanischen Unbestimmtheit zur physikalischen Beobachtung des eindeutigen Endzustandes durch *die Wechselwirkung des quantenmechanischen Systems mit der Umgebung* zu erklären.[17]

Ein mikroskopisches System lässt sich normalerweise nur messen, nachdem es mit erheblichem Aufwand von seiner Umgebung isoliert worden ist.[18] Nicht nur die Messung des Objektes, sondern auch jede Form des Stoff- oder Energieaustausches zwischen dem Objekt und seiner Umgebung trägt dazu bei, diese Isolation wieder rückgängig zu machen. Auf solche Wechselwirkung wird die Aufhebung der quantenmechanischen Superpositionen zurückgeführt.

Demnach könnte keine lebende Katze Teil eines quantenmechanischen Systems sein, weil sie sich nicht von ihrer Umgebung abtrennen lässt: Sie hat eine Körpertemperatur, atmet usw. Wegen ihrer unaufhebbaren Wechselwirkung mit der Umgebung wäre sie in Schrödingers Gedankenexperiment schon vor der Registrierung tot oder noch lebendig. Würde man die Katze jedoch durch ein Bakterium ersetzen – um eine Überlegung von Anton Zeilinger aufzugreifen[19] – hätte man für die Herstellung einer quantenmechanischen Superposition an lebenden Organismen bessere Aussichten, sofern sich das Bakterium von allen Umgebungseinflüssen wirksamer abschotten ließe. Warum sollte nicht an kleinen Lebewesen eine Zustandsüberlagerung nachweisbar sein, wenn sie an Molekülen bereits im Nanometerbereich auftritt?

Das Bestechende an der Dekohärenzforschung ist, dass sie sich nicht nur auf Berechnungen, sondern auch auf empirische Überprüfungen stützt. Die Aufhebung quantenmechanischer Superpositionen lässt sich in speziellen Versuchsanordnungen in beeindruckender Zeitauflösung beobachten. Damit bietet sich der Wissenschaftstheorie ein Anknüpfungspunkt zur weiteren *Präzisierung der Spezifität quantenphysikalischer Erfahrung:* Die experimentell variierbaren Bedingungen der künstlich erzeugten Isolation werden erstmals theoretisch darstellbar.

---

17 Zur Rolle der Dekohärenz in der Quantenmechanik vgl. Schlosshauer 2019 und Bacciagaluppi 2020.
18 Die Objektisolation ist ein kennzeichnendes Merkmal der experimentellen Naturwissenschaft, vgl. Kapitel 1.
19 Vgl. Zeilinger 2003, S. 101.

Erkenntnistheoretisch ist die Dekohärenz mit verschiedenen Positionen verträglich, die die Quantenmechanik realistisch deuten. Die Positionen können so verstanden werden, dass sie übereinstimmend das Verhältnis von Lebenswelt und Quantenphysik gegenüber der Kopenhagener Deutung umkehren: Das lebensweltliche Weltverständnis geht nicht mehr der quantenphysikalischen Erkenntnis voraus, sondern wird ihr potentieller Erkenntnisgegenstand. In dieser Umkehrung reflektiert sich die Problematisierung des lebensweltlichen ontologischen Realismus aus quantenmechanischer Perspektive. Die Annahme einer von der Wahrnehmung unabhängigen und durch sie erkennbaren Welt eindeutig lokalisierter und voneinander getrennter Gegenstände wird vor dem Hintergrund einer quantenmechanischen Ontologie erklärungsbedürftig.

Ich möchte hier exemplarisch nur *zwei Strategien* aus der kaum mehr überschaubaren Zahl von erkenntnistheoretischen Konzeptionen zu diesem Thema skizzieren.

6.3.1 Lebenswelt als Realität

Die erste Strategie sucht den *lebensweltlichen Realismus* als Phänomen aus dem quantenmechanischen Realismus zu *erklären*. Dass sich Superpositionen auf den Gegenstandsbereich der Quantenphysik beschränken, wird auf den Mechanismus der Dekohärenz zurückgeführt, demzufolge die submikroskopischen Objekte schon bei kleinsten Wechselwirkungen mit ihrer Umgebung ihre Quanteneigenschaften verlieren.[20]

Diese Erklärung würde den sie motivierenden Realismus rückwirkend stützen helfen, wenn sie ausschließlich gelten würde. Denn in dem Maß, wie es einer Erklärung gelingt, sich als einzig mögliche auszuweisen, verbessern sich die Bedingungen, sie als wahr zu legitimieren. Phänomenerklärungen sind gewichtige Argumente für die realistische Interpretation ihrer Theorien. Noch stehen aber für die Erklärung der lebensweltlichen Realität empirisch äquivalente Theorien zur Verfügung.

6.3.2 Lebenswelt als Illusion

Die zweite Strategie untergräbt im Gegensatz zur ersten *die Wahrheit des lebensweltlichen Realismus*. So wie die Quantenphänomene aus lebensweltlicher Per-

---

20 Vgl. Bacciagaluppi 2020.

spektive als Illusion erscheinen, erhält jetzt die lebensweltliche Wahrnehmung den Charakter einer Täuschung. Bezeichnenderweise stützt sich diese Strategie ebenfalls auf die Dekohärenzresultate. Superpositionen müssen theoretisch nämlich nur relativ zur jeweiligen Wechselwirkung verschwinden. Man darf deshalb von der Hypothese ausgehen, dass die Superpositionen jenseits dieser immer nur partiellen Wechselwirkung fortbestehen.

Im Anschluss hieran hält die zweite Strategie das Universum als Ganzes für quantenmechanisch erfassbar, womit Superpositionen in die Beschreibung der Lebenswelt eingehen. Der lebensweltliche Realismus muss dann in erkenntnistheoretischer und ontologischer Hinsicht falsch sein: Wahrnehmung begründet keine Erkenntnis von Seiendem; das Sein hat eine andere Struktur als die lebensweltlich angenommene. Beispiele für diese Strategie sind die Konzeption von Hugh Everett und die sich an sie anschließende sogenannte *Viele-Welten-Interpretation*, die sich in der Wissenschaftsphilosophie der Physik wie auch unter Physiker*innen einer bemerkenswerten Aufmerksamkeit erfreuen kann. In diesem Interesse reflektiert sich die von der Bewährung quantenmechanischer Voraussagen ausgehende Überzeugungskraft. Überraschend ist diese Aufmerksamkeit dennoch, weil die Viele-Welten-Interpretation für die Formulierung ihres Realismus einen hohen Preis an Unanschaulichkeit zahlen muss.[21]

Den angenommenen makroskopischen Superpositionen suchen sie dadurch gerecht zu werden, dass sie der zeitgleichen Realität voneinander sich ausschließenden Eigenschaften die Existenz paralleler Welten zuschreiben. Bei jeder nur statistisch berechenbaren quantenphysikalischen Messung entstehen demnach so viele Welten neu, wie unterschiedliche Resultate theoretisch möglich sind. Man befindet sich immer nur in der Welt eines Messergebnisses. Die anderen möglichen Resultate sind in anderen Welten real. Das Problem dieser bizarren Konzeption einer Pluralität von Welten besteht darin, plausibel zu machen, warum die Vielzahl von Realitäten der lebensweltlichen Erfahrung restlos entgeht.

Auch zu dieser Variante des quantenmechanischen Realismus möchte ich, ohne auf nähere Details einzugehen, eine Bemerkung zu den Geltungsbedingungen ergänzen. Die Annahme einer universellen Existenz von Superpositionen bildet *die äußerste realistische Interpretation der Quantenmechanik und birgt die extremste Form der Entwertung des lebensweltlichen Realismus*. Ihre aus lebensweltlicher Sicht kaum nachvollziehbare Plausibilität kann für sich ein promi-

---

21 Zu Everetts Interpretation der Quantenmechanik und der sich daran anschließenden „Viele-Welten-Interpretation" vgl. Vaidman 2018. Zum Verhältnis dieser Interpretationen zur Dekohärenztheorie vgl. Friebe et al. 2015, S. 206–209.

nentes Argument von Hilary Putnam in Anspruch nehmen, das das Fürwahrhalten einer wissenschaftlichen Theorie mit ihren Erklärungs- und Prognoseerfolgen begründet. Es besagt, dass der Erfolg einer Theorie, bei der es sich in diesem Fall um die Quantenmechanik handeln würde, auf die sich die Viele-Welten-Interpretation bezieht, einem Wunder gleichkäme, wenn sie nicht jedenfalls annähernd wahr wäre. Dieses Argument ist allerdings nicht zwingend. Denn auch der zweifellos beeindruckende Erfolg der Quantenmechanik könnte statt auf ihre Wahrheit auf ihre Nützlichkeit zurückgehen.

6.4 Schluss

Lebensweltlicher und quantenmechanischer Realismus begreife ich als *erfahrungsabhängige Weltverständnisse*, die erst durch die Konfrontation mit kontextexternen Diskursen thematisch werden.

Die in diesem Kapitel vorausgesetzte Vielfalt der Verständnisweisen geht von einem *erkenntnistheoretischen Antirealismus* aus. Die voneinander abweichenden Beschreibungen der Wirklichkeit sind von unseren mentalen Zugängen abhängig. Andererseits habe ich eine Bereichsspezifität der Erfahrung behauptet, die auf eine von der Erkenntnis unabhängige Struktur verweist. Weil die Auffassungen des Realen von den Besonderheiten ihrer jeweiligen Ontologien beeinflusst sind, werden in ihnen auch Grenzen ihrer Geltung vorgegeben. Das Wirklichkeitsverständnis eines unbekannten Bereiches kann einer Person als Fremdes begegnen, das sich gewohnten Verständnisweisen entzieht; die Wirklichkeit anderer Erfahrungsbereiche kann einer Person als irreal erscheinen. Indem meine Ausführungen mit der Annahme verträglich sind, dass die der Erfahrung zugrunde liegende Struktur erkenntnisunabhängigen Charakter hat, ist sie mit dem *Realismus* vereinbar.

Die *Lebenswelt* habe ich als eine Wahrnehmungswelt eingeführt, die von anderen Erfahrungstypen, zu denen auch die Naturwissenschaft gehört, abgrenzbar ist. Mit der Neuzeit setzt eine Problematisierung des lebensweltlichen Realismus durch das *naturwissenschaftliche Weltverständnis* ein, wie ich an Descartes' Kritik des realistischen Verständnisses von Farbempfindungen beispielhaft gezeigt habe. Trotz der von den Naturwissenschaften ausgehenden Kritik bleibt die Wirklichkeitsauffassung der Lebenswelt für die Deutung naturwissenschaftlicher Theorien ein herausgehobener Bezugspunkt. Von diesem Spannungsverhältnis zeugt die Beziehung von lebensweltlichem und quantenmechanischem Realismus.

Geht man allein von der lebensweltlichen Perspektive aus, sind Quantenobjekte als nicht wahrnehmbare *irreal*. Ist man aber bereit, die lebensweltliche

Beschränkung des Realitätszugangs auf das Wahrnehmbare fallen zu lassen, gewinnen die Quantenphänomene eine *eigene Realität*. Diese Position, die in die sogenannte *Kopenhagener Deutung* der Quantenmechanik Eingang gefunden hat, unterstellt, dass Quantenphysik und Lebenswelt zwei voneinander getrennte Wirklichkeitsbereiche bilden. Der lebensweltliche Realismus erfährt durch die Quantenwelt eine Geltungsbegrenzung, die sich seinem Verständnis entzieht.

Die Auffassung von den zwei sich einander gegenüberstehenden Welten ist durch den Nachweis von Quanteneigenschaften überhalb der atomaren Dimensionen erschüttert worden. Aus *Sicht einer Quantenphysik*, die nicht mehr durch eine scharfe Grenze vom Makroskopischen abgetrennt ist, wird der lebensweltliche Realismus zum Erklärungsgegenstand. Die zwei von mir besprochenen *Erklärungsstrategien* verhalten sich unterschiedlich zu meinem Ansatz einer komparativen Betrachtung bereichsspezifischer Realismen.

Die erste akzeptiert den lebensweltlichen Realismus und begründet ihre eigene begrenzte Reichweite durch das neue Kriterium der Objektisolation. Der Geltungsbereich von quantenmechanischen Superpositionen erstreckt sich demnach nur auf Zustände extremer, künstlich hergestellter Trennung der Objekte von ihrer Umwelt – eine Trennung, die in der Lebenswelt nicht vorkommt. Meine Vermutung ist, dass die Isolation, die zur Präparation quantenmechanischer Systeme erforderlich ist, zu den Bedingungen der Erkennbarkeit der Eigenschaften dieser Naturobjekte gehört. Diese Neubestimmung der Differenz der Erfahrungsbereiche ist geeignet, das Nebeneinander verschiedener Realismen, dem sich mein Ansatz verpflichtet weiß, zu fundieren. In seiner Außenansicht auf die Lebenswelt bietet der quantenmechanische Realismus zudem eine Erklärung für die im Horizont der Lebenswelt selbst nicht verstehbare Begrenzung ihrer Geltung an. Er schafft damit Voraussetzungen für eine verbesserte Klärung ihres Realismusbegriffes.

Die zweite Strategie geht von der Universalität der Superpositionen aus, die eine umfassende Realität bestimmen. Positionen, die die Existenz dieser Realität bestreiten und von ihr keine Erkenntnis haben, werden als falsch abgelehnt. Als Beispiel habe ich die Viele-Welten-Interpretation der Quantenmechanik vorgestellt. Der uneingeschränkte Geltungsanspruch ihres Physikalismus ist mit dem der lebensweltlichen Position vergleichbar, die ihr Wirklichkeitsverständnis ebenfalls absolut setzt und die Realität der Quantenobjekte bestreitet.

In der wechselseitigen Ablehnung, wie sie in diesen Beziehungen von lebensweltlichem und quantenmechanischem Realismus vorliegt, sehe ich den Ausdruck einer nur mangelhaft aufgeklärten Konfrontation. Sie geht auf die ungenügende Beachtung der Bereichsspezifität der jeweiligen Realismen zurück und tritt bevorzugt dann auf, wenn sie untereinander nur ausnahmsweise in Beziehung stehen. Die beachtliche Aufmerksamkeit, auf die die Viele-Welten-Interpretation stößt, signalisiert eine *Lebensweltferne der Physik*, die das Zeugnis der

Wahrnehmung einer nichtwissenschaftlichen Erfahrung dort nicht mehr anerkennt, wo es dem Wahrheitsanspruch wissenschaftlicher Theorien widerspricht. Gegen diese und andere unzulässige Formen der Verallgemeinerung plädiere ich dafür, sich der begrenzten Geltungsansprüche verschiedener realistischer Auffassungen bewusst sein. Aber dieses Bewusstsein kann sich nur in der Auseinandersetzung mit anderen Erfahrungskontexten herstellen.

Meine Ausführungen verstehen sich deshalb nicht nur als Beitrag zur deskriptiven Erfassung der historischen und systematischen Beziehungen zwischen unterschiedlichen Realismen, sondern auch als *Beitrag zur Förderung des innerphilosophischen Diskurses und des Diskurses zwischen Philosophie und anderen Disziplinen.*

7 Aristotelische Natur in modernen Lebens- und Forschungswelten

Die in der Moderne vollzogene Veränderung, Ersetzung und Beseitigung von Natur durch Technik haben die öffentliche Rede über Natur bisher nicht wesentlich von ihrer Orientierung an traditionellen Bestimmungen abgehalten. Besonders bemerkenswert ist der bleibende Einfluss des aristotelischen Denkens, dem damit in der abendländischen Geschichte des Naturbegriffes bis heute eine herausragende Bedeutung zukommt. Von der Nähe des modernen Commonsense zur aristotelischen Naturdefinition geben die Einträge unter dem Lemma „Natur" in den gebräuchlichen Konversationslexika ein repräsentatives Beispiel. So heißt es zu Beginn des Artikels „Natur" in der „Brockhaus Enzyklopädie": Natur ist der „zentrale [...] Begriff der europäischen Geistesgeschichte, im Sinne von dem, was wesensgemäß von selbst da ist und sich selbst reproduziert" (Brockhaus 2020). Synonym dazu sind die ersten beiden Bedeutungen von „Natur" im „Deutschen Universalwörterbuch" des Dudenverlags:

> 1. [...] alles, was an organischen und anorganischen Erscheinungen ohne Zutun des Menschen existiert oder sich entwickelt. [...] 2. [...] (Gesamtheit der) Pflanzen, Tiere, Gewässer und Gesteine als Teil der Erdoberfläche oder eines bestimmten Gebietes (das nicht oder nur wenig von Menschen besiedelt oder umgestaltet ist) (Duden 2011).[1]

Die beiden Einträge setzen Natur nicht einer Sphäre des Menschlichen überhaupt, sondern speziell einem Bereich entgegen, dessen Existenz sich menschlichem Handeln verdankt und insofern als „technischer" Bereich zu bezeichnen ist. Eben diese Kontrastierung findet sich paradigmatisch erstmals bei Aristoteles ausgesprochen, wenn er zur Natur nur diejenigen Dinge rechnet, die „in sich selbst einen Anfang (ἀρχή; arché) von Veränderung und Bestand [haben]" (Aristoteles 1987 f., 192b14 f.).[2] Demgegenüber erhalten technische Dinge seiner Auffassung nach den Grund (αἰτία; aitía) für ihre Bewegtheit von außen,[3] d. h. von Menschen,

---

[1] Bedeutungsgleiche Einträge finden sich ebenfalls in Kempcke 2000, Wahrig 2014 und Langenscheidt 2015.

[2] „τούτων μὲν γὰρ ἕκαστον ἐν ἑαυτῷ ἀρχὴν ἔχει κινήσεως καὶ στάσεως" (Aristoteles 1831, 192b14 f.). Stellennachweise aus der „Physik" werden durch die übliche Angabe der Spaltenbezeichnung und Zeilennummer nach Bekker vorgenommen. Sie stammen aus dem zweiten Buch, dessen wichtigste Stellen zum Naturbegriff in Schiemann (Hrsg.) 1996 enthalten sind. Hans Wagner übersetzt in 192b14 f. κίνησις mit „Prozessualität" und στάσις mit „Beharrung" (Aristoteles 1979, S. 32).

[3] Vgl. Aristoteles 1831, 192b8 f.

die Kunstwerke und technische Konstruktionen entwerfen, sie mit ihren Kenntnissen und Fertigkeiten erschaffen, handwerkliche Vorrichtungen in Gang setzen und sinnvoll bedienen.[4]

Natur heißt das restliche, auch völlig unabhängig vom Menschen nicht zufällig Entstandene. Natur- und Technikbegriff bezeichnen sich wechselseitig ausschließende Ursachen und Wirklichkeitsbereiche: immanente versus externe Ursachen, Dinge mit mindestens einer versus Dinge mit keiner auf ihre Bewegung bezogenen immanenten Ursache.

Die Bedeutung dieser Entgegensetzung für gesellschaftliche Orientierungen, öffentliche Diskurse und politische Handlungsentscheidungen kann kaum überschätzt werden. Will man einen Bereich des Natürlichen auszeichnen, um ihn zu schützen oder über seine Gestaltung zu entscheiden, muss man ihn gegen einen menschlichen Einflussbereich abgrenzen.[5] Für diesen Zweck bietet Aristoteles' Naturbegriff in seinem Kontrast zur Technik eine unverzichtbare Grundlage. Es nimmt deshalb nicht wunder, dass etwa in der naturethischen Diskussion von Aristoteles' Begriff ausgegangen wird.[6]

Im ontologischen Verständnis seiner Unterscheidung hat Aristoteles allerdings den Weg dafür bereitet, den beiden Wirklichkeitssphären unterschiedliche Prinzipien zuzuschreiben. Bis zur frühen Neuzeit bzw. etwa bis ins 17. Jahrhundert hinein wurde in den mechanischen Wissenschaften behauptet, dass die Kräfte der Technik keine Naturkräfte und deshalb in quantitativer Hinsicht mehr als diese zu leisten imstande seien.[7] Demgegenüber verzichtet der moderne Rekurs auf Aristoteles auf ontologische Annahmen und nimmt allein auf das einem Objekt zugeschriebene Vermögen bzw. Unvermögen Bezug, sich selbst ohne äußere Verursachung in quantitativer oder qualitativer Hinsicht zu verändern, eine Veränderung zu beenden oder seinen Zustand zu bewahren.

Würde man diesen Strukturunterschied so auffassen, dass als Natur nur gelten dürfe, was – um eine Definition von John Passmore zu gebrauchen[8] – weder in sich noch in seinen Ursprüngen auf menschliche Einwirkung zurückgehe –, wäre er in unserer Zeit unanwendbar. Die globale Dimension der Umweltproblematik hat dazu geführt, dass auf der Erde von einer „unberührten Natur" keine Rede mehr sein kann. Vor allem die anthropogen verursachten Veränderungen der

---

4 Zur aristotelischen Entgegensetzung von Natur und Technik vgl. auch Kapitel 10, Abschnitt 2.
5 Entsprechend plädiert Plumwood 2003 zu Recht für die Beibehaltung des Naturbegriffes als „banner-term".
6 Z. B. Krebs 1997 und Eser/Potthast 1999.
7 Zur Bedeutung der aristotelischen Entgegensetzung für die mittelalterliche Mechanik vgl. Clagett 1979.
8 Passmore 1980, S. 207.

Atmosphäre, ihre Anreicherung mit Schadstoffen und ihre daraus folgende tendenzielle Aufwärmung und partielle Zerstörung betreffen das gesamte irdische Ökosystem. Weltweit hat die äußere Natur in Siedlungsräumen zudem eine technische Überformung erfahren, so dass es generell problematisch geworden ist, zwischen menschlichem und nicht menschlichem Anteil zu unterscheiden.[9]

Im Hinblick auf diese und andere Verwischungen der Grenze zwischen Natur und dem durch menschliche Tätigkeit Hervorgebrachten mag man die in den beiden Lexika angeführten Bestimmungen für hoffnungslos antiquiert halten. Sie stellen heute zweifellos auch nicht die einzigen Optionen dar, das Verhältnis des Menschen zu seiner natürlichen Umwelt zu thematisieren. Neben anderen traditionellen und noch immer gebräuchlichen Entgegensetzungen – wie Natur versus Kultur oder Natur versus Geist – prägen den öffentlichen und wissenschaftlichen Diskurs über die Natur außerdem die ebenfalls auf die griechische Antike zurückgehende naturalistische Bedeutung („Alles ist Natur.") sowie die kulturalistische Forderung nach einem generellen Verzicht auf den Naturbegriff. Das Spektrum umfasst ferner vielfältige Versuche zur Überwindung der monistischen und dualistischen Begriffsbestimmungen und Bemühungen um die Etablierung neuer Vokabulare (hierunter fallen so verschiedene Autoren wie A. N. Whitehead, D. Haraway, B. Latour).[10]

In der gegenwärtigen Pluralität von Naturbegriffen spiegelt sich ein Umbruchprozess in den realen Naturverhältnissen des Menschen, der die Leistungsfähigkeit traditioneller Bestimmungen zunehmend verengt und sprachlich nicht einheitlich erfasst ist.[11] Die technische Veränderung und Verdrängung der unterschiedlich verstandenen natürlichen Umwelten werden entsprechend oder auch innerhalb der jeweiligen Verständnisweisen verschieden wahrgenommen und beurteilt. Das Fortbestehen traditioneller Auffassungen wie der aristotelischen geht dabei zum Teil auf Trägheitsmomente im Wandel kulturell wirksamer bzw. gebräuchlicher Begriffsbildungen zurück.[12] Indem herkömmliche Bestimmungen von Natur auch dort noch in Gebrauch sind, wo ihre Anwendung fehlgeht, erschweren sie die aus Technisierungsprozessen erwachsenden theoretischen und praktischen Anpassungserfordernisse. Andererseits reflektieren sich in der Beibehaltung vormoderner Definitionen jedoch ihre immer noch vorhandenen Anwendungsspielräume und damit Grenzen des realen Transformations-

---

9 Mit folgenden Überlegungen knüpfe ich an Schiemann 1998 an.
10 Vgl. Whitehead 1990, Latour 1994, S. 29–64, und Haraway 1995.
11 Wie ich in Kapitel 10, Abschnitt 2 ausführe, zeichnet sich die gegenwärtige Situation im Hinblick auf das Verhältnis von Natur und Technik durch unterschiedliche, teils gegenläufige Tendenzen aus.
12 Vgl. Schiemann 1999b.

prozesses. Im *ersten Teil* des Kapitels möchte ich dies für den aristotelischen Naturbegriff in lebensweltlichen Kontexten zeigen. Dass dieser Begriff eine bedeutende Rolle in der gegenwärtigen pluralen Verfassung unserer Naturbegrifflichkeit spielt, geht – so meine These – auf seine Brauchbarkeit im alltäglichen Leben zurück. Inmitten einer Platz greifenden unauflösbaren Verschränkung von traditionell verstandener Natur und Technik lässt sich lebensweltlich und im Rückgriff auf Aristoteles noch erstaunlich gut zwischen ihnen differenzieren.

Die kontextabhängige Verwendung eines speziellen naturtheoretischen Vokabulars kann unter den Bedingungen einer allgemeinen Pluralisierung der Naturbegrifflichkeit durchaus in Widerspruch zu anderen Anwendungszusammenhängen stehen. Die Entgegensetzung von Natur und Technik ist in den Naturwissenschaften seit Beginn der Neuzeit strikt abgelehnt worden.[13] Die Zurückweisung dieser wirkungsgeschichtlich bedeutsamen Differenz zählt, wenn auch nicht unumstritten, bis heute zu den Konstitutionsbedingungen der experimentellen Erforschung von Natur. Experimentell verstandene Natur erschließt sich demnach durch Untersuchungen an technischen Vorrichtungen, von denen angenommen wird, dass sie unter entsprechenden Bedingungen denselben Gesetzen unterworfen seien wie die gesamte äußere Wirklichkeit. Technik ist bei diesem Vorgehen der für die Naturforschung allermeist am besten geeignete Teil der Natur.

Sowenig das experimentelle Verfahren nur mit einem Naturbegriff verträglich ist, sowenig impliziert die mit ihm verbundene Aufhebung der Unterscheidung von Natur und Technik allein eine vollständige Unanwendbarkeit aristotelischer Bestimmungselemente in den Naturwissenschaften. Im *zweiten Teil* möchte ich dies am Beispiel der sogenannten Selbstorganisationstheorien erläutern. Diese in Natur- und Sozialwissenschaften erprobten Theorien folgen einerseits weitestgehend der neuzeitlichen Identifikation von Technik mit Natur. Einige ihrer Befürworter weisen zudem ganz dezidiert auf weitere nichtaristotelische Merkmale hin, die den Selbstorganisationstheorien gemeinsam seien. Betont wird vor allem die Abgrenzung gegen die ebenfalls von Aristoteles herrührende Tradition der teleologischen Naturauffassung.[14] Andererseits ist es aber paradoxerweise genau diese naturphilosophische Tradition, in der sich Vorstellungen finden, die der Entwicklung der heutigen Konzeptionen von selbstorganisierenden Prozessen in einem zwar begrenzten, aber doch beachtlichen Umfang vorgearbeitet haben. So verwundert es nicht, dass unter den Proponenten der Selbstorganisationstheorien

---

13 Paradigmatisch sind Galileo Galileis und René Descartes' Kritik der Entgegensetzung, vgl. Schiemann (Hrsg.) 1996, S. 25 ff., und Schiemann 1997, S. 64 ff.
14 Vgl. z. B. Krohn et al. 1992.

auch durchaus Verwandtschaften zwischen den Naturvorstellungen, die sich mit den modernen Theorien verbinden, und denen des Aristoteles gesehen werden.

7.1 Die Entgegensetzung von Natur und Technik in lebensweltlicher Erfahrung

Zu den Merkwürdigkeiten der Geschichte des Naturbegriffes gehört, dass Aristoteles seine berühmte Natur-Technik-Unterscheidung nur mit wenigen Argumenten begründet hat. Unter diesen kommt dem Postulat vom unterschiedlichen Verhältnis zwischen Stoff (ὕλη; hýlē) und Form (εἶδος; eîdos) in technischen und natürlichen Dingen besonderes Gewicht zu. Wie so oft in der aristotelischen Naturphilosophie geht die Betrachtung hierbei von der technischen Seite aus, d. h. von den künstlerischen bzw. handwerklichen Arbeitsprozessen. In ihnen ließen sich, so unterstellt Aristoteles, die Funktionen von Stoff und Form klar trennen. In seiner Untersuchung von Herstellungsprozessen setzt er voraus, dass die Form als Vorstellung von der Erscheinungsweise und den Strukturen eines fertig hergestellten Gegenstandes im Denken bereits antizipiert werde.[15] In mehr oder weniger bewusster Weise leite sie alle Tätigkeiten, durch die die anfänglich ungeformten Stoffe, d. h. Materialien, kontinuierlich die gewünschten Formen, d. h. Vermischungen, Gestalten, Verbindungen etc., erhielten. Die intentionale Struktur technischer Fertigungsprozesse bildet dann für Aristoteles das Vorbild, um die wesensfremden natürlichen Vorgänge zu begreifen. Ohne der Natur ein dem entwerfenden Denken identisches Vermögen zuzuschreiben, kommt er zur Ansicht, dass in ihr Stoff und Form schon eine Einheit bilden, wenn die Stoffe noch formlos erscheinen. So sind ihm zufolge bei den ersten Entwicklungsstufen eines organischen Wesens, beispielsweise eines Menschen, die meistens noch nicht sichtbaren und erst später zur Vollendung kommenden Körperformen der Möglichkeit nach bereits am Stoff vorhanden. Die natürlichen Prozesse bringen die mit Stoffen verbundenen Formen nicht intentional, sondern teleologisch hervor; sie folgen dabei einer Dynamik, in der sich „das endliche Zur-Wirklichkeit-Kommen eines bloß der Möglichkeit nach Vorhandenen, insofern es eben ein solches ist", vollzieht (Aristoteles 1987 f., 201a10).

Um die lebensweltliche Leistungsfähigkeit der so begründeten Differenz von Natur und Technik zu diskutieren, kann auf die nähere Erläuterung der problematischen und im Werk des Aristoteles – wie bislang auch von seinen Interpret*innen – keineswegs eindeutig geklärten Aspekte verzichtet werden. Ich

---

15 Vgl. Aristoteles 1831, 193b3 ff.

möchte hier nur zwei erläuterungsbedürftige Aspekte des Naturbegriffes erwähnen: Da die Vollendung der Entwicklung eines organischen Wesens (z. B. eines Menschen „im besten Alter") meist nicht mit dem Ende von dessen physischer Existenz zusammenfällt, stellt sich die Frage, nach welchen anderen Kriterien unfertige von fertigen Formen in der Natur zu unterscheiden wären. Ferner bleibt ungelöst, wie im Rahmen einer aristotelischen Konzeption der Zusammenhang von noch nicht ausgebildeten Formen und rohem Stoff zu denken ist. Gibt es die Form anfänglich nur der Tendenz nach gleichsam als verwaschene unscharfe Bilder eines zukünftigen Zustandes, oder besteht sie bereits als dessen ideelle Antizipation und damit in einer der menschlichen Einbildungskraft doch verwandten Weise?

Im lebensweltlichen als dem von wissenschaftlicher Tätigkeit freien Raum alltäglichen sozialen Lebens kann die aristotelische Unterscheidung von Natur und Technik nun nur in dem Maß zur Geltung kommen, wie sie nicht als Dichotomie aufgefasst wird.[16] Natur und Technik müssen als die Ränder eines Übergangsfeldes von Zuständen begreifbar sein, in denen beide gleichsam gemischt vorkommen. Eine solche Vermittlung zwischen den Extremen nimmt Aristoteles selbst vor, wenn er die Individuationsprinzipien Stoff und Form zur Definition von Natur heranzieht. Er erhält dadurch eine differenzierte Beurteilung des Technischen nach Anteilen des in oder an ihm vorhandenen Natürlichen. Soweit die im Folgenden von mir skizzierte textnahe Rekonstruktion seines Ansatzes unmittelbare Verständlichkeit bewahrt hat, messe ich ihr Aktualität zu. Was Aristoteles nur auf das künstlerische und handwerkliche Schaffen beziehen konnte, lässt sich in unserer Zeit durchaus auch an Erzeugnissen industriell gefertigter Massenwaren veranschaulichen.

Aristoteles diskutiert im zweiten Buch seiner „Physik" zwei Möglichkeiten, die Wesensbestimmung der Naturdinge, „in sich selbst einen Anfang von Veränderung und Bestand" zu haben (Aristoteles 1987 f., 192b14 f.), auf eine charakterisierende Eigenschaft der uns umgebenden Wirklichkeit zu beziehen. Beide dienen der Überbrückung des mit ihnen nicht aufgehobenen, sondern zugleich explizierten Gegensatzes von Natur und Technik.

Die erste Möglichkeit besteht in der von Aristoteles selbst nicht befürworteten, gleichwohl aber anerkannten vorsokratischen Auffassung, der Stoff, aus dem die Dinge bestehen, sei ihre Natur. Während die immanente Formbestimmtheit der organischen Stoffe (wie übrigens auch der Elemente) durch diese Definition unberührt bleibt, eröffnet sie eine neue Sichtweise auf das Verhältnis von Natur und Technik bei Artefakten. Als Material ist die Natur das an sich noch Ungestaltete

---

16 Zum Begriff der Lebenswelt vgl. Kapitel 1, Abschnitt 2.

und Ungegliederte, der Rohstoff.[17] Der technische Anteil ist mit der Formung von Gegenständen für menschliche Zwecksetzungen gegeben. Es entsteht somit die auch in modernen Lebenswelten plausible Vorstellung eines kontinuierlichen Übergangs vom amorphen Stoff zu einem durch Arbeit geschaffenen Gegenstand. Der gefällte Baumstamm ist natürlicher als das daraus geschnittene Brett, dieses natürlicher als die aus seinen Spänen gepresste Spanplatte, die der Natur wahrscheinlich näher ist als Metallteile, Gläser oder gar Kunststoffe.

Aristoteles' eigene Konzeption und zweite Möglichkeit zur Naturbestimmung verbindet die Wesensbestimmung der Natur mit der Eigenschaft der Form. In seiner Argumentation geht er wiederum von der Technik aus, indem er vom Wissen über handwerklich hergestellte Dinge analogisch auf das Wesen des Natürlichen schließt. Wie man beispielsweise eine Liege nicht vor ihrer Fertigstellung als solche bezeichne, so seien auch für ein Lebewesen nicht die Stoffe, aus denen Fleisch oder Knochen bestehen, sondern die daraus gebildeten Formen charakteristisch.[18] Erst in der durch organische Entstehungsprozesse hervorgebrachten Gestalt (μορφή; morphé) zeigt sich die Formbestimmtheit der Natur. Die der Natur eigene Struktur der Bewegtheit prägt auch die Maserungen des Holzes, wenn es bereits zu einem Brett verarbeitet ist.

Während bei der Gleichsetzung von Natur und Stoff die Technik qua Materialabhängigkeit in einer am Anteil der menschlichen Arbeit abschätzbaren Beziehung zur Natur steht, reduziert die Formbestimmtheit der Natur den Unterschied zwischen Natur und Technik in immer noch nachvollziehbarer Weise auf die Verschiedenheit ihrer Bewegungsformen. Das technische, vor allem handwerkliche Produkt wird nicht einem Bereich der ungeformten, sondern einem der anders geformten Gegenstände gegenübergestellt. Im Gewahrwerden von unterschiedlichen Erscheinungsweisen, die teils nur graduell voneinander abweichen, teils deutlich kontrastieren, werden damit Phänomene als Ganze in eine Skala eingeordnet, deren Extreme durch Natur und Technik bezeichnet sind (Meeres- und Verkehrsrauschen, gleitender Vogel- und Segelflug, wildwachsender Busch und geschnittene Hecke, etc.). Vergleichbar ließe sich auf der Ebene spontaner Wahrnehmungsleistung auch zwischen natürlichen und technischen Gegenstandselementen (unterschiedliche Materialien wie Holz, Eisen, Glas, etc., oder konstruktionsbedingte Bauweisen bei der Verwendung von ungeschnittenem Holz, nur roh behauenem Stein, etc.) differenzieren. Der Betrachtung von Gestaltdifferenzen können allerdings natürliche Formelemente auch an Gegen-

---

17 Vgl. Aristoteles 1831, 193a10.
18 Vgl. Aristoteles 1831, 193b7.

ständen gegenwärtig sein, an denen nichts von selbst da ist (Maserungsimitation auf Plastikfolie).

Die alternativen Bestimmungen von Natur als Stoff und als Form stellen freilich nicht die einzigen Möglichkeiten dar, in alltäglichen Kontexten zwischen Natur und Technik zu unterscheiden. Um beispielsweise festzustellen, dass eine Blume künstlich ist, reicht mitunter auch eine flüchtige Beurteilung der äußeren Umstände ihrer Aufstellung (kein ausreichendes Licht). Man wird jedoch kaum in der Annahme fehlgehen, dass die Wahrnehmung von Stoff- und Formeigenschaften wegen ihrer sinnlich-leiblichen Vermittlung zu den elementaren Hilfsmitteln der alltagspraktischen Orientierung gehören. Andererseits sieht sich gerade die Beschränkung auf sinnlich wahrnehmbare Erscheinungsweisen gegenwärtig einer progressiven Verengung ihrer Anwendungspotentiale ausgesetzt. Eine wachsende Anzahl von Gegenständen des täglichen Gebrauchs lässt sich nicht über Kategorien der Wahrnehmung nach aristotelisch verstandener Natur und Technik beurteilen. Den vermeintlichen Kunststoffanteil eines Kleidungsstückes, um ein harmloses Beispiel zu geben, entnehmen wir in aller Regel nicht einer mit unseren Sinnen vollzogenen Prüfung des Stoffes, sondern den Angaben des Herstellers bzw. der Herstellerin. Wo das aristotelische Kriterium versagt, zeigt es immerhin eine Verwischung ehemaliger Grenzziehungen an, die anders nicht erkennbar gewesen wäre.

An die Möglichkeit, lebensweltlich noch in begrenztem Umfang zwischen Natur und Technik unterscheiden zu können, knüpft sich in der naturfernen Moderne sogleich die Frage, warum es denn sinnvoll sei, an diesem Differenzierungspotential festzuhalten. Zu verweisen ist hier unter anderem auf die ökologische Problematik, die die alltäglichen Lebensverhältnisse durchdringt und Kriterien wieder Relevanz verschafft hat, mit denen sich Natur und Technik auch ohne Zuhilfenahme wissenschaftlicher Erkenntnis auseinanderhalten lassen.[19] Unsere sinnlich vermittelte Beurteilung von Lebensmitteln, zu denen auch die Luft zählt, wäre dafür ein Beispiel. Nicht nur in physischer, sondern auch in ethischer Hinsicht ist die Naturbasis von Lebensbedingungen ferner durch die Entwicklung der medizinischen Technik hervorgetreten. Bestimmungselemente der aristotelischen Begrifflichkeit prägen beispielsweise die Ablehnung und Kritik an schulmedizinischen Verfahren. Nicht zuletzt kann auf die ästhetischen An-

---

19 Die Bedeutung der Natur-Technik-Differenz für die ökologische Problematik erläutere ich in Schiemann 1998. Die Differenz bewährt sich auch in der Beurteilung des Verhältnisses von Lebenswelt und Technologie, wie ich am Beispiel der Nanotechnologie in Kapitel 8 zeige. Weitere Gründe für das Festhalten an der Differenz ergeben sich aus der Beurteilung von gesellschaftlichen Technisierungstendenzen, vgl. Kapitel 10.

sprüche in der Gestaltung von Alltagswelten hingewiesen werden, in denen sich deutlich ein Bedürfnis nach Unterscheidung von Natur und Technik artikuliert.

7.2 Aristoteles' Naturbegriff und wissenschaftliche Erfahrung am Beispiel der Selbstorganisationstheorie

Naturwissenschaftlich-technische Forschungsergebnisse vermögen in moderne Lebenswelten leichter einzudringen, wenn sie an lebensweltlicher Erfahrung anknüpfen. Umgekehrt stützen sich elementare Formen des logischen Schließens und der Objektivierung von Erfahrung, die in der Naturwissenschaft zur systematischen Ausbildung kommen, auf ihre Herkunft aus einer alltäglichen Praxis. Dass das Verhältnis von Lebenswelt und Naturwissenschaft aber trotz eines sich vermutlich verdichtenden Beziehungsnetzes zugleich durch tiefgreifende Gegensätze geprägt ist, demonstriert der Kontrast zwischen den in beiden Erfahrungskontexten bevorzugten Naturauffassungen. Das Verhältnis von alltagspraktischer Resistenz aristotelischer Vorstellungen gegen die modernen Konzeptionen der Selbstorganisation und die zu der mit ihnen gerechtfertigten Naturverständnisse ist für die Reichweite des Auseinanderdriftens der beiden Kontexte ein durchaus geeignetes Beispiel.

Die Konzeption der Selbstorganisation geht auf verschiedene, meist naturwissenschaftliche Ansätze der sechziger und frühen siebziger Jahre des 20. Jahrhunderts zurück. Der Liste der bekannten Gründerväter gehören Heinz von Foerster, Ilya Prigogine, Hermann Haken, Manfred Eigen und Humberto Maturana an. Seit etwa Mitte der siebziger Jahre hat man die ursprünglich in Spezialuntersuchungen gewonnenen Vorstellungen und mathematischen Beziehungen unter vielfältigen Aspekten miteinander verglichen, sie zunehmend interdisziplinär verstanden und analogisch in neue, vermehrt auch gesellschaftliche Gegenstandsbereiche übertragen.[20] So werden mathematische, informationstheoretische, chemische, physikalische, soziologische und wirtschaftswissenschaftliche Prozesse mit dem Anspruch einer einheitlichen theoretischen Konzeption analysiert. Die Ablehnung einer wesensmäßigen Differenz von Natur und Technik kann kaum deutlicher als in diesem grenzüberschreitenden Ansatz zum Ausdruck kommen.[21]

Der Ausdruck „Selbstorganisation" nimmt auf eine bestimmte Klasse von Vorgängen Bezug, denen eine spontane Ausbildung von Strukturen gemeinsam

---

20 Vgl. Küppers/Paslack 1989.
21 Vgl. Dress et. al. (Hrsg.) 1986 und Krapp et al. (Hrsg.) 1997.

ist.[22] Ordnung entsteht in ihnen aus selbstverstärkenden Schwankungen und deren Auswahl durch spezielle Randbedingungen. Sie tritt in Systemen auf, deren Zustand maßgeblich von internen Faktoren abhängig ist. Weitere Merkmale bilden extreme, durch beständigen Durchfluss von Energie oder Materie aufrechterhaltene Ungleichgewichte und Rückkopplungsmechanismen, durch die Systemkomponenten zu ihrer eigenen Reproduktion beitragen. Einschlägige Beispiele stammen aus der irreversiblen Thermodynamik (Prigogine), der Lasertechnik (Haken) und der präbiotischen Evolution (Eigen).[23] Bestimmte Typen der Selbstorganisation werden aber auch als Kennzeichen großer Phänomenklassen verwendet. So haben Maturana und Francisco Varela die Lebewesen als „autopoietische Systeme" von technischen Maschinen unterschieden.[24]

Soweit eine erste, sehr vage Kennzeichnung der Selbstorganisationstheorien. Ihre genauere Betrachtung hätte sich weniger mit weiteren Gemeinsamkeiten als mit exemplarischen Anwendungen in speziellen Untersuchungsfeldern zu beschäftigen. Als nächstes wäre dann kritisch zu prüfen, in welchem Maß sich der Anspruch einer einheitlichen Konzeption weitergehend begrifflich und theoretisch einlösen lässt. Da von diesen Aspekten aus Gründen der Umfangsreduktion abgesehen werden muss, erhält das Folgende modellhaften Charakter: Die vage Kennzeichnung wird als Modell der Selbstorganisationstheorien genommen.

Auch Aristoteles' Bestimmung der Naturdinge als derjenigen, welche „in sich selbst einen Anfang von Veränderung und Bestand" haben (Aristoteles 1987 f., 192b14 f.), ist als ein Prinzip der „Selbstorganisation" bezeichnet worden.[25] Dass diese Ausdrucksweise auch im Hinblick auf die moderne Theorie der Selbstorganisation in gewissem Umfang berechtigt bleibt, ergibt sich aus den bemerkenswerten Ähnlichkeiten zwischen den beiden Konzeptionen. Aristoteles' Naturdefinition ist an der Ontogenese von Pflanzen, Tieren und Menschen orientiert. Der Begriff der Veränderung ist bei ihm folglich auf die Entstehung von komplexen organischen Wesen aus ihren demgegenüber einfachen Anfangszuständen ausgerichtet. Paradigmatisch werden von ihm – modern gesprochen – gleichgewichtsferne Prozesse thematisiert. Von den darin auftretenden Strukturen geht auch der Ordnungsbegriff der Selbstorganisationstheorien des Organischen aus, sofern sie die Erklärung von phänomenal vorfindlichen Objekten zum Gegenstand haben. Da es Aristoteles darauf ankommt, dass die ordnungsdeterminierenden Prinzipien den jeweiligen Wesen eigen sind, berührt sich seine Konzeption ferner mit der erwähnten Bedingung systemimmanenter Bestimmung der Strukturbil-

---

22 Vgl. für das Folgende Heidelberger 1971 ff., Küppers/Paslack 1989 und Carrier 2018 ff.
23 Vgl. Haken 1982, Eigen 1987 und Prigogine 1988.
24 Vgl. Maturana/Varela 1987.
25 Vgl. z. B. Spaemann 1987, S. 151, und Agar 2001, S. 65 ff.

dung. Schließlich sieht Aristoteles in Bezug auf die Herausbildung von Ordnung durchaus Strukturanalogien zwischen Natur und Technik:

> Wenn ein Haus zu den Naturgegenständen gehörte, dann entstünde es genau so, wie jetzt auf Grund handwerklicher Fähigkeit; wenn umgekehrt die Naturdinge nicht allein aus Naturanlage, sondern auch aus Kunstfertigkeit entstünden, dann würden sie genau so entstehen, wie sie natürlich zusammengesetzt sind (Aristoteles 1987 f., 199a11 ff.).

Die Bewertung dieser Gemeinsamkeiten kann allerdings nicht unabhängig von den Differenzen vorgenommen werden, die zwischen den beiden Konzeptionen bestehen. Die teleologische Verfassung der aristotelischen Naturbetrachtung ist der für die neuzeitliche und moderne Naturforschung überhaupt charakteristischen wirkkausalen Ursachenforschung entgegengesetzt. Teleologie macht außerdem das spontane Auftreten von Ordnung in der Natur unwahrscheinlich. Alle komplexitätssteigernden Prozesse werden von Aristoteles meist kontinuierlich gedacht. Der von den modernen Selbstorganisationstheorien festgestellte abrupte Wechsel zwischen ungeordneten und geordneten Zuständen ist im Rahmen seiner Naturauffassung unvorstellbar. Die vielleicht entscheidende Differenz geht aus den unterschiedlichen Mathematikauffassungen hervor. Die modernen Theorien liegen in mathematischer Darstellung vor und rechtfertigen ihren Kalkül unabhängig von den Gegenständen, auf die sie ihn anwenden. Aristoteles versteht seine Konzeption hingegen als qualitative, nur sehr eingeschränkt mathematisierbare. Quantitative Verhältnisse sind ihm Eigenschaften der Naturkörper, die er einzig durch Abstraktion von den sinnlichen Qualitäten, in denen er das Wesen dieser Gegenstände zum Ausdruck kommen sieht, glaubt gewinnen zu können.

Historisch haben die (hier nicht entwickelten) Gegensätze zwischen der aristotelischen und der neuzeitlichen Naturforschung nicht verhindern können, dass in der Tradition des von Aristoteles begründeten teleologischen Denkens moderne Selbstorganisationskonzeptionen in einem weit über die Vorstellungswelt der griechischen Antike hinausreichenden Umfang antizipiert wurden. Das Unvermögen der neuzeitlichen mechanistischen Theorien zur wirkkausalen Erklärung der Lebensphänomene hat der aristotelischen Teleologie in den biologischen Wissenschaften bis ins letzte Jahrhundert hinein einigen Einfluss verschafft. (Letzte führende Vertreter waren Hans Driesch und Adolf Portmann.) Stärker noch hat sich die Naturphilosophie zum Verständnis des Lebendigen zu Rückgriffen auf Aristoteles gezwungen gesehen. In diesen geistesgeschichtlichen Kontext sind das vermutlich erstmalige Auftreten des Begriffes der Selbstorganisation in Kants „Kritik der Urteilskraft" und die daran anknüpfenden spekulativen Überlegungen Schellings einzuordnen.[26]

Die von einigen Selbstorganisationstheoretiker*innen vorgenommenen Bezüge auf Aristoteles beschränken sich allerdings nicht auf die Thematik des Verständnisses der Herausbildung von organischen Ordnungsstrukturen. Sie betreffen darüber hinaus ganz allgemeine Züge der aristotelischen Naturphilosophie. Dabei werden diese Grundzüge weniger direkt mit Aussagen der experimentellen Forschung als vielmehr mit Naturvorstellungen verglichen, die sich durch Rekurs auf wissenschaftliche Erkenntnisse legitimieren. Der Grund für dieses oftmals nur wenig explizite Vorgehen ergibt sich aus dem Umstand, dass die experimentelle Forschung nicht Natur, sondern spezielle Objektbereiche zu Gegenstand hat. Um von naturwissenschaftlichen Objekten auf eine – wie auch immer verstandene – Natur zu schließen, müssen weitreichende, von den Selbstorganisationstheoretiker*innen meist mit Stillschweigen übergangene Annahmen gemacht werden.

Exemplarisch sei auf Ilya Prigogine und Isabelle Stengers verwiesen. In ihrem Buch „Dialog mit der Natur" erwähnen sie die Annahme, dass die neuzeitliche „Wissenschaft geboren worden sei, als der durch den organisierten und zusammenhängenden Charakter der biologischen Funktionen inspirierte aristotelische Raum durch den homogenen, isotropen des Euklid ersetzt wurde" (Prigogine/Stengers 1990, S. 171). Die von ihnen entwickelte Selbstorganisationstheorie postuliert Wechselwirkungen zwischen den Objekten, die diese als Teil eines strukturierten Ganzen erscheinen lassen und dem Raum dadurch die Eigenschaft der Isotropie nehmen. Ihre Theorie bringt sich also in Gegensatz zur neuzeitlichen Wissenschaft und nähert sich „wieder [...] der Konzeption des Aristoteles" (Prigogine/Stengers 1990, S. 171).

Aristoteles' Raumvorstellungen gehen wie seine gesamte Physik vom sinnlich Wahrnehmbaren aus. Er beschreibt den Raum als einen geschlossenen Behälter, der durch Phänomene, die in ihm vorkommen, charakterisiert und im Sublunaren mit den vier Elementen (Feuer, Erde, Wasser und Luft), die auch die Stoffe der organischen Wesen ausmachen, gefüllt ist. Relational bestimmt er die Elemente durch die Erscheinungen des Leichten und Schweren und durch die sinnlichen Qualitäten, mit denen sie Körper affizieren. Die Sinnesqualitäten warm/kalt und feucht/trocken werden durch den Tastsinn wahrgenommen. Die Körper der Organismen, ihre Lebensprozesse, die Beziehungen zu den Gegenständen ihrer Umgebungen und deren Dynamik sind ganz durch die Vierheit der nur fühlbaren

---

26 Zu Kant und Schelling vgl. Heuser-Keßler 2016.

Qualitäten geprägt. Dem Raum kommen damit, grob gesprochen, die Merkmale einer leiblich vermittelten und komplex strukturierten Phänomenalität zu.[27]

In den betreffenden Bereich der makroskopischen Dimensionen der mittleren Größenordnung reicht nur ein Teil der untersuchten selbstorganisierenden Systeme. Die von Prigogine und Stengers angesprochenen ganzheitlich verfassten Objekte, sogenannte dissipative Strukturen, haben molekulare Größenordnung, sind meist nur unter Laborbedingungen feststellbar und der unmittelbaren Beobachtung entzogen. Ein Vergleich mit der aristotelischen Raumauffassung müsste also die aus der Analyse submikroskopischer Prozesse gewonnenen Erkenntnisse erst in die Sprache einer aus sinnlicher Wahrnehmung gewonnenen Erfahrung übersetzen.

Ich möchte diesem speziellen Problem hier nicht nachgehen, sondern abschließend die aristotelische Vorstellung listenförmig zu einigen Auffassungen in Beziehung setzen, die bereits mit dem Anspruch auftreten, Resultat einer erkenntnistheoretischen und naturphilosophischen Verarbeitung von Selbstorganisationstheorien zu sein, und über die spezielle Problematik der Entstehung von Ordnung hinausreichen. Im Rekurs auf Selbstorganisationstheorien werden als philosophische Aspekte und Positionen genannt: Die *Prozessontologie*, die die Grundstruktur der Wirklichkeit nicht aus statischen Objekten, sondern aus irreversiblen Prozessen ableitet; der *Indeterminismus*, demzufolge die Entwicklung von Systemen nicht durch die Anfangsbedingungen eindeutig festgelegt ist; die *Irregularität*, mit der eine irreduzible Formenvielfalt der Natur unterstellt wird; die *Gestaltungsfreiheit*, welche natürlichen Systemen eine begrenzte Selbständigkeit in der Ausbildung ihrer Strukturen unterstellt; der *Zeitrelativismus*, der jedem System eine eigene Zeit und Geschichte zuschreibt; sowie die bereits von Prigogine und Stengers angesprochene *Ganzheitlichkeit*.[28]

Werden die Resultate der Selbstorganisationstheorien so allgemein gefasst, scheint es in der Tat möglich, bemerkenswerte Parallelen zur Naturphilosophie des Aristoteles herzustellen. Ich beschränkte mich hier ebenfalls auf eine Auflistung einiger Aspekte der aristotelischen Naturauffassung, die für einen solchen Vergleich in Frage kommen: Trotz ihres Substantialismus ist die aristotelische Naturauffassung eine wesentlich durch *Prozesse* bestimmte Ontologie. Durch ihre Orientierung am Organischen steht die Betrachtung *irreversibler* Vorgänge im Zentrum. Die Annahme der Nichtumkehrbarkeit irdischer Naturprozesse ist eine unmittelbare Folgerung aus Aristoteles' Naturbegriff. Eher als seine Konzeption des absoluten Raumes begünstigt die teleologische Naturbetrachtung, sofern sie

---

27 Zur Nähe von aristotelischem und lebensweltlichem Raumbegriff vgl. Kapitel 4.
28 Vgl. Küppers/Paslack 1989 und Carrier 2018.

als Heuristik verstanden wird, eine *ganzheitliche* Sichtweise von Prozessen. Alle in einer dynamischen Veränderung erfassten Teile bestimmen ebenso die Struktur des Ganzen wie sie durch diese bestimmt sind. Jeder Naturkörper gilt als Ganzheit, dem eine eigene, nur begrenzt in übergeordneten Arten aufgehende Wesensbestimmung, zukommt. Daraus resultiert die Behauptung einer *irreduziblen Formenvielfalt*. Unter sie fällt auch der aristotelische Zeitbegriff, der für jeden Naturprozess eine *eigene Zeit* vorsieht. Die Determination der teleologischen Vorgänge schließt Zufälle im Naturgeschehen nicht aus. Natur kennzeichnet Aristoteles als dasjenige, was immer auch anders sein kann.[29] Das Naturgeschehen erhält somit ansatzweise den Charakter einer selbständigen, für den Menschen nie gänzlich vorhersehbaren *Spontaneität*.

In der Naturphilosophie des Aristoteles stehen diese intensionalen Bestimmungen von Natur in mehr oder weniger engen Beziehungen zur Natur-Technik-Unterscheidung. In ihrem Vergleich mit selbstorganisationsgestützten Naturvorstellungen werden die Bestimmungen aber von ehemaligen ontologischen Funktionen abgelöst. Irreversibilität, Ganzheitlichkeit, Formenvielfalt etc. kommen in der Naturphilosophie moderner Wissenschaften nicht als exklusive Eigenschaften eines apriori festgelegten Wirklichkeitsbereiches vor. Ihren aristotelischen Charakter verlieren sie jedoch nicht, wenn sie auf Gegenstände angewendet werden, die im aristotelischen Sinn zur Technik gehören, oder allgemeiner: wenn ihre Extensionen verändert werden. Als extensionsbeharrend hat sich hingegen die Verwendung von Aristoteles' Naturbegriff in lebensweltlichen Kontexten erwiesen, in denen deshalb seine Naturvorstellung in einem volleren Sinn als in den Naturwissenschaften Geltung bewahrt hat.

Über die Verbindungen, die sich zwischen antiker und moderner Konzeption herstellen lassen, darf nicht vergessen werden, dass beide ihre Gegenstände in aller Regel auf konträre Weise thematisieren. Während das naturwissenschaftliche Verfahren hauptsächlich objektiviert und wirkkausal erklärt, setzt Aristoteles – auch jenseits der Unterscheidung von Natur und Technik – an der am menschlichen Leib und mit Bewusstsein vollzogenen Erfahrung der Wahrnehmung an, deren Horizont er in seiner Naturphilosophie selten nur transzendiert. Der aristotelischen Naturforschung ist insofern immer noch eine genuin nichtwissenschaftliche Erfahrung zu entnehmen.

---

29 Vgl. Aristoteles 1831, 198b35.

8 Nanotechnologie und Naturverständnis

Natur gilt als Inbegriff dessen, was auch ohne den Menschen da ist oder da sein könnte. Während für ihre Wirkungen niemand verantwortlich ist, führt man die Technik auf menschliche Handlungsleistungen zurück. Wird von der Technik erwartet, als Produkt planmäßiger Tätigkeit durchschaubar zu sein, fordert die Eigenständigkeit der Natur das menschliche Erkenntnisvermögen heraus. Zusammen mit anderen verwandten Begriffen wie denen der Gesellschaft, der Kultur oder der Geschichte grenzt der Technikbegriff einen natürlichen Bereich ab, dessen Verständnis in der Moderne eine orientierungs- und handlungsleitende Funktion einnimmt. Zahlreiche institutionelle Felder der Gesellschaft – darunter etwa die Wissenschaft, die Medizin, das Recht, die Ökonomie oder das Bildungswesen – begründen sich durch die Bezugnahme auf die Differenz von Natürlichem und Nichtnatürlichem und berufen sich in ihren Entscheidungen darauf.[1]

Die Nanotechnologie gehört zu den technischen Innovationen des letzten Jahrhunderts, von deren Theorie und Praxis angenommen wird, dass sie dazu beitragen, die Unterscheidung von Natur und Technik aufzuheben und damit eines der Grundprinzipien der Moderne zu erschüttern. Mit der Nanotechnologie wird eine präzise planbare Naturveränderung in der Größenordnung von Atomen möglich.[2] Natürliche Moleküle können manipuliert, nichtnatürliche Moleküle geschaffen werden. Die verändert zusammengesetzten Atome bilden die Basis für die Schaffung maßgeschneiderter Gegenstände oder Prozesse. Dabei kann es sich um ganz verschiedene Objekte handeln: um einzelne Partikel, die schon bestehenden Stoffen zur Veränderung ihrer Eigenschaften beigemischt werden, um neue Stoffe, die als Materialien Verwendung finden,[3] um kleine Nanomaschinen, die etwa mechanische oder elektronische Funktionen erfüllen,[4] oder um Prozesse, die der Herstellung von makroskopischen Gegenständen dienen[5] – um nur einige Beispiele zu nennen. Der Forschungs- und Entwicklungsstand des kaum noch überschaubaren wie auch nicht genau definierbaren Feldes der Nanotechnologie nimmt sich reichlich ungleich aus. Teils befindet sich die Nanotechnologie im Stand einer Grundlagenforschung, die von Anwendungen noch weit entfernt ist,

---

1 Vgl. Viehöver et al. 2004.
2 Atome haben einen Durchmesser von etwa 0,1–0,5 Nanometer (abgekürzt „nm"), wobei 1 nm = 10^{-9} Meter = 1 Milliardstel Meter und „Nano" das Präfix für 10^{-9} ist.
3 Vgl. Ramsden 2005.
4 Vgl. Bensaude-Vincent/Guchet 2007.
5 Vgl. Markopoulos/Mamalis/Manolakos 2005.

teils hat sie in alltagspraktischen Produkten bereits Eingang gefunden. Mit der Entwicklung der Nanotechnologie und dem Einsatz ihrer Produkte sind eine Reihe von grundlegenden ethischen Fragen verbunden, die bei der theoretischen Erörterung des Naturverständnisses im Folgenden nicht angesprochen werden müssen.[6]

Die Zahl der auf dem Markt befindlichen Nanoprodukte hat auch in den letzten Jahren weiterhin zugenommen. Zwar gibt es keine weltweite Kennzeichnungspflicht, weshalb genaue Angaben problematisch sind, allerdings müssen zumindest innerhalb der EU Kosmetika seit 2013 und Nahrungsmittel seit 2014 ausgewiesen werden, sofern diese Nanomaterialien enthalten.[7] Eine Erhebung der in Europa lieferbaren Produkte listet gegenwärtig über 5000 Artikel auf. Über 3000 Produkte fallen in den Bereich „Gesundheit und Fitness", der mit den größten Untergruppen „persönliche Pflege" und „Sportartikel" Waren verzeichnet, von denen anzunehmen ist, dass sie auch, wenn nicht sogar vornehmlich in der unprofessionalisierten Alltagspraxis der Lebenswelt zur Anwendung kommen.[8]

Aus der beeindruckenden Fülle von Anwendungen und Anwendungsmöglichkeiten seien nur zwei genannt, um *Einebnungen der Natur-Technik-Differenz* exemplarisch zu veranschaulichen: In medizinischen Forschungen wird daran gearbeitet, nicht in der Natur vorkommende Moleküle zu synthetisieren, die sich dafür eignen, Medikamente gezielt an bestimmte Körperstellen zu transportieren. Technik würde in den menschlichen Körper eingebracht und mit ihm eine unauflösbare Einheit eingehen. Andere Vorhaben bestehen darin, Stoffe, die nur in aufwendigen Verfahren aus der Natur gewonnen werden können, so nachzubauen, dass sie naturidentische Eigenschaften aufweisen (analog zur biotechnologischen Herstellung von menschlichem Interferon, Insulin usw.).

Mit diesem Kapitel möchte ich der Frage nachgehen, ob die Gegenstände, Vorhaben oder Konzeptionen der Nanotechnologie tatsächlich geeignet sind, zu einer tiefgreifenden Veränderung des bisher vorherrschenden Natur-Technik-Verständnisses zu führen. Die Diskussion der mit der Entwicklung der Nano-

---

6 Zu den durch die Nanotechnologie aufgeworfenen spezifischen ethischen Fragestellungen vgl. Nordmann 2013.
7 Vgl. Bund für Umwelt und Naturschutz Deutschland 2020.
8 Vgl. DTU Environment et al. 2020. Diese Institution stellt das Ergebnis ihrer Erhebung auf einer Internetseite zur Verfügung (vgl. die Bibliographie), auf der mit der Option „Grouping" die Anteile einzelner Kategorien angezeigt werden. Es gibt weitere lebensweltypische Produktgruppen wie beispielsweise „Home and Garden", „Food and Bevarages" oder „Goods for Children". Andere Kategorien hingegen sind vermutlich eher dem Gebrauch in Handwerk und Industrie zuzuordnen wie etwa „Filtration" oder „Construction Materials".

technologie möglicherweise verbundenen Auflösung der Natur-Technik-Differenz ist seit längerem Gegenstand des öffentlichen Diskurses.[9] Die Frage kann bislang nur an vielleicht nicht repräsentativen Einzelfällen und mit Blick auf die vermutlich zukünftigen Entwicklungstendenzen erörtert werden. Meine Antwort, die von der Unterscheidbarkeit zwischen wissenschaftlichen und nichtwissenschaftlichen Naturauffassungen ausgeht, lässt sich in der These zusammenfassen, dass sich die bisher überschaubaren Wirkungen der Nanotechnologie auf das Naturverständnis für beide Auffassungstypen jeweils spezifisch gestalten.

Für die *Nanotechnologie*, deren Naturauffassung ich zum wissenschaftlichen Typ zähle, lassen sich Bedingungen angeben, gemäß derer Natur und Technik voneinander abgehoben bleiben. Allerdings werden wohl die Fälle zunehmen, unter denen diese Bedingungen für bestimmte Bedeutungen von Natur nicht mehr gegeben sein werden. Doch solche Ununterscheidbarkeiten von Natur und Technik sind aus wissenschaftlicher Sicht nicht problematisch und teilweise auch nicht neu. Eine Herausforderung für das Naturverständnis besteht hingegen möglicherweise auf der Seite der *nichtwissenschaftlichen Auffassungen*. Mit der stärkeren Verbreitung nanotechnologischer Produkte könnten Vorstellungen an Boden gewinnen, die nicht mit bisherigen Verständnisweisen von Natur und Technik vereinbar sind. Nichtwissenschaftliche Naturverständnisse sind durch die Anwendung wissenschaftlicher Verfahren aber nicht nur bedroht, sondern greifen zugleich auf sie zurück, um ihre Natur- und Technikbegriffe in problematischen Fällen, wenn etwa die Grenzen zwischen Natur und Technik unscharf werden, besser zu begründen und anzuwenden. Dieses Doppelverhältnis von nichtwissenschaftlichem und wissenschaftlichem Naturverständnis verkompliziert die Diskussion über die Zukunft der Natur-Technik-Differenz auch im Zusammenhang der Nanotechnologie. Wo zukünftig die Bedingungen nicht mehr gegeben sein werden, wissenschaftlich zwischen Natur und Nanotechnologie zu unterscheiden, könnten nichtwissenschaftliche Naturbegriffe eine Instanz ihrer Stützung verlieren.

Von den verschiedenen nichtwissenschaftlichen Verständnisweisen von Natur werde ich die der *Lebenswelt* exemplarisch vorstellen. In ihrer aristotelischen

---

9 Das Wechselverhältnis von Nanotechnologie und Naturverständnis diskutieren Bensaude-Vincent 2009, Felt/Schumann/Schwarz 2015 und Schumann/Schwarz 2015. Die Auflösung der Differenz von Natur und Technik ist auch für die Gentechnologie oder das Sportdoping thematisch, vgl. Viehöver et al. 2004. Habermas spricht in seinem vielbeachteten Band zur Eugenik auch die von der Nanotechnologie ausgehenden Aufhebungen der Unterscheidungen von Naturwüchsigem und Gemachtem an, vgl. Habermas 2001, S. 71 f. Beiträge der philosophischen Debatte sind: Schiemann 2004, Schiemann 2006, Köchy 2006 und Nordmann 2019 (mit weiteren Verweisen).

Verfassung folgt sie einer kategorialen Entgegensetzung von Natur und Technik.[10] Natur zeichnet sich demnach durch eine nicht auf Technik reduzierbare Selbstbewegung aus, Technik geht hingegen ganz im menschlichen Handeln auf (Abschnitt 1). Das *nanotechnologische Naturverständnis* läuft dem lebensweltlichen Verständnis insofern zuwider, als es keine kategoriale Abgrenzung zur Technik kennt. Es lassen sich verschiedene Naturbegriffe der Nanotechnologie unterscheiden, von denen ich zwei Gruppen hervorhebe: die naturalistische und die der Natur-Technik-Differenz (Abschnitt 2). Letztere enthält wiederum zwei Bedeutungen. Zum einen meint *Natur* das gesetzmäßig Verfasste. Als solches stellt sie eine unüberschreitbare Voraussetzung und Grenze des nanotechnologisch Machbaren dar. Eine steigende Relevanz der Nanotechnologie (wie der wissenschaftlichen Technik überhaupt) würde dieser Bedeutung zu größerer kultureller Tragweite gegenüber der lebensweltlichen Entgegensetzung verhelfen (Abschnitt 3). Zum anderen bezeichnet *Technik* in der Nanotechnologie aber wie in der Lebenswelt das vom Menschen Hergestellte (ohne jedoch von Natur kategorial getrennt zu sein). Wegen dieser Gemeinsamkeit trägt die Nanotechnologie trotz ihrer differenten Naturauffassung zur Stützung des lebensweltlichen Technikverständnisses bei. Sie vermag unter bestimmten Bedingungen mit ihren Methoden den der lebensweltlichen Wahrnehmung nicht zugänglichen künstlichen Ursprung von nanotechnologischen Gegenständen nachzuweisen. Wenn diese Identifikation prinzipiell ausgeschlossen ist, fallen die nanotechnologischen Gegenstände der Natur zu. Ansonsten bilden sie *Hybride*, in denen Natur und Technik mitunter in nicht mehr auftrennbarer Verschränkung vorliegen. Diese Untrennbarkeit ist nicht spezifisch für die Nanotechnologie und setzt der Identifikation nanotechnologischer Eingriffe keine neue Grenze (Abschnitt 4). Abschließend gehe ich auf den Einfluss der Nanotechnologie auf das lebensweltliche Naturverständnis ein, d.h. auf den erwartbaren Einfluss von nanotechnologischen Produkten und die Bedeutung der Grenzen der nanotechnologischen Unterscheidbarkeit von Natur und Technik in der Lebenswelt (Abschnitt 5).[11]

---

10 Ich verwende den Ausdruck „kategorial" im weiten Sinn einer grundlegenden begrifflichen Differenz.
11 In diesem Text setze ich Überlegungen zum Naturbegriff der Nanotechnologie fort, die ich in vorangehenden Veröffentlichungen (vgl. Schiemann 2004 und 2006) formuliert habe. Die dort jeweils gesondert diskutierten Naturbegriffe der Nanotechnologie – der naturalistische Begriff und die Natur-Technik-Differenz – integriere ich in einen Ansatz und nehme die Diskussion ihrer Beziehungen zum lebensweltlichen Verständnis wieder auf.

8.1 Lebensweltliches Naturverständnis

Der Diskurs über die Natur ist durch eine Vielfalt von Bedeutungen gekennzeichnet. Natur ist das Vertraute, selbstverständlich Vorhandene, aber auch das Fremde, dem Menschen teils feindlich Gegenüberstehende; sie ist das Undurchschaubare, aber auch das nachvollziehbar Geordnete. Eine der Möglichkeiten zur Gliederung der Pluralität von Naturbestimmungen besteht in der Unterscheidung von *wissenschaftlichen und nichtwissenschaftlichen Bedeutungen*.[12] Wissenschaftliche Naturauffassungen grenzen sich methodisch durch die Verfahren, mit denen sie sich auf reproduzierbare Erfahrung beziehen, und durch ihre universellen Geltungsansprüche von nichtwissenschaftlichen Auffassungen ab. Sie sind wesentlich deskriptiv verfasst, so dass sie nur bedingt Handlungsorientierungen bieten. Nichtwissenschaftliche Auffassungen sind hingegen nicht methodisch organisiert. Ihre Geltung hängt ungleich stärker von Kontexten ihrer Anwendungen sowie von Werten und Normen ab. Ob die Nanotechnologie die wissenschaftliche Naturauffassung verändert, ist eher von theoretischem Interesse; ihre Wirkung auf nichtwissenschaftliche Naturauffassungen berührt jedoch das menschliche Selbst- und Weltverständnis.

Für die Untersuchung dieser Wirkung den *lebensweltlichen Naturbegriff* auszuwählen, ist naheliegend, weil die Lebenswelt zu den bevorzugten Einsatzbereichen von nanotechnologischen Anwendungen gehört und eine entscheidende Rolle in den öffentlichen Meinungsbildungsprozessen spielt, von denen die staatliche Finanzierung der Nanotechnologie maßgeblich abhängt. Als *Lebenswelt* wird hier ein begrenzter, historisch kontingenter und selbst pluralistisch strukturierter Erfahrungsbereich bezeichnet: die durch vertraute Objekte (Dinge und Personen), Aufmerksamkeit und äußere Wahrnehmungsleistungen von Erwachsenen sowie unprofessionelles und selbstverständliches Handeln bestimmte Welt. Gegenüber anderen Erfahrungswelten von Erwachsenen wie zum Beispiel denen des Berufslebens, der Religion oder der Kunst grenzt sie sich durch den geringsten Grad an Spezifität der Erfahrung ab.[13]

Auch in der Lebenswelt finden zahlreiche Bedeutungen von Natur Verwendung, unter denen aber der *Entgegensetzung zur Technik* besondere Relevanz zukommt. Diese Relevanz geht darauf zurück, dass die Lebenswelt „in gewissem Sinne ‚aristotelisch' verfasst" ist, um eine Formulierung von Jürgen Habermas zu verwenden (Habermas 2001, S. 80).[14] Lebensweltlich werden Gegenstände, die

---

12 Vgl. Schiemann 2008b.
13 Vgl. Kapitel 1, Abschnitt 2.
14 Vgl. Schiemann 2005, Abschnitt 1.1.2.

wesentlich von selbst da sind und sich ohne menschliches Zutun verändern (etwa der Wechsel der Jahreszeiten, die Gestirne, vor allem aber Pflanzen, Tiere und die Lebensprozesse des Menschen), strikt von handwerklich oder industriell hergestellten Dingen unterschieden.[15] Während Habermas dieses alltagspraktische Klassifikationsvermögen auf spezifische Handlungsformen zurückführt, sehe ich seine Grundlage im Charakter der Lebenswelt als Wahrnehmungswelt. Die in der Lebenswelt wirksame, aber nicht mehr mit ontologischem Anspruch versehene aristotelische Entgegensetzung von Natur und Technik ist am Paradigma der unmittelbaren Wahrnehmbarkeit äußerer Bewegungsursachen orientiert. Pointiert formuliert, wird, was sich bewegt, ohne dass eine äußere Ursache erkennbar ist, zur Natur gerechnet.[16] Die Zuordnung von Objekten zu einer sich selbstbewegenden Natur verknüpft sich mit Werten und Normen, die konstitutiv in das Weltverständnis eingehen. So ist die Eigendynamik der Naturobjekte Gegenstand der Achtung und ihre Verletzlichkeit Gegenstand der Empathie.[17]

8.2 Naturbegriffe der Nanotechnologie

Die *Nanotechnologie* entzieht sich vollständig der direkten Wahrnehmung und der auf sie gründenden lebensweltlichen Klassifikation von natürlichen und technischen Gegenständen. Mihail C. Roco definiert sie durch ihren Objektbereich:

> Nanotechnology is the ability to control and restructure the matter at the atomic and molecular levels in the range of approximately 1–100 nanometer, and exploiting the distinct properties and phenomena at that scale as compared to those associated with single atoms or molecules or bulk behavior. The aim is to create materials, devices, and systems with fundamentally new properties and functions by engineering their small structure (Roco 2011, S. 428).[18]

Diese weite Bestimmung umschreibt einen Bereich, in dem vornehmlich, aber in stark kontextspezifischer Ausprägung Natur- und Ingenieur*innenwissenschaften zusammenwirken. So stehen oftmals die eher grundlagenwissenschaftlichen Forschungskontexte den Naturwissenschaften näher, während die bereits auf

---

[15] Zur Entgegensetzung von Natur und Technik vgl. auch Kapitel 7 und 10.
[16] Vgl. Schiemann 2005, S. 133 ff.
[17] Vgl. Habermas 2001, S. 81 ff.
[18] Definitionen der Nanotechnologie werden ausführlich diskutiert in Schmid et. al. 2003. Zu den Schwierigkeiten einer adäquaten Definition der Nanotechnologie vgl. Malsch 1997 und Fogelberg/Glimell 2003.

Anwendung bezogenen Kontexte eher ingenieur*innenwissenschaftlicher Art sind.[19]

Die Frage nach dem *Naturbegriff der Nanotechnologie* lässt sich auf zweifache Weise verstehen: Man kann nach den in der Nanotechnologie empirisch vorkommenden Naturbegriffen oder nach den Naturbegriffen, die der Theorie und Praxis der Nanotechnologie am ehesten gerecht werden, fragen. Meine Diskussion verbindet beide Verständnisweisen, indem sie von Begriffen ausgeht, die der Theorie und Praxis der Nanotechnologie entsprechen und den faktischen Verwendungen jedenfalls nicht widersprechen sollen. Dass die Verwendungen nicht immer hinreichend präzise zur Theorie und Praxis der Nanotechnologie passen, erklärt sich unter anderem daraus, dass Naturbegriffe eher in Publikationen auftreten, mit denen sich die Nanotechnologie an andere Disziplinen und an die breitere Öffentlichkeit wendet. In der Nanotechnologie selbst sind Naturbegriffe so wenig thematisch wie in den anderen Natur- und Ingenieur*innenwissenschaften. In der Außenkommunikation fallen aber oftmals Aspekte ins Gewicht, die nicht allein auf nanotechnologische Objekte bezogen sind, wie zum Beispiel die Bedingungen der Finanzierung von Forschungen, die Berührungspunkte zu anderen Disziplinen oder Präsentationsaufgaben vor einem Lai*innenpublikum.[20] Allgemein bleiben die nachweisbaren Verwendungsweisen, auf die ich an anderer Stelle näher eingehe, vage.[21]

Vor dem Hintergrund des Zusammenwirkens von Natur- und Ingenieur*innenwissenschaften halte ich es für gegenstandsangemessen, *zwei Gruppen von Naturbegriffen der Nanotechnologie* einzuführen: Die Gruppe der in den Naturwissenschaften zu Recht verbreiteten naturalistischen Begriffe und die Gruppe der den Zwecken der Ingenieur*innenwissenschaften entsprechenden Unterscheidung von Natur und Technik. Beide Gruppen kennen keine (der lebensweltlichen Differenz vergleichbare) kategoriale Entgegensetzung von Natur und Technik. Sie gehen gemeinsam davon aus, dass Naturgesetze für die Technik gelten, und dass in der Technik keine Gesetze vorkommen, die nicht mit den Naturgesetzen verträglich wären. Natürliche Phänomene werden durch technische Experimente erforscht und umgekehrt für technische Verfahren fruchtbar gemacht.

---

19 Hieran anschließend kann zwischen Nanotechnologie und Nanowissenschaft unterschieden werden, vgl. Nordmann 2008, S. 218. Der von mir verwendete Begriff der Nanotechnologie impliziert sowohl den eher wissenschaftlichen als auch den eher technischen Teil.
20 In Schiemann 2004 analysiere ich exemplarisch die Rhetorik der an die breite Öffentlichkeit gerichteten nanotechnologischen Propaganda.
21 Vgl. Schiemann 2006, S. 119 ff.

Die *naturalistische Gruppe* setzt die Natur extensional, d. h. im Begriffsumfang, mit der gesamten Wirklichkeit gleich. Die Existenz vermeintlich nichtnatürlicher Entitäten wird in diesem Begriff, der den umfassenden Erklärungsanspruch der Naturwissenschaften gegenüber anderen Wissenschaften ausdrückt, entweder bestritten oder als natürliches Phänomen für beschreibbar gehalten. Seine Pluralität spiegelt sich nicht in extensionalen, sondern in intensionalen Bestimmungen, d. h. in den behaupteten Merkmalen des Natürlichen, die den Gegenständen, aus deren Summe die Welt besteht, zukommen. Als Welt umfasst die Natur auch die Technik. Gleichsetzungen von hergestellten und nicht hergestellten Objekten, die in der Literatur zur Nanotechnologie geläufig sind, genügen diesem Naturbegriff (z. B. die Vorstellung von der Natur als Konstrukteurin ihrer eigenen Phänomene).[22]

Der *ingenieur*innenwissenschaftlichen* Auffassung, die sich weniger für die Aufklärung von den Phänomenen zugrunde liegenden kausalen Zusammenhängen als vielmehr für deren technische Ausnutzung interessiert, entspricht die Aufrechterhaltung der *Differenz von Natur und Technik*. Im Gegensatz zum lebensweltlichen Verständnis wird hierbei die Natur nicht positiv durch Selbstbewegung ausgezeichnet, sondern negativ als das nicht vom Menschen Hervorgebrachte verstanden. Natur findet in diesem Sinne als die unüberschreitbare Voraussetzung und Grenze der technischen Möglichkeiten Berücksichtigung. Umgekehrt wird Technik als besondere Leistung des Menschen begriffen. In dieser Bedeutung drückt sich sowohl der von Nanowissenschaftler*innen hervorgehobene Gestaltungswille, nützliche Produkte zu schaffen,[23] als auch die Kritik am künstlichen Charakter der Nanotechnologie aus.[24] Die Behauptung der Differenz von Natur und Technik muss dem Naturalismus nicht widersprechen. Für die Ingenieur*innenwissenschaften nehme ich an, dass diese Behauptung sogar in der Regel innerhalb eines naturalistischen Verständnisses formuliert wird. Hingegen greift die Kritik an der Nanotechnologie eher auf Natur und Technik als Gegenbegriffe zurück, teilweise sogar in kategorialer und lebensweltverwandter Entgegensetzung.[25]

Im Hinblick auf die Theorie und Praxis der Nanotechnologie möchte ich mich im Folgenden etwas näher mit der *zweiten Gruppe von Begriffen* befassen. In dieser Gruppe lassen sich zwei Bedeutungen unterscheiden: Die eine ist die Be-

---

22 Vgl. Schiemann 2004, S. 211, und Schiemann 2006, S. 120.
23 Vgl. Schiemann 2004, S. 211.
24 Vgl. etwa Verbraucherzentrale Bundesverband e.V. (Hrsg.) 2020. Zur Natur-Technik-Differenz im ingenieur*innenwissenschaftlichen Kontext allgemein vgl. Rapp 1978, S. 135 ff.
25 Paradigmatisch hierfür ist der Bezug auf Heideggers Technikbegriff, vgl. z. B Scrinis/Lyons 2007 und Nordmann 2008, S. 233.

deutung der Natur als Voraussetzung und Grenze der Technik (Abschnitt 3), die andere resultiert aus dem Begriff der Technik als des vom Menschen Hergestellten (Abschnitt 4).

8.3 Natur als Voraussetzung und Grenze der Nanotechnologie

Diese Bedeutung der Natur hat im Diskurs um die Nanotechnologie erst vor dem Hintergrund der visionären Pläne und hochgesteckten Erwartungen, die sich mit dieser Technologie verbanden, Relevanz erhalten. Frühe Ankündigungen, wonach mit der Nanotechnologie eine neue, für menschliche Bedürfnisse maßgeschneiderte Welt „Atom für Atom" geschaffen werde, provozierten geradezu die Erinnerung an unüberschreitbare Bedingungen des technologischen Handelns.[26] Bei einigen Vorhaben zeigte sich jedoch schon bald nach dem Beginn der ersten Forschungen, dass sich die Natur der Technik im Nanobereich gleichsam in den Weg stellt. Der Naturbegriff steht in diesem Fall für Bedingungen und Strukturen, auf die der Mensch keinen Einfluss hat und die die Naturwissenschaft in Form von *Gesetzen* ausspricht.

Naturgesetze beinhalten in allgemeingültiger Form die Verknüpfung von Bedingungen, unter denen ein Ereignis oder ein Zustand regelmäßig der Fall ist. Als revidierbare, meist mathematisch formulierte Konstruktionen sind Naturgesetze vom Menschen gemacht. Die mit geeigneten Daten und Modellen aus ihnen ableitbaren Beobachtungssätze, die ihren *empirischen Gehalt* ausmachen, gehören aber zu den Voraussetzungen, die menschlichen Handlungen vorausliegen. Der empirische Gehalt gilt unabhängig von den Bedingungen, unter denen die Phänomene, auf die er sich bezieht, erzeugt oder gefunden werden, und er bildet den vorgegebenen Spielraum, in dem sich die Technologie entfalten kann.[27]

Das Spannungsverhältnis, das zwischen dieser Bedeutung von Natur und der Nanotechnologie besteht, ist in verschiedenen Veröffentlichungen zu den konstruktiven Möglichkeiten der Naturgestaltung im Nanometerbereich diskutiert worden. Dabei geht es vor allem um physikalische und chemische Gesetzmäßigkeiten, die gegenwärtig geplante oder von einigen Nanotechnolog*innen für möglich gehaltene Konstrukte berücksichtigen müssen. Für die Physik spielt in diesem Zusammenhang insbesondere das Verhältnis von Quanten- und Kontinuumsphysik eine Rolle.[28]

---

26 Vgl. Nordmann 2003 und Nordmann 2008, S. 231 ff.
27 Zu dieser Bestimmung vgl. Schiemann 2006, S. 123 ff.
28 Vgl. Roukes 2001, Roukes 2002 und Fogelberg/Glimell 2003, S. 18.

8.4 Natur als Gegenpart der Nanotechnologie

Die nanotechnologische Auffassung des Verhältnisses von Natur und Technik weicht nicht nur von der lebensweltlichen ab, sie weist auch Berührungspunkte zu ihr auf. Die Wissenschaft kann – ähnlich wie die Lebenswelt – die *Technik als das vom Menschen Hervorgebrachte* definieren. Bei der der direkten Wahrnehmung restlos unzugänglichen Nanotechnologie lässt sich aber normalerweise nur mit wissenschaftlichen Methoden feststellen, ob in das Dasein eines Objekts menschliche Handlungen eingegangen sind. Ich führe deshalb ein *epistemisches Kriterium* ein, nach dem ein Objekt zur Natur gehört, wenn sich (mit allen zu einer Zeit verfügbaren wissenschaftlichen Methoden) nicht ermitteln lässt, dass es von menschlichem Handeln hervorgebracht wurde. Umgekehrt ist ein Objekt als künstlich anzusehen, wenn es (wissenschaftlich nachgewiesen) durch menschliches Handeln entstand. Die Feststellung der Unterscheidung zwischen natürlichen und künstlichen Objekten erhält mit der Anwendung dieses Kriteriums den Charakter einer empirischen Untersuchung. In Laborexperimenten kann die Künstlichkeit von technologischen Objekten durch Verfahren, die dem Turing-Test der künstlichen Intelligenz ähnlich sind, beurteilt werden.[29] Der nachträgliche Nachweis eines nanotechnologischen Eingriffes in die Natur wäre ausgeschlossen, wenn keine Wirkung menschlicher Handlungen mehr identifizierbar wäre. Vorliegen würde dann entweder ein seiner Struktur nach naturidentischer Stoff oder ein Stoff, dessen bisheriges Vorkommen in der Natur ebenso wenig ermittelbar wäre wie dessen künstlicher Ursprung.[30] Strenggenommen setzt die Anwendung des Kriteriums das Wissen über alle vorhandenen Naturstoffe und -prozesse bzw. das Wissen über alle Merkmale menschlicher Herstellungen voraus.

Dem Kriterium zufolge hat es die Nanotechnologie mit natürlichen Atomen zu tun, wenn diese aus natürlichen Substanzen stammen (was in der Regel der Fall ist) oder ihre künstliche Herstellung wissenschaftlich nicht mehr nachweisbar ist. Nanotechnologische Objekte, deren künstlicher Ursprung noch identifizierbar ist, sind *Hybride von Natur und Technik*.[31] Einen Gedanken von Hans Jonas aufneh-

---

29 Vgl. Schiemann 2006, S. 121 ff.
30 Mit dieser Fallunterscheidung präzisiere ich die allgemeine Feststellung, dass nanotechnologische Objekte zur Natur gehören, wenn sie von natürlichen Objekten nicht mehr unterscheidbar sind, vgl. Schiemann 2006, S. 121 f.
31 Diese Feststellung entkräftet die Kritik von Kristian Köchy an dem epistemischen Kriterium, vgl. Köchy 2006, S. 146–148. Seiner Auffassung nach läuft es auf die Behauptung hinaus, „nanotechnologische Gegenstände seien, da durch menschliches Handeln hervorgebracht, stets technisch hergestellte Gegenstände" (Köchy 2006, S. 146). Diese Konsequenz ist für den Fall

mend möchte ich nun zwei Typen von nanotechnologischen Hybriden unterscheiden: *auftrennbare und nichtauftrennbare Hybride*. Bei ersteren lassen sich der natürliche und der künstliche Anteil voneinander trennen, bei letzteren ist dies nicht möglich.[32] Paradigmatisch für die auftrennbaren Hybride sind mechanische Produkte, bei denen Naturstoff und künstliche Form jeweils für sich identifizierbar bleiben (z. B. nanotechnologische Motoren und Elektrik). Für die nichtauftrennbaren Hybride sind technisch manipulierte Organismen typisch (z. B. mit Nanopartikeln versetzte Zellen). Zur Differenz dieser Beispiele bemerkt Jonas:

> Bei totem Stoff ist der Hersteller der allein Handelnde gegenüber dem passiven Material. Bei Organismen trifft Tätigkeit auf Tätigkeit: biologische Technik ist kollaborativ mit der Selbsttätigkeit des aktiven ‚Materials' (Jonas 1987, S. 165).

Jonas diskutiert die Nichtauftrennbarkeit für die Gentechnologie. Seine Charakterisierung lässt sich nicht nur auf die mit biologischem Material arbeitende Nanotechnologie, sondern allgemein auf jegliche Eingriffe des Menschen in die organische Natur anwenden (z. B. im Falle von gezüchteten Lebewesen). Technisches Handeln bewirkt in der organischen Natur eine Veränderung von Prozessen, so dass die nach dem Eingriff vorliegenden Zustände die Form einer nicht mehr unterscheidbaren Verbindung von ursprünglich getrennten natürlichen und technischen Bestandteilen haben können. Mit anderen Worten: Der durch den menschlichen Eingriff mitverursachte Endzustand ist in aller Regel nicht mehr reversibel. In toxikologischer Hinsicht kann die Nichtauftrennbarkeit gravierende Folgen haben, wenn sich die auslösende Ursache nicht mehr isolieren lässt. Allerdings folgt aus der Nichtauftrennbarkeit keine andere als die bereits eingeführte Grenze der Nachweisbarkeit von technischen Eingriffen. Denn diese ist ja erst dann erreicht, wenn überhaupt keine Wirkung menschlicher Handlungen mehr identifizierbar ist.

Dass es aber in absehbarer Zeit nicht mehr gelingen wird, den *künstlichen Ursprung relevanter nanotechnologischer Objekte* (mit allen zu einer Zeit verfügbaren wissenschaftlichen Methoden) zu ermitteln, halte ich aus drei Gründen für unwahrscheinlich: Erstens geht es der Nanotechnologie vor allem um die Herstellung von künstlichen Produkten, die für die Menschen nützlicher sind als andere Produkte, unter die auch die in größerem Umfang aus Naturstoffen ge-

---

falsch, in dem die technische Herstellung nicht mehr nachweisbar ist. Ansonsten kommt nanotechnologischen Gegenständen in der Tat stets ein technischer (künstlicher, artifizieller) Charakter zu, aber nur in hybrider Verbindung mit Natur.

32 Vgl. Jonas 1987, S. 163 ff., und Habermas 2001, S. 84 ff.

wonnenen fallen. Da die Herstellung von nanotechnologischen Produkten deshalb darauf abzielt, sich im Ergebnis von natürlichen Objekten abzuheben, steht zu erwarten, dass die Differenz dieser zu jenen ermittelbar bleibt. Zweitens ist die Entwicklung der wissenschaftlichen Methoden zur Feststellung, ob ein künstlicher Ursprung eines Objektes vorliegt, weit vorangeschritten. Drittens unterscheiden sich die nanotechnologischen Herstellungsprozesse immer noch unverkennbar von den natürlichen Entstehungsprozessen.

8.5 Nanotechnologie und lebensweltliches Naturverständnis

Lebenswelt ist weniger schon mit nanotechnologisch hergestellten als vielmehr mit nanotechnologisch versetzten Produkten konfrontiert.[33] Meist handelt es sich um schon eingeführte Produkte, denen zur Veränderung ihrer Eigenschaften sogenannte *Nanopartikel* beigemischt werden. Unter Nanopartikel werden Strukturen verstanden, die aus bis zu mehreren tausend Atomen bestehen. In einer vom Bundesministerium für Bildung und Forschung geförderten Information heißt es:

> Sowohl anorganische als auch organische Nanopartikel sind bekannt. Sie können aus nur einem Element bestehen, z. B. aus Metall oder aus Kohlenstoff oder aber aus Verbindungen, wie Oxiden, Nitriden usw. [...] Ihre] Gestalt [kann] sehr uneinheitlich sein und verschiedenste Formen annehmen mit erheblichem Einfluss auf ihre Eigenschaften (DaNa 2021).

Über ihren Einsatz berichtete „Der Spiegel":

> Sporthemden stinken nach dem Tragen nicht mehr – dank submikroskopisch kleiner Silberpartikel. Sonnencreme, einst weiß wie Theaterschminke, wird durchsichtig – Titandioxid im Nanoformat blockt zwar das schädliche UV-Licht ab, läßt aber das sichtbare Licht hindurch. Antifaltencremes wiederum wirken genau andersherum: Winzige Partikel spiegeln das Licht so geschickt in Stirnrunzeln hinein, daß diese kaum noch Schatten werfen und deshalb weniger auffallen. Und unsichtbar kleine Noppen auf Badezimmerkacheln lassen Schmutz abperlen durch den berühmten Lotos-Effekt, den man auch bei Wasserpflanzen beobachten kann (Schmundt/Verbeet 2008).[34]

Die hier genannten Anwendungen sind zwar mit offensichtlichen, aber nicht einheitlich charakterisierbaren *Eigenschaftsveränderungen* verbunden. Von den neuen Eigenschaften kann nicht ohne Kenntnis der Wirkmechanismen auf eine

---

33 Vgl. die eingangs erwähnte Liste der europäischen Nanoprodukte von DTU Environment et al. 2020.
34 Vgl. auch Odenwald 2008 und Verbraucherzentrale Bundesverband e.V. (Hrsg.) 2020.

nanotechnologische Verursachung zurückgeschlossen werden. Zudem ist zu beachten, dass neue Eigenschaften vieler Produkte, die mit Nanopartikeln versetzt sind, lebensweltlich gar nicht in Erscheinung treten müssen. Dazu gehören Lebensmittelverpackungen und Lebensmittel mit Nanozusätzen. Die Lebenswelt hat keine eigenen Mittel, um den Einsatz von Nanopartikeln in ihrem Erfahrungsbereich zu erkennen. Sie ist vollständig auf die Angaben der Hersteller*innen bzw. wissenschaftliche Untersuchungsmethoden angewiesen. Mit anderen Worten: Der bisher dominierende Einsatz der Nanotechnologie in der Lebenswelt verstärkt deren *Abhängigkeit von der Wissenschaft*.

Aus den im vorangehenden Abschnitt genannten Gründen möchte ich unterstellen, dass der wissenschaftliche Nachweis von Nanopartikeln in aller Regel unproblematisch erbracht werden kann. Aber obwohl man in jedem Einzelfall wissen könnte, ob eine für natürlich gehaltene Eigenschaft in Wirklichkeit künstlich hergestellt wurde, bewirkt der Einsatz von Nanoprodukten bemerkenswerte *Aufhebungen der lebensweltlichen Entgegensetzung von Natur und Technik*. Bei den im „Spiegel" beschriebenen Eigenschaftsänderungen dürfte die nanotechnologische Ursache normalerweise allenfalls den Anwender*innen bekannt sein, aber nicht dem Publikum, das die Effekte wahrnimmt (künstliche Beseitigung von Körpergeruch und Gesichtsfalten, Herstellung des Lotos-Effektes). Nanotechnologische Produkte, die am menschlichen Körper zum Einsatz kommen, verwandeln diesen für die Außenwelt unsichtbar in ein Hybrid von Natur und Technik. Nanotechnologisch hergestellte Stoffe mit naturidentischen Eigenschaften verbergen ebenfalls ihren technischen Ursprung und täuschen Natur vor, wo keine Natur mehr vorkommt.

Solche Untergrabungen der Unterscheidbarkeit von Natur und Technik lassen sich vergleichbar auch mit anderen wissenschaftlichen Technologien herstellen wie etwa mit der Chemie, der Elektrotechnik und der Gentechnik. Gegenüber diesen Technologien zeichnet sich die Nanotechnologie nicht durch eine besondere Kleinheit ihrer Partikel aus: Chemie und Gentechnik arbeiten ebenfalls im atomaren bzw. molekularen Bereich; zu den Wirkungen der Elektrotechnik gehören die Teilchen nicht wahrnehmbarer Strahlen. Wie bei den Produkten anderer Technologien sind die durch die Nanoprodukte erreichten Aufhebungen der lebensweltlichen Entgegensetzung von Natur und Technik zwar bemerkenswert, aber *nur partiell*. Nicht die Ursache des Alterns wird verändert, sondern seine Erscheinungsweise leicht kaschiert; es wachsen keine künstlichen Blumen, sondern eine ihrer Eigenschaften wird an künstlichem Material imitiert.

Den Kern der Entgegensetzung, die kategoriale Differenz von Lebewesen und unbelebten technischen Gegenständen, hat der allgegenwärtige Einsatz von wissenschaftlicher Technologie in der Lebenswelt, in den sich die Nanoprodukte einfügen, bislang im Wesentlichen nicht tangiert. Hierin reflektiert sich zum einen der in der gesamten Technologie wirksame *Abstand zwischen technischen und biologischen Gegenständen*. Technik vermag natürliche Prozesse zu modifizieren, ist aber noch weit von einer im Prinzip vielleicht möglichen Konstruktion von künstlichem Leben (ähnlich oder unterschieden von den bestehenden Formen) entfernt.[35] Zum anderen besteht die Pointe der Technisierung der Lebenswelt in dem Ausmaß, mit dem sich diese alltägliche Erfahrungsform gegenüber jenem Prozess als *immun* erwiesen hat. Obwohl dem Großteil der in lebensweltlichen Gütern verwendeten Materialien längst nicht mehr anzusehen ist, in welchem Grad sie natürlichen Ursprungs sind, hat die Entgegensetzung von Natur und Technik noch längst nicht ihre Wirksamkeit verloren. Umgekehrt hat man vielmehr den Eindruck, dass sie mit der Relevanz der gegen sie gerichteten Aufhebungsversuche an Bedeutung gewinnt.[36]

---

35 Vgl. Schiemann 2006, S. 126.
36 Vgl. Schiemann 1998.

9 Quellen und Grenzen lebensweltlicher Vorstellungen vom Tod

Zum Ursprung und zur Reichweite der lebensweltlichen Vorstellungen vom Tod werden unterschiedliche, teils gegensätzliche Auffassungen vertreten, die nur selten im expliziten Bezug zur Lebenswelt formuliert werden. Sie bewegen sich im Spannungsfeld von Verdrängung und Bewusstsein des Todes. Obwohl die Vielfalt der Thesen durchaus beachtlich ist, muss sie aus Sicht einer Wissenschaftstheorie, die die Verwissenschaftlichung der Lebenswelt zum Thema hat, doch als ergänzungsbedürftig angesehen werden.

Die These von der *Verdrängung des Todes* behauptet seine „Ortlosigkeit in der modernen Kultur" (Gabriel 2014, S. 34.). Sie kann als eine Reaktion auf die effektive Prävention, frühzeitige Erkennung und erfolgreiche Bekämpfung von krankheitsbedingten Todesursachen durch die technisch hochgerüstete Schulmedizin aufgefasst werden. Der lebensweltlichen Wahrnehmung entzogen, ereigne sich der Tod in der Regel in Krankenhäusern. Als Angelegenheit der wissenschaftlich orientierten Medizin sei die Todesfeststellung für Laien nicht nachvollziehbar. Sodann finde Trauer vor allem im Privaten und in knapp bemessenen Zeiträumen statt. Mit ihrer deutlichen Unterscheidung zwischen Leben und Tod ordne die moderne Kultur den Tod dem Leben unter. Damit ist die Lebenswelt dieser These zufolge allenfalls noch ein Nebenschauplatz für die Erfahrung und Thematisierung des Todes.[1] *Wie aber ließe sich eine lebensweltliche Bedeutung des Todes noch verständlich machen, wenn der eigene Tod und der Tod der Nächsten in dieser Welt nicht mehr vorkämen?*

Demgegenüber will die These vom *Bewusstsein des Todes* davon überzeugen, dass die Thematisierung des Todes „im diskursiven Zentrum" (Graf 2004, S. 11) steht.[2] Durch die durchschnittliche Verlängerung der Sterbensprozesse nehme der Tod eine gesellschaftliche Schlüsselstellung ein, die auch die lebensweltliche Erfahrung einbegreife. Der weitverbreitete Gebrauch von Patientenverfügungen zeige, dass die Zuständigkeit von Krankenhäusern und Schulmedizin nicht unumstritten sei. Der Hinweis auf den Einfluss der Hospizbewegung könne als weiteres Argument dafür verstanden werden, dass der Tod einen lebensweltlichen

---

1 Als klassische Vertreter der thanatologischen Verdrängungsthese gelten Philippe Ariès, Norbert Elias, Sigmund Freud, Max Scheler und Max Weber, vgl. Macho/Marek 2007, Schiefer 2007 und Gabriel 2014. Der thanatologische Begriff der Verdrängung ist weiter gefasst als der gleichlautende Begriff der freudschen Psychoanalyse.
2 Der Ausdruck „These vom Bewusstsein des Todes" wird von Friedrich Wilhelm Graf nicht verwendet.

Ort habe. Nicht zuletzt stützt sich die These vom Bewusstsein des Todes auf die kulturelle Bedeutung öffentlicher Formen der Trauer und des Gedenkens (Katastrophentage wie der 11. September, „Stolpersteine" in deutschen Städten etc.), die mit der privaten Trauer, wie sie in der Lebenswelt vorkommt, korrespondieren.[3] *Wie kann dem Gewicht, das der lebensweltlichen Erfahrung des Todes bei dieser thanatologischen Sichtweise zukäme, Rechnung getragen werden?*

Teils behauptet der thanatologische Diskurs die lebensweltliche Dominanz der Verdrängung, teils das Vorherrschen des Todesbewusstseins, teils das gemeinsame Bestehen beider Einstellungen zum Tod.[4] Im Rahmen einer Theorie der Lebenswelt werde ich für *eine Variante der Verdrängungsthese* argumentieren, die bestimmte Elemente der Bewusstseinsthese aufnimmt: Zwar hat der Tod lebensweltlich nur eine randständige Präsenz, aber die lebensweltlichen Vorstellungen vom Tod können auf eigenständige Erfahrungen rekurrieren, die sich durch eine phänomenologische Analyse erfassen lassen. Die lebensweltlich nur bedingt relevante Stellung der Todesthematik ist Resultat eines *historischen Wandels* der Verständnisweisen des Todes, in dessen Rahmen sich nicht nur verschiedene Formen der Verdrängung etablierten, sondern sich der *Begriff der Lebenswelt* selbst änderte. Die modernen Verständnisweisen des Todes resultieren aus einem komplexen historischen Umbruchgeschehen, an dem neben der Lebenswelt weitere gesellschaftliche Subsysteme wie die der Religion, des Staates, des Rechtes und der Wissenschaft beteiligt waren.[5]

Ich werde mich im Folgenden auf das *Verhältnis von Lebenswelt und Wissenschaft* konzentrieren. Nicht der Ursprung, sondern das Resultat der Todesverdrängung geht aus einer Verwissenschaftlichung der lebensweltlichen Erfahrung hervor. Wissenschaft wirkt in diesem Prozess meist durch die an ihr orientierte Medizin, die sogenannte Schulmedizin. Das Verhältnis von Lebenswelt und Wissenschaft ist Gegenstand einer Wissenschaftstheorie, die sich als Theorie der Struktur der Wissenschaft und ihrer Fundierung durch die Lebenswelt versteht. Wissenschaftstheorie kann aber auch als Theorie begriffen werden, die die Geltung wissenschaftlicher Aussagen durch die Anerkennung der Eigenständigkeit der lebensweltlichen Erfahrung relativiert und damit zur Begründung dieser

---

3 Hinweise auf ein modernes lebensweltliches Todesbewusstsein finden sich u. a. in Ariès 1980, Fischer 2001, Macho/Marek 2007, Gronemeyer 2007 und Gabriel 2014.
4 Für die Vertreter der Verdrängungsthese siehe Anm. 1. Für die These der Dominanz des Todesbewusstseins vgl. z. B. Graf/Meier 2004 und Macho/Marek 2007. Für das gemeinsame Bestehen beider Einstellungen vgl. Schumacher 2010 und Gabriel 2014.
5 Die Kennzeichnung der Lebenswelt als gesellschaftliches Subsystem schließt an Alfred Schütz' Konzeption der Lebenswelt als Teil einer Pluralität von „geschlossenen Sinnbereichen" an. Vgl. Kapitel 1, Abschnitt 1.

Eigenständigkeit beträgt. Die Anerkennung der Eigenständigkeit der lebensweltlichen Erfahrung ist Teil der Einsicht in die Grenzen der Verwissenschaftlichung der Gesellschaft.

Als erstes werde ich den *historischen Wandel* charakterisieren, der den modernen lebensweltlichen Verständnisweisen des Todes in Europa vorausliegt – und zwar im Hinblick auf die Rolle der Wissenschaften in diesem Prozess (Abschnitt 1). Insofern Verdrängung und Bewusstsein des Todes als Entwicklungstendenzen heute einander gegenüberstehen, resultiert für die Zukunft eine Entwicklungsoffenheit, die die Möglichkeit von Prognosen zum Verhältnis von lebensweltlicher und wissenschaftlicher Thematisierung des Todes erheblich einschränkt. Insofern aber die Verdrängung gegenüber dem Bewusstsein des Todes dominiert, ergibt sich der Hinweis für einen veränderten *Begriff der Lebenswelt*, der es gestattet, die Randständigkeit der Erfahrung des Todes als Ausdruck der Spannung von dominanter Verdrängung und fortbestehenden Quellen des Todesbewusstseins zu charakterisieren (Abschnitt 2). Diese Ambivalenz gehört auch zu den Kennzeichen des Todesbegriffes von *Martin Heidegger*, der die wohl einflussreichste systematische These zum nichtwissenschaftlichen Ursprung der lebensweltlichen Vorstellungen vom Tod formuliert hat. Der kritischen Diskussion seines Todesbegriffes lassen sich allerdings nur noch die Jemeinigkeit und die Gewissheit als weitere Kennzeichen des Todes entnehmen, deren lebensweltlicher Ursprung sich rechtfertigen lässt (Abschnitt 3). Zusätzliche Hinweise auf Quellen und Grenzen lebensweltlicher Todesvorstellungen finden sich in *Edmund Husserls* Reflexionen zum Tod, die ich abschließend exemplarisch diskutieren werde (Abschnitt 4).

9.1 Geschichte der Verdrängung des Todes aus der Alltagswelt

Die historische Verdrängung des Todes fokussiert sich in Europa auf die *Alltagswelt*, die auch Lebenswelt in einem weiten Sinne oder kurz Alltag heißen kann. Der Alltag ist durch Wahrnehmbarkeit seiner Objekte, direkte Intersubjektivität der handelnden Personen und Allgemeinheit der Erfahrung gekennzeichnet. Wahrnehmung bezeichnet den „Modus der Selbstgegenwart" (Husserl 1950 ff., Bd. XXIX, S. 107) eines Erscheinenden, direkte Intersubjektivität erfordert leibliche Anwesenheit und Allgemeinheit meint den potentiellen Bezug jeder, auch einer nichtalltäglichen Tätigkeit auf diese Welt. Damit umfasst der Alltag nichtprofessionalisierte sowie professionalisierte Handlungszusammenhänge und kennt keine scharfe Unterscheidung von privatem und öffentlichem Leben.

Die abendländische Geschichte der alltäglichen Todeserfahrung lässt sich – in einer groben und deshalb weiter hinterfragbaren Einteilung – *in drei Phasen* gliedern, die durch *zwei Epochenschwellen* voneinander getrennt sind.[6] Mit jedem fundamentalen Wandel, so die hier vertretene These, setzt eine neue Phase der Verdrängung des Todes ein. Der Prozess hat einen ambivalenten Charakter, insofern die jeweiligen Verdrängungsformen im Spannungsverhältnis zu neuen Bewusstseinsformen des Todes stehen.

Die *erste Phase* umfasst das frühe Mittelalter und kann nach Philippe Ariès die des „gezähmten Todes" heißen. Der Tod wird als schicksalhaftes Geschehen akzeptiert, als Übergang in einen anderen, oft mit dem Schlaf verglichenen Zustand verstanden, in kollektiven Formen der Trauer verarbeitet und als vertrautes, wenngleich nicht unproblematisches Ereignis in den Alltag integriert.[7] In Vorausahnungen des Todes werden körperliche Veränderungen als „Sterben" interpretiert. Sterben meint einen Prozess, der normalerweise zum Tod führt. Meist setzen die Vorausahnungen des Todes bereits das Eintreten des Sterbeprozesses voraus, dessen Unvorhersehbarkeit ein permanentes Element der Unsicherheit darstellt. Der hohe Anteil an Krankheiten bei den Todesursachen und die wenig wirksamen oder verbreiteten Heil- und Betäubungsmittel vergrößern die Wahrscheinlichkeit, qualvoll zu sterben.[8] Weil der Tod als Ende des irdischen Lebens eine Herausforderung für das Bewusstsein ist, wird er „gezähmt" und – so muss man gegen Ariès einwenden – letztlich doch verdrängt.[9]

Mit der *ersten Schwelle* um das 12. Jahrhundert setzt ein christlich geprägter Individualisierungsschub ein, der die gesamte *zweite Phase* prägt.[10] Die eigene Todesstunde verbindet sich mit der Vorstellung eines Gerichtes, das über die Art des Fortlebens nach dem Tod entscheidet. Eines der Hauptmittel zur Verdrängung der damit verbundenen Todesangst ist das christliche Unsterblichkeitssystem. Im Glauben, für ein schweres, aber gutes Leben auf Erden mit einem paradiesischen Jenseits belohnt zu werden, erscheint der Tod als Befreiung von irdischen Leiden. Mit dem *zweiten einschneidenden Wandel* setzt der in die Gegenwart führende Entwicklungsprozess ein. Sein Beginn ist durch die mit der Aufklärung aufkom-

---

6 Diese Gliederung nimmt Elemente der Darstellung von Ariès 1980 auf. Vgl. auch Mischke 1996, Fischer 2001, Brandt 2004 und Fischer/Schäfer 2010. Den Ausdruck „Epochenschwelle" übernehme ich von Hans Blumenberg.
7 Vgl. Ariès 1980, S. 13 ff.
8 Vgl. Imhof 1991, S. 11, und Mischke 1996, S. 27 ff.
9 Für Ariès ist der „gezähmte Tod" nicht nur eine historische, sondern auch eine vorbildliche Einstellung, die er in einseitiger Idealisierung als Gegenmodell zu der von ihm kritisierten Verdrängung des Todes auffasst, vgl. McManners 1981, S. 120.
10 Vgl. Ariès 1980, S. 123 ff., Assmann 2002, S. 15, und Lafontaine 2010, S. 16 f.

mende Kritik des Jenseitsglaubens markiert. Der Tod wird zunehmend weniger als Resultat einer göttlichen Verfügung denn als Naturereignis verstanden, ohne dass er allerdings schon zum vornehmlichen Gegenstand einer wissenschaftlich verfahrenden Medizin geworden wäre. Die Formen der mit der Naturalisierung verbundenen Todesverdrängung sind vielfältig. Der tote Körper wird als abstoßend empfunden, der Leichnam verhüllt, die Nähe der Friedhöfe als unangenehm aufgefasst, die öffentliche Trauerbekundung eingeschränkt.[11] Diese Distanzierung vom Tod hat gesellschaftliche und kulturelle Ursachen, die sich teilweise im Sinne von Max Weber als *Rationalisierungsprozesse* charakterisieren lassen. Die moderne naturwissenschaftliche und schulmedizinische Auffassung des Todes stößt diesen Prozess nicht an, sondern geht selbst aus ihm hervor. Erst mit dem 19. Jahrhundert tritt der Arzt an die Stelle des Priesters am Sterbebett. Seine Aufgabe ist die Lebenserhaltung und damit die Todesbekämpfung, die im Verlauf des 20. Jahrhunderts mit allen Mitteln der neu entwickelten medizinischen Technik in speziellen Einrichtungen wie Krankenhäusern betrieben wird. Das Sterben betrifft einen immer engeren Umfang von körperlichen Prozessen – vor allem gelten immer mehr Krankheiten als heilbar – und wird zunehmend in die Länge gezogen. In dieser *dritten, „modernen" Phase* verliert der Tod seinen traditionellen Platz in der alltäglichen Welt, die sich fortschreitend ausschließlicher am Leben orientiert.[12] Von der Öffentlichkeit abgeschirmt entzieht sich der Tod der allgemeinen Wahrnehmung und der intersubjektiven Zugänglichkeit.

Auf den *ambivalenten Charakter* der Todesverdrängung geht zurück, dass sie historisch jeweils auf die gleichen Erfahrungen wie das Bewusstsein des Todes referiert. Folglich existieren für die beiden gegensätzlichen Einstellungen in allen Phasen Belege und die jeweiligen Verdrängungsformen erscheinen als Reaktionen auf neue Bewusstseinsformen. Nachdem sich der Durchgang durch die Geschichte der alltäglichen abendländischen Todesvorstellungen auf die Verdrängung konzentriert hat, seien hier exemplarisch korrespondierende *Formen des Todesbewusstseins* angeführt. Als herausragendes Beispiel einer in allen Phasen nachweisbaren Anerkennung des Todes kann die Erfahrung des Verlustes durch das *Ableben eines geliebten Anderen* gelten. Eines der ersten Zeugnisse enthält das Gilgamesch-Epos, eine eindrückliche Schilderung stammt von Augustinus und in der Romantik erhält diese Erfahrung den Rang eines Sinnbildes für ein spezifi-

---

11 Vgl. Ariès 1980, S. 379 ff. und 625 ff. Die Verhüllung des Leichnams setzt bereits früher ein, vgl. Ariès 1980, S. 216.
12 Vgl. Gehring 2010, S. 176 ff.

sches Todesverständnis, das sich in der Moderne allerdings der Verdrängung unterordnet und ins Private zurückzieht.[13]

Auch die spätmoderne öffentliche Nichtbeachtung erscheint als Antwort auf ein Bewusstsein des Todes – diesmal auf das unabweisbare, weil gut begründete Bewusstsein vom unumkehrbaren und vollständigen Lebensende.[14] Der Verdrängung direkt entgegengerichtet sind ferner die in den letzten Jahrzehnten geschaffenen Institutionalisierungen des Todes.[15] Paradigmatisch ist hierfür die bereits erwähnte Hospizbewegung, die als gesellschaftliche Einrichtung an den Interessen der sterbenden Personen orientiert ist. In jüngster Zeit macht sich ein Streben nach selbstbestimmter Gestaltung bemerkbar, das meist nur die Formen der Trauer, vermehrt aber auch den Zeitpunkt des Todes umfasst. Es findet nicht nur privaten Ausdruck, sondern lässt sich in öffentlichen Diskursen nachweisen (Fach- und Ratgeberliteratur, Radio- und Fernsehsendungen). Die Rede von einer „neuen Sichtbarkeit des Todes" nimmt die zahlreichen, wenn auch keineswegs allgemein verbreiteten Formen der gesellschaftlichen Todesreflexion auf.[16] *Wie würde eine Kultur aussehen, in der Lebensorientierung und Todesbewusstsein aufeinander abgestimmt wären? Lassen sich die beiden Einstellungen überhaupt in ein stabiles Verhältnis bringen? Steht der Tod als Naturereignis nicht einem kulturell verfassten Leben unvereinbar gegenüber?*

Noch dominiert die Verdrängung das Bewusstsein vom Tod. Den genannten Thematisierungsbeispielen kommt bislang keine kulturbestimmende Relevanz zu. Noch wird vor allem in Krankenhäusern und in strikt privater Anteilnahme (prominente Todesfälle ausgenommen) gestorben, noch findet der öffentliche Diskurs über den Tod zumeist nur in den Medien statt, die von der eigenen Erfahrung der Rezipient*innen reichlich abgehoben sind.[17] In nicht geringem Maße greift das Todesbewusstsein auf traditionelle Verständnisweisen zurück, die schon in der Vergangenheit eher den Verdrängungsformen zugeordnet waren. So halten sich etwa erstaunlich hohe demografische Werte für den Glauben an ein

---

13 Zum Gilgamesch-Epos vgl. Schott/Soden (Hrsg.) 1958, 8. Tafel II, 13 und 14 und 9. Tafel I, 3–5, zu Augustinus vgl. Augustinus 1950, IV, 4 und 6, zur romantischen Vorstellung des Todes vgl. Ariès 1980, S. 519 ff. und 756.
14 Zum Begriff des unumkehrbaren und vollständigen Lebensendes vgl. Wittwer 2014, S. 10.
15 Vgl. Knoblauch/Zingerle (Hrsg.) 2005, S. 22–26.
16 Vgl. Macho/Marek 2007.
17 In Deutschland beenden (2011) etwa 70 % aller Sterbenden ihr Leben in Krankenhäusern und Pflegeheimen, vgl. Dasch et al. 2015. Dies geschieht meist gegen den Willen der Betroffenen: Etwa 90 % von ihnen wünschen sich (2008) einer anderen Untersuchung zufolge, zu Hause zu sterben, vgl. Pinzon et al. 2011. Zur medialen Darstellung des Todes vgl. Macho/Marek (Hrsg.) 2007.

Leben nach dem Tod.[18] Ohne traditionelle Verständnisweisen könnte sich die moderne Todesverdrängung zu einer distanzierten Umgangsweise mit dem Tod fortentwickeln, die an seiner technischen Überwindung orientiert bliebe.

9.2 Lebensweltbegriff und Ambivalenz des Todesverständnisses

Um den spezifischen Bedingungen der Moderne gerecht zu werden, definiere ich eine Lebenswelt im engen Sinne. Zu den Besonderheiten dieser Kultur zähle ich die Koexistenz von unterschiedlichen Erfahrungsweisen, die jeweils spezifischen gesellschaftlichen Kontexten entsprechen. Insbesondere lassen sich Lebenswelt und Wissenschaft voneinander abgrenzen. Als Kriterium der Lebenswelt übernehme ich von Edmund Husserl die Wahrnehmbarkeit der äußeren Körperwelt, von Alfred Schütz die Aufmerksamkeit erwachsener Personen, die direkten (unprofessionellen) Handlungen, ein ganzheitliches Hintergrundwissen und die vertrauten Sozialbeziehungen sowie von beiden Autoren die Selbstverständlichkeit der Erfahrungen als notwendige und zusammen hinreichende Bedingungen eines engen Lebensweltbegriffes.[19] Im Weiteren verwende ich den Ausdruck „Lebenswelt" in der engen Bedeutung.

Gegenüber der vormodernen Alltagswelt ist die *lebensweltliche Intersubjektivität* auf die Unmittelbarkeit des Handelns zwischen einander vertrauten Personen beschränkt. Andere Erfahrungsweisen sind nicht notwendig auf die Lebenswelt bezogen. So muss in ihnen etwa eine Angewiesenheit auf Wahrnehmung oder auf Selbstverständlichkeit der Erfahrung nicht vorausgesetzt sein.

---

18 Einer repräsentativen Umfrage des Instituts für Demoskopie Allensbach zufolge glauben 37 % der Deutschen an ein Leben nach dem Tod. vgl. Köcher (Hrsg.) 2010, S. 803. Die hohen Werte für einen Glauben an ein postmortales Leben werden von einigen Autor*innen, z. B. Schiefer 2007 und Gabriel 2014, irrtümlich einem bleibenden oder neuen Todesbewusstsein zugerechnet.
19 Vgl. Kapitel 1, Abschnitt 2. Der Wissenschaftsbegriff kann als Gegenbegriff zur Lebenswelt definiert werden: vgl. Kapitel 2. Eine abweichende Bestimmung der Lebenswelt im engen Sinne und eine differenziertere Abgrenzung von den Wissenschaften hat Dimitri Ginev entwickelt. Als der „„ontologische Ort' der Sinnhaftigkeit" (Ginev 1995, S. 16) sei die Lebenswelt den Geisteswissenschaften, nicht aber den Naturwissenschaften vorgeordnet. Während die Geisteswissenschaften der lebensweltlichen Sinnhaftigkeit Ausdruck verliehen, sei sie für die Naturwissenschaften irrelevant, vgl. Ginev 1995, S. 18 f. Die meist durch die Natur- und Technikwissenschaften betriebene Verwissenschaftlichung könne die lebensweltliche Erfahrung nicht verändern, vgl. Ginev 2008, S. 99.

Die für die lebensweltliche Erfahrung typische *Selbstverständlichkeit* meint eine unreflektierte Umgangsweise mit Erlebnissen und Handlungen und führt zur Maximierung des normalerweise Unproblematischen.[20] Dieses Merkmal habe ich oben nicht als Eigenschaft der Alltagswelt genannt, weil deren umfassender Begriff und der historische Entwicklungsstand der Gesellschaft nicht schon in vergleichbarer Weise routinierte Handlungsabläufe zuließen, wie sie später in der Moderne vorkommen. Sterben und Tod wurden in der mittelalterlichen und frühneuzeitlichen Alltagswelt gewöhnlich als nicht unproblematisch angesehen. Wie den aus diesem Zeitraum stammenden Auseinandersetzungen mit dem Tod zu entnehmen ist, war seine Präsenz meist nicht leicht zu ertragen und verlangte beständig nach Erklärung, wie sie die Religion bot.[21]

In der Moderne bleibt der Tod ein nicht selbstverständliches Ereignis. Er wird als solches aus der Lebenswelt verdrängt, so dass dort seine ständige Präsenz nicht mehr vorgesehen und seine Thematisierung zugleich nie ausgeschlossen ist. Der historisch fortgeschrittene Individuierungsprozess geht damit *ambivalent* in den Lebensweltbegriff ein. Der Tod ist kein oder kein allein lebensweltliches Ereignis, sondern führt aus der Lebenswelt hinaus, indem eine „letzte Grenze" überschritten wird, von der man nicht wissen kann, ob sie „eine endgültige Grenze ist, hinter der nichts mehr liegt, [... oder ob] hinter der Grenze doch noch eine andere Wirklichkeit wartet" (Schütz/Luckmann 1984, S. 172). Mundan wird das eigene Sterben oder der Tod von vertrauten Personen als außerordentliche Erfahrung bzw. tiefgreifende Krise der selbstverständlichen Handlungsvollzüge verstanden, die entweder zu einer Problematisierung der Lebenswelt und damit an ihre Ränder führt oder zu ihrem Verlassen und zum Wechsel in einen angrenzenden Sinnbereich – z. B. einer medizinischen Einrichtung (Krankenhaus, Palliativstation etc.) – Anlass gibt. Der Aufenthalt in diesen Einrichtungen kann nicht zur Lebenswelt gerechnet werden, wenn – was üblicherweise der Fall ist – dort keine vertrauten Sozialbeziehungen bestehen und direktes Handeln durch technische Geräte verhindert wird. Während dem Todesbewusstsein also ein begrenzter Ort zugesprochen wird, bleibt die Verdrängung dominant.

Obwohl der Lebensweltbegriff historisch im Kontext der Verdrängung entstanden ist, könnte er auch unter den Bedingungen eines *vielleicht zukünftig vorherrschenden Todesbewusstseins* Bestand haben, falls dieses Bewusstsein und die ihm korrespondierenden Handlungen auf lebensweiteigene Erfahrungen gestützt und als selbstverständlich angesehen wären. Neben der Erfahrung des

---

20 Schiemann 2005, S. 101.
21 Vgl. die Literatur der Ars moriendi, dazu einführend Imhof 1991. Marianne Mischke behauptet dagegen, dass „Allgegenwärtigkeit des Todes [...] zu einer allgemeinen Gefühllosigkeit gegenüber dem Anblick von Schmerz und Tod" führte (Mischke 1996, S. 31).

Todes Anderer gründet Schütz das lebensweltliche Todesbewusstsein auf die Erfahrung des eigenen Alterns.[22] Zudem können die Individuen Schütz zufolge auf ansozialisierte und transfergestützte Wissensbestände rekurrieren,[23] zu denen auch Elemente des erfahrungswissenschaftlichen Wissens zu rechnen sind.

9.3 Heideggers These zur Differenz von lebensweltlichen und erfahrungswissenschaftlichen Todesvorstellungen

Keines der von Schütz genannten Elemente lebensweltlicher Vorstellungen vom Tod hat vorher in der wirkmächtigen Thanatologie von Martin Heidegger Anerkennung bzw. Beachtung gefunden. Heidegger grenzt das existenziale Verständnis des Todes, das er – in anderer als der oben eingeführten Bedeutung – „alltäglich" nennt und der Lebenswelt zurechnet, kategorial von erfahrungswissenschaftlichen Erkenntnissen ab. Ist das Alltagsverständnis durch ein „umsichtiges Besorgen von Zuhandenem" charakterisiert, haben es die nach Objektivität strebenden Erfahrungswissenschaften mit der „Erforschung des innerweltlich vorfindlich Vorhandenen" zu tun (Heidegger 1927, S. 357). Erfahrungswissenschaftliche Erkenntnisse können nur dann für das Alltagsverständnis von Bedeutung sein, wenn ihre „Grundorientierung für eine existenziale Interpretation des Todes gesichert ist" (Heidegger 1927, S. 247). Bei seinen Bestimmungen des „volle[n] existenziale[n] Begriff[s] des Todes" (Heidegger 1927, S. 255) greift Heidegger an keiner Stelle auf erfahrungswissenschaftliche Erkenntnisse zurück, sei es, dass er die geforderte Grundorientierung nirgends gewährleistet sah, sei es, dass er glaubte, dieser Erkenntnisse trotz gegebener Grundorientierung nicht zu bedürfen.

Vor der Diskussion einiger der von Heidegger behaupteten lebensweltlichen Todesvorstellungen ist das Verhältnis seines *Begriffes des Alltäglichen* und dem hier vorausgesetzten Lebensweltbegriff im engen Sinne zu erläutern. Den beiden Begriffen ist der Bezug auf direktes Handeln und auf vertraute Sozialbeziehungen gemeinsam.[24] Bis zu einem bestimmten Umfang setzt Heidegger auch eine störungsfreie und insofern unreflektierte Umgangsweise mit Erlebnissen und

---

22 Vgl. Schütz/Luckmann 1984, S. 173.
23 Vgl. Schiefer 2007, S. 51.
24 Zur Charakterisierung der sozialen Verfasstheit der Alltäglichkeit verwendet Heidegger den Begriff des Mitseins, vgl. Heidegger 1927, S. 117 ff.

Handlungen voraus.²⁵ Weitergehend unterstellen Alltags- und Lebensweltbegriff materiell gesicherte Lebensverhältnisse, die von dem dieser Sicherung zugrundliegenden, meist wissenschaftlich-technischen Wissen entlastet sind. Heidegger nimmt aber das lebensweltliche Kennzeichen der Wahrnehmbarkeit nicht auf, weil er der Wahrnehmung eine handlungsfreie Distanz zum Objekt zuschreibt, die die dem alltäglichen Eingelassensein in praktische Lebensvollzüge nur nachgeordnet sei.²⁶ Er verwirft damit eine Quelle lebensweltlicher Objektivierungsleistungen und verkennt zugleich, dass sich die Alltagspraxis ganz im Horizont der immer schon unterstellten Wahrnehmbarkeit abspielt.

Es sind im Wesentlichen *drei Elemente von Heideggers Todesbegriff*, deren eigenständiger lebensweltlicher Ursprung sich rechtfertigen lässt: Die Jemeinigkeit und die Gewissheit des kommenden Todes sowie die Ambivalenz von Bewusstsein und Verdrängung des Todes.

Mit *Jemeinigkeit* bezeichnet Heidegger den Bezug eines Phänomens auf das je eigene Dasein: Der Tod gehört in besonderer Weise zu den Ereignissen, die einen jeden vor allem selbst betreffen. Keine Außenperspektive – weder von Mitmenschen in der Lebenswelt noch von Erfahrungswissenschaften, die den Tod thematisieren – kann diesen Selbstbezug einholen.²⁷ Während die Mitmenschen aber mit dem Sterbenden den gleichen praktischen Kontext teilen und damit über die Möglichkeit des Selbstbezuges ebenfalls je selbst verfügen, bleibt die erfahrungswissenschaftliche Erkenntnis kategorial durch die Differenz von Vor- und Zuhandenheit von der Jemeinigkeit geschieden.

Auch für die *Gewissheit des kommenden Todes* nimmt Heideggers Unterscheidung zwischen alltäglichem und erfahrungswissenschaftlichem Verständnis eine spezifische Form an. Der Alltäglichkeit komme „eine ‚höhere' als nur empirische Gewißheit" (Heidegger 1927, S. 258) des kommenden Todes zu, die im Bewusstsein des Todes beschlossen liege.²⁸ Man muss Heidegger in der Hochschätzung der alltäglichen Gewissheit des kommenden Todes nicht folgen, um

---

25 Das lässt sich aus der Funktion von Störungen vertrauter Handlungsgewohnheiten als Übergang zur wissenschaftlichen Objektivität schließen, vgl. Heidegger 1927, S. 355, und Wolf 2005, S. 162 ff.
26 Vgl. z. B. die Gegenüberstellung von „wahrnehmende[m] Sich-vor-finden" und „gestimmte[m] Sichbefinden" (Heidegger 1927, S. 135).
27 Heidegger knüpft mit dieser thanatologischen Bestimmung an die auf das christliche Mittelalter zurückgehende Individualisierung und Subjektivierung der Todesvorstellungen an. Nach Volpi geht Heideggers Begriff der Jemeinigkeit als Charakter des Daseins auf Aristoteles' Begriff der phronesis zurück, vgl. Volpi 2001, S. 41.
28 Hinter der im Vorlaufen in den Tod beschlossenen Gewissheit muss sogar „die Evidenz einer unmittelbaren Gegebenheit der Erlebnisse, des Ich und des Bewusstseins notwendig […] zurückbleiben" (Heidegger 1927, S. 265).

den Kern seiner Begründung hierfür anzuerkennen. Die Lebenswelt teilt mit der Wissenschaft die bloß induktive empirische Gewissheit des kommenden Todes, kann aber nicht wie die Wissenschaft daraus eine nur hypothetische Geltung ableiten, sondern muss die Möglichkeit des Lebensendes als unhintergehbare Bedingung ihrer Existenz auffassen können.

Ein weiteres lebensweltliches Gewissheitsmerkmal überzeugt allerdings in seiner Einseitigkeit nicht. Heidegger verknüpft die Gewissheit des kommenden Todes mit der Unbestimmtheit seines Zeitpunktes: „das Eigentümliche der Gewißheit des Todes, daß er jeden Augenblick möglich ist" (Heidegger 1927, S. 258).[29] Mit der wachsenden, auch lebensweltlich wirksamen Beseitigung von Kontingenz, die die Schaffung von materiell gesicherten Lebensverhältnissen begleitet, ist dieses Merkmal nur wenig verträglich. Die lebensweltliche Unberechenbarkeit von Todeszeitpunkten sinkt nämlich mit der Zivilisierung der Gesellschaft, dem verstärkten Schutz vor Schadensereignissen, der verbesserten Bekämpfung von Krankheitsursachen und der gewachsenen Beherrschung von Krankheitsverläufen. Seit den ersten Jahrzehnten des vergangenen Jahrhunderts haben sich die Todeszeitpunkte durchschnittlich signifikant in höhere Lebensalter verschoben bzw. für jüngere Altersklassen ebenso signifikant abgenommen.[30] Sterbeprozesse werden frühzeitig, oft weit vor ihrer eigenleiblichen Wahrnehmung mit medizinischen Nachweismethoden erkannt, die jeweils noch zu erwartende Lebensdauer wird zum Gegenstand von zunehmend präziseren Wahrscheinlichkeitsrechnungen. Generell greifen medizinische Informationen über letale körperliche Veränderungen tief in lebensweltliche Verständigungs- und Orientierungsleistungen ein. Der Tod ist zwar nach wie vor immer möglich, aber die Wahrscheinlichkeit seines plötzlichen Eintretens nimmt in der Moderne erkennbar ab.

Die Ambivalenz von Bewusstsein und Verdrängung des Todes hält Heidegger für ein Kennzeichen der „verfallenden Alltäglichkeit" (Heidegger 1927, S. 179), in der die Menschen „im Miteinandersein, sofern dieses durch Gerede, Neugier und Zweideutigkeit geführt wird" (Heidegger 1927, S. 175), aufgehen: „Die verfallende Alltäglichkeit des Daseins kennt die Gewißheit des Todes und weicht dem Gewißsein doch aus" (Heidegger 1927, S. 258). Heidegger fasst das Ausweichen als ein Hinausschieben der Relevanz des Todes auf einen späteren unbestimmten Zeitpunkt und damit als eine Variante der Bestreitung des jederzeit möglichen Eintretens des Todes. Dass dieser Verdrängung eine allgemeine strukturelle Be-

---

29 Diese Bestimmung entspricht dem weit zurückreichenden Sinnspruch „Mors certa, hora incerta", der sich sinngemäß schon im Matthäus-Evangelium (25,13) findet.
30 Zur Erhöhung der Lebenserwartung vgl. Imhof 1991, S. 9 ff., zur Abnahme der Sterbewahrscheinlichkeit für jüngere Altersklassen vgl. Colchero et al. 2016.

deutung eigen ist, muss Heidegger selbst einräumen, wenn er die verfallende Alltäglichkeit als „eine existenziale Bestimmung des Daseins selbst" (Heidegger 1927, S. 176) auffasst.[31]

Gegen *andere Bestimmungen von Heideggers Todeskonzeption*, die hier nicht annähernd vollständig dargestellt wird, ist einzuwenden, dass ihnen nicht die behauptete Relevanz zukommt oder ihre Charakterisierung allenfalls teilweise zutrifft. Heidegger versteht seine Konzeption als Kritik an der vorherrschenden Verdrängung des Todes in der verfallenden Alltäglichkeit. Doch das Gewicht, das er dem Bewusstsein des Todes verleihen will, läuft auf eine *philosophische Lebensform* hinaus, die mit dem unprofessionellen und unreflektierten Charakter der Lebenswelt unvereinbar ist. Unzutreffend ist ferner seine *Entgegensetzung von tierischem und pflanzlichem Verenden und dem Sterben des Menschen*. Menschliches Sterben hat nach Heidegger nichts mit dem Verenden gemein.[32] Es ist aber gerade das natürliche Verenden, mit dem der Mensch im Sterben konfrontiert ist.[33] Nicht zuletzt bestreitet oder ignoriert Heidegger die Bedeutung weiterer lebensweltlicher Erfahrungen, die potentiell Grundlagen für eigenständige Todesvorstellungen darstellen: Nur partiell überzeugen seine Argumente, die er für die Leugnung der Relevanz des *Todes der Anderen* vorbringt;[34] unangemessenerweise lässt er die Erfahrung des *Alterns* außer Acht.

9.4 Husserls Quellen und Grenzen lebensweltlicher Todesvorstellungen

Husserls Reflexionen zum lebensweltlichen Problem des Todes finden sich in Nachlassmanuskripten, die teilweise erst in diesem Jahrhundert veröffentlicht wurden.[35] Sie stellen eine noch viel zu wenig beachtete Analyse der Quellen und Grenzen lebensweltlicher Todesvorstellungen dar. Die Eigenständigkeit dieser Vorstellungen sucht Husserl nicht wie Heidegger durch eine kategoriale Entge-

---

31 Vgl. auch Heidegger 1927, S. 371.
32 Vgl. Heidegger 1927, S. 240 f. und 247. Heidegger deutet hier den Begriff des Sterbens um, indem er ihn auf das ganze menschliche Leben bezieht.
33 Zu Recht stellt Walter Schulz fest: „Es ist [...] sicher nicht zu leugnen, daß der Mensch im Gegensatz zum Tier an seinen Tod vorausdenken kann. Aber das ändert ja nichts daran, daß auch der Tod des Menschen als Ableben und Verenden ein objektiver Vorgang in der Zeit ist. Die Härte des Todes zeigt sich erst [...] von der Objektivität der Weltzeit her" (Schulz 1976, S. 102).
34 Vgl. Heidegger 1927, S. 237 ff. (§ 47).
35 Vgl. Husserl 1950 ff., Bd. XI, Husserl 1950 ff., Bd. XXIX, Husserl 1950 ff., Bd. XLII, und Husserl 2006. Den Hinweis auf die Bedeutung der Todesthematik in diesen Nachlassmanuskripten verdanke ich Inga Römer.

gensetzung von Lebenswelt und Wissenschaft zu sichern, sondern durch eine methodische *Ausklammerung des Glaubens an die wissenschaftliche Erkenntnis*. Hierdurch gelangt er zu einer Betrachtung der Lebenswelt, die so verfasst ist, als ob in ihr die „Wissenschaften noch nicht da wären" (Husserl 1950 ff., Bd. XXIX, S. 219).[36] Ob dieses Verfahren unter den Bedingungen einer zunehmenden Verwissenschaftlichung der Lebenswelt zulässig ist, wird an den Argumenten der Analyse selbst zu überprüfen sein. Durch die Abstraktion von den Wissenschaften wird die *Wahrnehmung* als Fundament der Analyse freigelegt. Mit der Wahrnehmung als weltkonstitutiver Sinnesleistung verfügt Husserls Lebensweltbegrifflichkeit über eine durchgängige Bestimmung und über einen ungleich umfassenderen Umfang als der hier vorausgesetzte Begriff. Auch die Wissenschaften rücken in die Lebenswelt ein, insofern sie gemäß Husserls durchaus problematischer Voraussetzung in allen ihren Erkenntnissen, von denen in der Lebensweltanalyse abgesehen wird, auf Wahrnehmungsleistungen angewiesen bleiben.[37]

Mit Heidegger teilt Husserl die Überzeugung, dass mit dem Tod in der Lebenswelt ein Ereignis gegeben ist, das durch seinen *Bezug auf das je eigene Leben* ausgezeichnet ist: Der Tod ist „‚Weltvernichtung' durch Abwandlung meiner lebendigen Gegenwart" (Husserl 1950 ff., Bd. XLII, S. 20). Er bestreitet auch nicht die *Unvermeidlichkeit* des kommenden Todes, wenngleich aus der Perspektive der Reduktion auf subjektive Wahrnehmungsleistungen dieser Tatsache nicht wie bei Heidegger ausgezeichnete Gewissheit zukommt, sondern vielmehr bloße Notwendigkeit.[38] Schließlich bestätigt Husserls Analyse auch die *Ambivalenz von Verdrängung und Bewusstheit des Todes*. Sie wird zwar nicht explizit thematisch, findet sich jedoch als Strukturelement, nach der sich seine verstreuten Bemerkungen gliedern lassen.

Der *Thematik der Verdrängung* können Husserls Argumente zur Problematik der Denkbarkeit des Todes zugeordnet werden. Sie beinhalten zum einen die zeitliche Verfasstheit der Lebenswelt, in welcher der Tod keinen Ort hat, und zum anderen ihre natürliche Grundlage, die den Tod umfasst. Die *zeitliche Verfasstheit* der Lebenswelt untersucht Husserl aus der Perspektive des transzendentalen Subjektes. „Transzendental" bezeichnet in diesem Zusammenhang die für die lebensweltliche Erfahrung konstitutive Gegebenheit eines Wahrnehmungsge-

---

36 Vgl. auch Husserl 1950 ff., Bd. XXIX, S. 138 ff. und 150, und Schiemann 2005, S. 94 ff.
37 Vgl. Husserl 1950 ff., Bd. XXIX, S. 460 f.
38 „Es kommt die Nacht, da niemand mehr hoffen, wirken, sich am Erfolg erfreuen, genießen kann" (Husserl 1950 ff., Bd. XLII, S. 402 f.). „Der Mensch kann nicht unsterblich sein. Der Mensch stirbt notwendig" (Husserl 1950 ff., Bd. XXIX, S. 338).

genstandes.[39] Gemäß den von Husserl angenommenen transzendentalen Fundamenten der – seiner Auffassung nach allenfalls schwach historisch veränderlichen – Lebenswelt ist menschliches Leben essentiell auf die in die Zukunft gerichtete Gegenwart fokussiert. Eine Gegenwart ohne Zukunft sei deshalb strenggenommen undenkbar: „Es ist evident, dass das konkrete Aufhören, natürliche Aufhören der lebendig strömenden Gegenwart, nicht als eine Tatsache, nicht als ein Seiendes, als ein Erfahrbares denkbar ist" (Husserl 2006, S. 96).[40] Reichweite und Gewicht dieses Argumentes lassen sich daran ermessen, dass es jede mutmaßlich bevorstehende Unterbrechung der Aufmerksamkeit einbezieht. Neben dem Tod ist der Schlaf ein paradigmatischer Inaktivitätszustand. Der zeitliche Horizont der Untersuchung zieht sich bei Husserl auf die der unmittelbaren Erfahrung nächstliegenden Ereignisse zusammen: Wie der Schlaf in seinem täglichen Vorkommen so gehört der Tod in seiner konkreten Präsenz, beispielsweise bei einem drohenden oder schon eingetretenen Sterbeprozess, zum bevorzugten Untersuchungsinteresse Husserls.[41] Die Fokussierung auf Gegenwärtiges stellt meines Erachtens eine der maßgeblichen Bedingungen der lebensweltlichen Verdrängungstendenz dar.

Wenngleich der Tod für das transzendentale Subjekt nicht denkbar ist, so ist er nach Husserl doch „ein Ereignis in der Welt des Menschen" (Husserl 1950 ff., Bd. XLII, S. 78). Aber „alles in der Welt, die unser aller Welt ist, ist zuunterst Natur, physische Körperlichkeit" (Husserl 1950 ff., Bd. XLII, S. 79). In seiner *Naturhaftigkeit* seien der Tod und die mit ihm verbundenen Vorgänge durch Zufälligkeit, Irrationalität und Sinnlosigkeit gekennzeichnet und einer vernünftigen Lebensgestaltung (um die es Heidegger im Kontext seiner ontologischen Todeskonzeption vor allem zu tun ist) entgegengesetzt.[42] Das zum Tod hinführende eigene Altern wie auch das krankheitsbedingte Sterben beschreibt Husserl als sukzessive Abnahme der leiblichen Vermögen und als fortschreitenden Verfall des Körpers, die erst dann lebenspraktisch bedeutsam werden, wenn sie unabweisbare Realität erhalten.[43] Insofern diese Charakterisierung unterstellt, dass sich Sterben und Tod der Verfügungsgewalt des Menschen entziehen, lässt sie wie Heideggers Todeskonzeption die lebensweltlich wirksame Verminderung von Kontingenz unberücksichtigt. Während aber Heidegger die unbedingte jederzeitige Möglichkeit des Todes auch für die verwissenschaftlichte Moderne behauptet, klammert Husserl

---

39 Vgl. Husserl 2006, S. 420 ff.
40 Vgl. auch Husserl 1950 ff., Bd. XI, S. 377.
41 Vgl. Husserl 1950 ff., Bd. XLII, S. 22, 79 f., 98 u. ö., und Husserl 2006, S. 103, 157 u. ö. Zur Relevanz des konkret bevorstehenden Todes vgl. Tugendhat 2004.
42 Vgl. Husserl 1950 ff., Bd. XLII, S. 98, 195, 408 ff. und 433.
43 Vgl. Husserl 1950 ff., Bd. XLII, S. 11 f. und 17, und Husserl 2006, S. 155 ff.

die Frage der Kontingenzreduktion durch das methodische Absehen von den Wissenschaften bloß aus. Auch wenn die Wahrscheinlichkeit für einen plötzlichen Tod in der Moderne sinkt, bleiben lebensweltlich unverkennbar natürliche Merkmale des Sterbens und des Todes bestehen. Die Lebenswelt vermag, wenn sie mit dem Tod konfrontiert ist, wie es Heidegger einfordert, von seiner Naturhaftigkeit abzusehen. Es steht ihr aber auch frei, die eigentliche Bestimmung des Todes, wie es Husserl nahelegt, in seine Naturhaftigkeit zu legen.

Als problematisch mag dabei Husserls Ansicht erscheinen, die Naturbestimmtheit des Todes sei Quelle von Zufälligkeit und Irrationalität. Auch diese Kennzeichnung ließe sich auf das Absehen von den Wissenschaften zurückführen, wenn etwa die seit der Antike vertretenen rationalen und lebensweltlich bis heute gut verständlichen Erklärungen für den Tod als natürliches Ereignis schon als wissenschaftlich eingestuft würden – wie die Erklärungen der frühen Materialisten Demokrit oder Epikur. Der Lebensweltbegriff unterliegt jedoch, wie gezeigt, einem historischen Wandel, in dem sich auch eine Veränderung der Beziehung zwischen Lebenswelt und Wissenschaft widerspiegelt. In modernen Lebenswelten muss der Tod als Naturphänomen weder zufällig noch irrational erscheinen. Die bis in die Antike zurückreichenden Erklärungen können auch in der Moderne als eigenständige lebensweltliche Erklärungen angesehen werden, da sie auf lebensweltlichen Erfahrungen gründen und der Kenntnis der Wissenschaften nicht bedürfen. Zudem unterstützen moderne wissenschaftliche Theorien, die in die Lebenswelt eindringen und dort nachvollziehbar sind, die Rationalisierung der lebensweltlichen Todesauffassungen. Rationalisierungsprozesse vermögen sowohl das Bewusstsein als auch die Verdrängung des Todes zu fördern.

Wie kann der Tod in der Lebenswelt, wenn er von den transzendentalen Voraussetzungen her undenkbar ist, dennoch vorstellbar sein? Anders formuliert: Wie kann der Tod gegen die Kräfte, die der Verdrängung zuarbeiten, zu *Bewusstsein* kommen und gedanklich gefasst werden? Zu dieser Problematik kommt erschwerend hinzu, dass der eigene Tod als weltliches Ereignis nicht erfahrbar ist.[44] Husserls Lösungsansatz, mit dem er Quellen lebensweltlicher Todesvorstellungen, die unabhängig von den Wissenschaften sind, freizulegen versucht, besteht darin, ausgehend von den wahrnehmbaren Erfahrungen auf Eigenschaften des nicht erfahrbaren Ereignisses zu schließen. Er bedient sich dabei teils einer Methode, die Entwicklungstendenzen von Phänomenen gedanklich fort-

---

44 Die weitgehende Einigkeit der Philosophie der Moderne über die Richtigkeit dieser Auffassung belegt Schumacher 2004, S. 142 ff. Sie wird auch von Husserl (z. B. Husserl 2006, S. 96) und Heidegger (z. B. Heidegger 1927, S. 237) vertreten.

schreibt („Limeserwägungen" (Husserl 1950 ff., Bd. XLII, S. 9)),[45] teils der Analogiebildung zwischen Eigenschaften von bekannten Phänomenen und den mutmaßlichen Eigenschaften des Todes. Bei den Phänomenen handelt es sich um lebensweltliche Erscheinungen, die traditionell mit dem Tod in Verbindung gebracht werden: Das auf den Tod hinführende eigene Altern, den mit dem Tod partiell verwandten Schlaf und den Tod der Anderen. Husserls Diskussion dieser Themen nimmt bekannte Argumente auf.

Das auf den Tod hinführende eigene *Altern* fasst er als unaufhaltsame Entwicklung, „als deren Ende vorgezeichnet wäre: nichts mehr sehen, hören usw., also auch nichts mehr weltlich können; schließlich nichts mehr in Erinnerung haben als Weltvergangenheit und somit auch als Weltzukunft" (Husserl 1950 ff., Bd. XLII, S. 157).[46] Der behaupteten Naturhaftigkeit des Todes gemäß entziehen sich die Negationen einem rationalen Verständnis. Die Fortschreibung des so verstandenen Alterns wäre nichts als „Weltvernichtung", mit der Husserl den Tod ja auch tatsächlich gleichsetzt.[47] Seine bloß verneinende Beschreibung des eigenen Alterns blendet spezifische Vermögen der durch Altern gekennzeichneten Lebensphase aus, wie sie sich etwa in altersgemäßen Lebensstilen, Kompetenzen oder Aktivitäten niederschlagen.[48] Um überhaupt zu positiven Merkmalen des Alterns zu kommen, muss die Voraussetzung fallen gelassen werden, dass mit der Erfahrung körperlichen Verfalls der Eindruck seiner Zufälligkeit und Irrationalität einhergeht. Freilich würde damit allerdings die Limesbildung zum Tod unmöglich. Dass auch Husserls Darstellung des eigenen Alterns nicht ganz merkmalslos bleibt, verdankt sich den von ihm eingesetzten *Analogien*. Indem er das altersbedingte Nachlassen der eigenen Leistungsfähigkeit mit *krankheitsbedingten Zuständen* vergleicht, eröffnet er sich die, jedoch von ihm kaum genutzte Möglichkeit, Prädikate von pathologischen Verhältnissen auf das Altern anzuwenden. Aus der Perspektive eines biologisch induzierten Abbaus der Kräfte liegt ferner die *Analogie zur Müdigkeit* vor dem Einschlafen nahe. „In der Müdigkeit ist alles Tun [...] mühsam, unlustig. [...] Die affektive Kraft lässt nach. Schließlich reagiert das Ich nicht mehr. [...] Jedes Interesse erlahmt und stirbt ab" (Husserl 2006, S. 98).

---

45 An anderer Stelle spricht er von „Limes-Analyse" (Husserl 2006, S. 171).
46 Bereits Seneca fasste das Alter (mit Berufung auf Vergil) als „unheilbare Krankheit" auf, die zum Tod führt (Seneca 2014, S. 555).
47 Vgl. Husserl 1950 ff., Bd. XLII, S. 20.
48 Altersgemäße Lebensstile, Kompetenzen und Aktivitäten sind Elemente des Begriffes des „Successful Ageing", vgl. Ferring 2008.

Der Analogie vom eigenen Altern und Müdigkeit folgt die von eigenem Tod und *Schlaf*.[49] Der Übergang von Wachheit zum Schlafen lässt sich nur partiell wahrnehmen, so dass ein nicht erfahrbarer Rest bleibt, der als solcher eine erste Merkmalsähnlichkeit zum Tod aufweist. Weitergehend sei der Tod „ein traumloser Schlaf ohne ein mögliches Erwachen" (Husserl 2006, S. 157). Wie die Welt im Fall eines individuellen Todes ohne das gestorbene Subjekt fortexistiert, besteht sie auch während des Schlafes ohne willentliche Teilnahme des Schlafenden weiter. Die in der Wachheit erfahrene „lebendig strömende[...] Gegenwart" (Husserl 2006, S. 96) hört im Schlafen wie im Tode auf.[50]

Die Grenzen der letztgenannten Analogie werden in der Erfahrung des *Todes der Anderen* evident. Der Todesschlaf kennt keine Atmung, ist von Erkaltung und zeitweisen Erstarrung des Körpers begleitet, führt zu Hautverfärbungen und geht in Verwesung über. Der Tod, das weiß auch Husserl, „ist kein Schlaf" (Husserl 2006, S. 103). Dass er dennoch die Schlafanalogie bemüht, geht vor allem auf ihre Funktion in der Diskussion der transzendentalen Subjektivität und in der Phänomenologie der Zeit zurück.[51] In der Moderne kommt ihr jedoch allenfalls eine untergeordnete Relevanz als Quelle lebensweltlicher Vorstellungen vom Tod zu. Hierin reflektiert sich der Verlust des Einflusses religiöser Überzeugungen, nach denen ein Erwachen vom Tod in einer jenseitigen Wirklichkeit zu erwarten steht.[52]

Die Erfahrung des Todes der Anderen eignet sich nicht nur, um die mundanen Grenzen der Schlafanalogie zu demonstrieren. Sie bildet, wie Husserl an wenigen, leider kaum ausgeführten Stellen zu Recht bemerkt, vielmehr eine prioritäre Quelle der lebensweltlichen Vorstellungen vom Tod: „Der Tod der Anderen ist der früher konstituierte Tod" (Husserl 1950, Bd. XLII, S. 3).[53] Die in der Moderne wirksame Erfahrung des Todes der Anderen geht auf die neuzeitliche Individualisierung und Subjektivierung der Todesvorstellungen zurück, in deren Rahmen die Fürsorge um geliebte Sterbende und die Trauer um deren Ableben eine kulturprägende Aufwertung erfahren hat.[54] Diese Einstellungen gehören zu den

---

49 Die Analogie von Tod und Schlaf gehört seit der griechischen Antike zu den Gemeinplätzen der abendländischen Kultur.
50 Vgl. Husserl 1950 ff., Bd. XXIX, S. 335, und Husserl 2006, S. 423 f.
51 Vgl. Husserl 1950 ff., Bd. XXIX, S. 335, und Dodd 2010, S. 64 ff.
52 Ein Indiz für die gegenwärtige Irrelevanz der Analogie ist ihr fehlendes Vorkommen in Wittwer/Schäfer/Frewer (Hrsg.) 2010. Ariès verortet das Ende ihrer Wirksamkeit bereits am Ende des Mittelalters, vgl. Ariès 1980, S. 502. Schütz und Luckmann ordnen die Analogie der religiösen Vorstellung zu, „daß hinter der Grenze des Todes eine andere Wirklichkeit wartet" (Schütz/Luckmann 1984, S. 173).
53 Vgl. entsprechend Husserl 2006, S. 425 ff. Zur Bedeutung, die Husserl der intersubjektiven Erfahrung für das Bewusstsein der Endlichkeit zumisst, vgl. Geniusas 2010, S. 79 ff.
54 Vgl. Ariès 1980, Kapitel 10.

Formen der Anerkennung des Todes, denen in der Lebenswelt ein begrenzter, wenn auch durch die Verdrängung des Todes gefährdeter Ort zugesprochen wird. In dem Maß, wie die lebensweltliche Hinwendung zu den Sterbenden durch ihre Versorgung in Krankenhäusern ersetzt wird, droht die Wahrnehmung des Todes als Quelle lebensweltlicher Vorstellungen vom Tod zu versiegen. Im Rahmen des Schemas der genannten Quellen lässt sich vermuten, dass mit einer Abnahme der Präsenz des Sterbens und des Todes der Anderen das Gewicht der Erfahrung des eigenen Alterns zunehmen sollte.

9.5 Schluss

In Europa weist der hier ausschnitthaft behandelte historische Wandel der Todesvorstellungen vom Mittelalter bis heute *verschiedene Stufen der Verdrängung* auf, die sich ambivalent zum Bewusstsein des Todes verhalten. Verdrängung meint die Distanzierung vom Tod, die Relativierung seiner Bedeutung oder die Entfernung des Todesgeschehens aus dem Bereich des direkt Erfahrbaren. Bewusstsein des Todes heißt hingegen seine Präsenz im Bereich des direkt Erfahrbaren, die Hinwendung zu den Sterbenden oder seine Anerkennung als lebensbestimmende Grenze der Existenz. In der Moderne dominiert die Verdrängung gegenüber dem Bewusstsein des Todes. Es überwiegt die Fokussierung auf ein dem Tod entgegengesetztes Leben. Im Hinblick auf die Lebenswelt stellt sich die heutige Marginalisierung des Todes hauptsächlich als Teil einer Verwissenschaftlichung der Erfahrung dar, die kontingent aus allgemeinen Rationalisierungsprozessen hervorgeht. Der *moderne Lebensweltbegriff* ist ein Resultat auch dieser Entwicklung. Die lebensweltliche Problematisierung des Todes tritt in der Moderne nur an den Rändern dieses Erfahrungskontextes auf. Sterben und Tod konstituieren außerordentliche Situationen, die nicht mit Selbstverständlichkeit wahrgenommen werden und zunehmend Gegenstand von professioneller Diagnose, Pflege und Therapie geworden sind.

Die in der Regel nur peripheren *lebensweltlichen Todesvorstellungen* haben gegenüber den Wissenschaften einen eigenständigen Charakter. In kritischer Auseinandersetzung mit den Todesbegriffen von Heidegger und Husserl lassen sich Merkmale von Todesvorstellungen angeben, die sich in modernen Lebenswelten eigenständig herausbilden und zugleich an traditionellen, weit in die Geschichte zurückreichenden Auffassungen anknüpfen. Vor dem Hintergrund der historisch bestimmenden Ambivalenz von Verdrängung und Bewusstsein des Todes lassen sie sich in *drei Gruppen* gliedern:

1. Nicht eindeutig im Schema von Verdrängung und Bewusstsein des Todes einzuordnen ist die Vorstellung von der *Naturhaftigkeit* des Todes. Als Teil von

Rationalisierungsprozessen dient die Naturauffassung vom Tod sowohl der Verdrängung als auch der Förderung des Todesbewusstseins. Heute kann der Hinweis auf die Naturgegebenheit des Todes einerseits als Argument dienen, ihn als Gegenstand der Medizin aufzufassen und der Lebenswelt zu entziehen. Andererseits vermögen Erklärungen, die auf natürliche Prozesse Bezug nehmen, die diskursive Kommunikation über den Tod und damit die Bildung eines lebensweltlichen Todesbewusstseins zu unterstützen.

2. Zwei Bedingungen der lebensweltlichen *Todesverdrängung* können genannt werden. Nach Husserl ist der zeitliche Modus der Lebenswelt wesentlich die „lebendig strömende[...] *Gegenwart*" (Husserl 2006, S. 96 – Hervorhebung von mir).[55] Sie lässt ein Aufhören dieser in die Zukunft gerichteten Präsenz aus transzendentaler Perspektive undenkbar erscheinen; das gegenwartszentrierte Leben wähnt sich unsterblich. In seinem Bannkreis kommt der Tod allenfalls als abstrakte Möglichkeit eines unendlich fernen Ereignisses vor, nicht aber in seiner konkreten Präsenz, wie sie sich etwa beim Sterben von anderen Menschen einstellt. Die Fokussierung der Lebenswelt auf die Gegenwart ist von der Philosophie oft festgestellt worden.[56] Vermutlich geht aus ihr die Verdrängungstendenz des Todesbewusstseins mit Notwendigkeit hervor. Als weitere Bedingung der lebensweltlichen Todesverdrängung sind die Auswirkungen der modernen *Kontingenzreduktion* anzuführen, mit der sich die Wahrscheinlichkeit eines unvorhersehbaren Todes vermindert und die Todeszeitpunkte in höhere Lebensalter verschieben.

3. Als Kennzeichen des *Todesbewusstseins* können die von Heidegger beschriebene *existenzielle Dimension* des Todes, d. h. sein nicht durch wissenschaftliche Erkenntnis einholbarer Bezug auf das je eigene Leben („Jemeinigkeit"), und die besondere Relevanz der *Gewissheit* des Todes gelten. Als Quellen des Todesbewusstseins fasse ich ferner die von Husserl thematisierten Phänomene des Alterns und der Erfahrung des Todes der Anderen auf. *Das Altern* weist zwar auch eigene Lebensqualitäten auf, führt aber auf den Tod als Grenze eines körperlichen Veränderungsprozesses hin. Das kommende Ende des eigenen Lebens stellt sich als dessen vollständige Negation dar, da ohne den Körper nichts sein wird. Das Altern – sei es das eigene oder das der Anderen – macht dem Subjekt seine bevorstehende Vernichtung präsent. Obgleich *der Tod der Anderen* – worauf Heidegger hinweist – die Differenz zum eigenen Fortleben hervortreten lässt, gewährt er eine gegenwärtige Außenperspektive auf einen Zustand, der dem

---

55 Vgl. auch Husserl 1950 ff., Bd. XI, S. 377.
56 Heidegger charakterisiert die „vulgäre Zeitvorstellung" als „jetzt-Zeit" (Heidegger 1927, S. 420 ff.). Schütz und Luckmann beschränken die aktuelle Reichweite der lebensweltlichen Erfahrung ganz auf die Gegenwart, vgl. Schütz/Luckmann 1979, S. 73 ff.

eigenen zukünftigen Ende gleich ist. Allerdings wird die Erfahrung des Todes der Anderen durch die Auslagerung von Sterbeprozessen und Todesereignissen in nichtlebensweltliche medizinische Einrichtungen sukzessive verhindert. Gegentendenzen, die die Potenz haben, das Todesbewusstsein in der Lebenswelt wieder zu stärken, bieten z. B. Hospizeinrichtungen oder Unterstützungen der häuslichen Pflege.

Mit der Erfahrung des eigenen Alterns sowie des Alterns und des Todes Anderer sind die Quellen lebensweltlicher Todesvorstellungen nicht erschöpft, sondern nur exemplarisch dargestellt. Als Beispiele *weiterer, hier nicht erörterter Quellen* seien die von Jean-Paul Sartre diskutierte Einbeziehung der Perspektive der meinen Tod überlebenden Anderen oder die vielfach erörterte Analogie von Geburt und Tod genannt.[57]

Von der lebensweltlichen ist die *wissenschaftliche Erkenntnis* geschieden durch ihre speziellen Voraussetzungen, ihren Bezug auf Nichtwahrnehmbares und ihre Problematisierung des lebensweltlich Selbstverständlichen.[58] Mit wachsender Verwissenschaftlichung der Gesellschaft wird es problematischer, die Wissenschaft als gesellschaftliches Subsystem zu isolieren. Noch ist aber die Durchdringung der Gesellschaft und insbesondere der Lebenswelt mit wissenschaftlicher Erkenntnis nicht so weit vorangeschritten, dass die analytische Trennung von Lebenswelt und Wissenschaft nicht mehr möglich wäre. Sie stellt vielmehr ein sinnvolles Instrument in der philosophischen Erforschung der Lebenswelt dar.

Mit der allgegenwärtigen *Auslagerung* von Sterbeprozessen und Todesereignissen in medizinische oder pflegerische Einrichtungen ist bereits ein durch den Einsatz der Schulmedizin vermittelter und damit durch die Wissenschaften bestimmter Faktor genannt, der in der Lebenswelt die Verdrängung der Erfahrung des Todes fördert. Er kann als Beispiel für einen durch Verwissenschaftlichung bewirkten *Kompetenzentzug* verstanden werden. Die Diagnose und Behandlung von Sterbeprozessen wird fortschreitend zum alleinigen Gegenstand der wissenschaftlich gestützten Medizin, die schon seit langem für die Feststellung des Todes zuständig ist.

Vom Kompetenzentzug ist die *Durchdringung* des lebensweltlichen Wissens mit schulmedizinischen Erkenntnissen zu trennen.[59] Die Schulmedizin nimmt der Lebenswelt nicht nur die Zuständigkeit, sondern verbreitet auch Erkenntnisse, die rationalisierend in das lebensweltliche Verständnis eingehen. Wissenschaftliche

---

[57] Vgl. Sartre 1989, S. 680 f. Zur Analogie von Geburt und Tod vgl. Husserl 1950 ff., Bd. XLII, Nr. 1 und 4, und Husserl 2006, Nr. 43a, 94 und 96.
[58] Vgl. Anm. 19.
[59] Vgl. Kapitel 2, Abschnitt 2.

Rationalisierungen verhalten sich ähnlich uneindeutig im Schema von Verdrängung und Bewusstsein des Todes wie lebensweltliche Rationalisierungen, mit denen sie sich teilweise zu gemeinsamen Vorstellungen zusammenschließen. Sie vermögen das Bewusstsein des Todes zu fördern, wenn sie auf lebensweltliche Erfahrungen Bezug nehmen und auch ohne spezielle Fachkenntnis verständlich sind. Sie begünstigen hingegen die Verdrängung, wenn sie die Irrelevanz der lebensweltlichen Erfahrung behaupten.

Teil III **Zukunft von Lebenswelt und Wissenschaft**

10 Die Relevanz nichttechnischer Natur. Die Natur-Technik-Differenz in der Moderne

Moderne Gesellschaften zeichnen sich durch eine zunehmende Technisierung aus, die Naturprozesse überformt und ersetzt. Als Technisierung kann man allgemein die Verbreitung von Strukturen oder Dingen verstehen, die von Menschen planmäßig geschaffen worden sind. Im engeren Sinn kann damit gemeint sein die „Vergegenständlichung von überindividuellem Wissen, Können und Wollen in Form von [... Strukturen oder Dingen], so dass technischen Sachsystemen gleichsam der Rang von Institutionen zukommt" (Eisendle et al. 1993, S. 3). In der Moderne stützt sich die Technisierung mehr und mehr auf wissenschaftliche Erkenntnisse und Verfahren.[1] Ihr stürmisches Vordringen in vormals vom menschlichen Handeln freie Bereiche ist für die Lebensverhältnisse und Selbstverständnisse der Moderne immer bedeutsamer geworden. So sind etwa Zeugung und Geburt zum Objekt einer Reproduktionstechnologie geworden, die Lebensprozesse bereits in den frühesten Entwicklungsphasen von ihrer natürlichen Umgebung isoliert, um sie gezielt zu beeinflussen; Nahrungsmitteltechnologien erzeugen global künstlich hergestellte Esswaren, die billiger und länger haltbar sind als natürliche Lebensmittel; die medizinische Therapie setzt vermehrt synthetische Stoffe ein; im Zuge der Miniaturisierung der Technik und der gesteigerten Körperverträglichkeit ihrer Materialien treten bei Organerkrankungen immer öfter Konstruktionen an die Stelle von natürlich Gewachsenem – um nur einige Beispiele zu nennen.

Um die Entwicklung der Manipulation und Verdrängung des Natürlichen zu beurteilen, ist die *begriffliche Unterscheidung von Natur und Technik*, zu der die philosophische Reflexion maßgeblich beiträgt, eine elementare Voraussetzung. Noch ist die Technisierung nicht so weit fortgeschritten, dass zwischen Natur und Technik generell keine spezifische Differenz mehr feststellbar wäre. Umgekehrt lässt sich das Maß der Technisierung in vielen Bereichen noch durch ihr Verhältnis zur Natur bestimmen. Insofern sich mit der Technisierung ein grundlegender Wandel der Lebensverhältnisse und Selbstverständnisse der Moderne verbindet und die Bewertung dieser Veränderung eine unverzichtbare Orientierungsleistung darstellt, ist man auf den Begriff einer nichttechnischen Natur angewiesen.

---

[1] Da Wissenschaft zugleich in wachsendem Umfang auf technisches Wissen angewiesen und auf technische Anwendungskontexte bezogen ist, besteht zwischen Technisierung und Verwissenschaftlichung der Gesellschaft ein enger Zusammenhang. Vor diesem Hintergrund beginnt der Unterschied von Wissenschaft und Technik teilweise zu verschwimmen.

Obwohl sich die Technisierung erst mit der Moderne, d. h. seit etwa dem 19. Jahrhundert, in großem Maßstab auf die Natur auszuwirken beginnt, kann die begriffliche Analyse dieses Prozesses bemerkenswerterweise immer noch auf die Kontrastierung von Natur und Technik zurückgreifen, wie sie *paradigmatisch von Aristoteles* im vierten Jahrhundert v. u. Z. formuliert wurde.[2] Aristoteles zeichnet die Natur als das sich selbstbewegende, d. h. weder auf menschlichen Anstoß noch auf zufällige Bedingungen zurückgehende Sein aus, dem der Mensch bis auf einen (göttlichen) Teil seines Intellektes zugehört. Als einziges Naturwesen bringt der Mensch das andere seiner selbst als Technik hervor. Die epochenübergreifende Wirksamkeit dieser Auffassung werte ich als Ausdruck des Umstandes, dass die schon in der Antike bestehende Differenz von der den Menschen umfassenden Natur und seiner Technik längst noch nicht aufgehoben ist. In Bezug auf die gesamtgesellschaftliche Entwicklung mehren sich allerdings die Fälle, in denen die (nicht nur aristotelische) Unterscheidung von Natur und Technik nicht mehr anwendbar ist. Man gewinnt den Eindruck, dass sich die Entwicklung der Natur-Technik-Differenz gegenwärtig möglicherweise in einem *Übergangsprozess* befindet, aus dem sich gegensätzliche Szenarien entwickeln können. Zwar ist es denkbar, dass sich zukünftig nur noch ausnahmsweise zwischen Natur und Technik unterscheiden lässt. Andere Hinweise sprechen aber dafür, dass die Differenz weiterhin kulturelle Relevanz haben wird, wobei sich die Beziehung der beiden Relata allerdings völlig neu ordnen könnte. Natur könnte etwa gänzlich zur bloßen Ressource der Technik werden oder sich alternativ in größerem Abstand als heute von der Technik als eigenständiger Bereich etablieren.

Fortschreitende Technisierung bewirkt, dass auch in der *lebensweltlichen Erfahrung* die aristotelische Natur-Technik-Differenz fehlzugehen beginnt. Noch ist die Lebenswelt, weil sie sich eine relative historische Stabilität bewahren konnte, der bevorzugte Anwendungskontext dieser Begrifflichkeit. Die Technisierung betrifft nicht nur Naturverhältnisse, sondern auch kulturelle Selbstverständlichkeiten wie die Privatheit und Lokalität der Sozialverhältnisse oder die zeitliche Verfasstheit von Handlungsfolgen. Wenn auch der aristotelische Naturbegriff nicht die einzigen lebensweltlichen Erfahrungen bezeichnet, die durch Technisierung gefährdet sind, so spielt die Verteidigung der durch ihn bezeichneten Strukturen doch eine Schlüsselrolle dabei, die Lebenswelt vor ihrer technisierten Auflösung zu bewahren. Die nachfolgenden Ausführungen begründen

---

2 Vgl. die einschlägigen Einträge unter dem Lemma „Natur" in gebräuchlichen deutschen Konversationslexika, die ich am Anfang von Kapitel 7 diskutiere. Im naturphilosophischen Diskurs ist der Rekurs auf Aristoteles immer noch einschlägig, so z. B. in Krebs 1997, S. 340 f., Eser/Potthast 1999, S. 14, Habermas 2001, S. 77 und 83 (vgl. hier w.u. Abschnitt 3.3) und Kirchhoff et al. (Hrsg.) 2020, S. XIII u. ö.

freilich keine Notwendigkeit, sich für den Fortbestand der Natur-Technik-Differenz einzusetzen. Sie zeigen nur die Anwendbarkeit des aristotelischen Begriffes im gesamtgesellschaftlichen und lebensweltlichen Kontext sowie ihre daraus folgende Nützlichkeit für alle diejenigen, die Technisierungen begrenzen wollen.

Im ersten Abschnitt skizziere ich die ursprüngliche aristotelische Unterscheidung. Auf die neuzeitliche Kritik an ihr, die sich anschließenden historischen Veränderungen ihrer gesamtgesellschaftlichen Anwendungsbedingungen sowie auf zukünftig mögliche Szenarien des Verhältnisses von Natur und Technik gehe ich im zweiten Abschnitt ein. In den nachfolgenden zwei Abschnitten fokussiere ich meine Ausführungen auf die Lebenswelt und diskutiere exemplarisch die Anwendung der Unterscheidung auf die äußere Wahrnehmung, die Leibwahrnehmung und die Reproduktionstechnologie. Es geht mir in diesen Abschnitten weniger um den Nachweis der durch Technisierungen bedingten Erosion der Lebenswelt als umgekehrt um die Begründung der fortbestehenden Brauchbarkeit der aristotelischen Unterscheidung in der Lebenswelt.

10.1 Aristoteles' Formulierung der Differenz

Bei der Entgegensetzung von Natur und Technik handelt es sich um einen Kernbestandteil von Aristoteles' vielschichtiger Bestimmung des *Naturbegriffes*.[3] Im Verhältnis zu anderen Bedeutungen nimmt sie eine herausragende, wenn auch nicht durchgängige Position ein. So findet die Entgegensetzung nur impliziten Eingang, wenn Aristoteles auf den Grundbegriff im Buch V der „Metaphysik", seinem „Lexikon der philosophischen Terminologie" (Düring 1966, S. 593), eingeht. Als erstgenannte Hauptbedeutungen von Natur führt er dort „das Wesen derjenigen Dinge [... an], die in sich selbst über das Prinzip der Bewegung verfügen, sofern sie diese Dinge sind, die sie sind" (Aristoteles 1970, 1015a14 f.), und eben jenes „Prinzip der Bewegung der Dinge, die von Natur aus sind" (Aristoteles 1970, 1015a17 f.). In ihrem ebenfalls beachtlichen Bedeutungsspektrum gehört *Technik* zu den mit diesen Bestimmungen ausgeschlossenen Dingen. Eine intensionale Charakterisierung des „Prinzips der Bewegung" und seiner extensionalen Abgrenzung gegen die technischen Dinge bietet Aristoteles in seiner wohl bekanntesten Naturdefinition, die sich im ersten Kapitel des zweiten Buches der „Physik" findet:

> [W]as [...] von Natur aus besteht [...] hat ein jedes in sich selbst einen Anfang von Veränderung und Bestand, teils bezogen auf Raum, teils auf Wachstum und Schwinden, teils auf

---

3 Vgl. auch die Diskussion des aristotelischen Begriffes in Kapitel 7.

Eigenschaftsveränderung. Hingegen, Liege und Kleid, und was es dergleichen Gattungen sonst noch geben mag, hat, insofern ihm eine jede solche Bezeichnung eignet und insoweit es ein kunstmäßig hergestelltes Ding ist, keinerlei innewohnenden Drang zu Veränderung in sich (Aristoteles 1987 f., 192b13 ff.).[4]

Die mit „Anfang" übersetzte Bedeutung des Ausdruckes „ἀρχή" ist dem Begriff der „Ursache" (αἰτία) verwandt. *Natur ist eine Ursache, die als immanentes Prinzip oder „Drang" (ὁρμή) in den Dingen wirkt.*[5] Sie bringt Bewegungs- und Ruhezustände hervor, die in sinnlicher Anschauung unmittelbar erfahrbar, d. h. mit lebensweltlichem Gehalt gleichsam getränkt sind.[6] Nicht auf geometrische Punkte, sondern auf ausgedehnte Körper nehmen die räumlichen Bestimmungen Bezug. Nicht in unendlich-kosmischen, sondern in endlich-irdischen Zeitintervallen vollziehen sich die Veränderungen des Wachsens und Schwindens. Nicht ein abstrakter, sondern der konkret-sinnliche Wandel wie der von Farbe, Wärme oder Härte ist Gegenstand der Eigenschaftsveränderungen.

Im Anschluss an Wolfgang Wieland möchte ich den unbestimmten Artikel in der intensionalen Naturdefinition als Minimalbedingung interpretieren: Was auch nur „einen Anfang von Veränderung und Bestand" (Aristoteles 1987 f., 192b14 f.) in sich hat, muss zum Bereich des Natürlichen gerechnet werden.[7] Ich nenne die in diese Definition eingehende Voraussetzung das *Selbstbewegungskriterium*. Allein die Ursache „Natur", das immanente Bewegungsprinzip, ist in absolutem Sinn von menschlicher Verfügung frei. Neben der Bedeutung einer Ursache bezeichnet der aristotelische Naturbegriff auch den Inbegriff selbstbewegter Dinge. Die Bewegung eines natürlichen Dinges kann verschiedene innere und außerdem weitere äußere Ursachen haben. Die äußeren Ursachen umfassen alle materiellen Bewegungsbedingungen. So kann eine Bewegung zu ihrem Unterhalt einer beständigen äußeren Bedingung bedürfen und/oder von außen nur kurzzeitig angeregt sein. Ein Beispiel für beide Fälle ist die Angewiesenheit des Lebens auf das Sonnenlicht, das für organische Wesen sowohl allgemeine Existenzbedingung als auch Auslöser tagesrhythmischer Bewegungen ist. Äußere Einwirkungen auf Naturgegenstände begreifen auch menschliche Einflussnahmen ein, wie sie beim

---

[4] Vgl. entsprechend Aristoteles 1831, 200b12, 253b5, 254b17, 268b16, 1014b19, 1015a14, 1025b20 und 1140a15. Auf Stellen aus Aristoteles' Werk wird mit der üblichen Zählung nach Bekker verwiesen.
[5] Aristoteles 1987 f., 192b18.
[6] Obwohl Aristoteles den Ausdruck „Bestand" (στάσις), der eine im absoluten Sinn gemeinte Ruhe bezeichnet, ausdrücklich erwähnt, liegt die Betonung auf der Veränderung. Die Rezeption, der ich mich anschließe, fasst das immanente Prinzip deshalb zu Recht als Bewegungsprinzip bzw. Natur als Bewegungsursache auf, vgl. Schiemann 2005, S. 38.
[7] Vgl. Wieland 1962, S. 234 ff.

Anbau von Pflanzen oder bei der Zucht von Tieren vorkommen.[8] Zur Natur gehören auch Zimmerpflanzen oder Haustiere, die der regelmäßigen Pflege bzw. Versorgung bedürfen.

Von den natürlichen unterscheiden sich die außerdem noch vorhandenen Dinge durch das Fehlen eines inneren Bewegungsprinzips. Die nichtnatürliche Hälfte des gegenständlichen Seins ist aufgrund „andere[r] Ursachen" (Aristoteles 1987 f., 192b8) da, die neben den technischen auch die zufälligen Bewegungsumstände umfassen.[9] Als *Technik* bezeichnet Aristoteles eine gegenüber der Natur differente Ursache des nicht zufällig Entstandenen und Unterhaltenen. Ihr Charakteristikum ist reine Äußerlichkeit im Verhältnis zum Gegenstand, auf den sie wirkt.[10] Technische Ursachen wirken auf Naturdinge, indem sie ihnen Gestalt und Ortsbewegung vollständig von außen aufprägen. Im Gegensatz zu natürlichen Ursachen, die Aristoteles für unergründlich hält, handelt es sich ihm zufolge bei der technischen Einwirkung um einen rational durchsichtigen Prozess. Er setzt die Fähigkeit, Dinge herzustellen, als ausschließlich menschliches Vermögen und folglich den in der Natur vorkommenden Gegenstandsbildungen wie Spinnennetzen und Vogelnestern entgegen.[11] Damit erstreckt sich der aristotelische Technikbegriff auf alle Dinge bzw. Eigenschaften, die aus planvoller menschlicher Einwirkung hervorgehen. Ihre Seinsweise ist der der Natur untergeordnet. Während Letztere qua Selbstbewegung das Ziel ihrer Bestimmung in sich trägt, sind Erstere von äußeren Zwecksetzungen, denen sie ihr Sein erst verdanken, abhängig.

In der „Physik" dient *die handwerkliche Tätigkeit* als bevorzugtes Beispiel für die Äußerlichkeit der technischen Verursachung. Nur wenn ein Baum gefällt, das Holz entsprechend bearbeitet, zerteilt und neu zusammengefügt wird, entsteht eine Liege. Dass technischen Produkten jegliche Selbstbewegung abgeht, trifft selbstverständlich nur zu auf das Produkt in seiner Einheit als Hergestelltes („insofern ihm eine jede solche Bezeichnung eignet" (Aristoteles 1987 f., 192b15 ff.)), nicht aber auf seine Materialien. Ausschließlich aus Elementen zusammengesetzt, folgen die Materialien auch nach der Verarbeitung ihren Selbstbewegungen. Eine Liege ist schwer, weil sie aus Holz bzw. den Elementen Erde und Wasser besteht, und sie verrottet unter dem Einfluss der Witterung, weil sich ihr Material auf natürliche Weise verändert. Als handwerkliche und für jedermann nachvollziehbare Kunst zur Herstellung von Artefakten unterscheidet sich die aristotelische wesentlich von der neuzeitlichen und modernen Technik, die nicht der Natur äußerlich, sondern naturwissenschaftlichen Gesetzen unter-

---

8 Vgl. Aristoteles 1966, Abschnitt B11.
9 Vgl. Aristoteles 1831, 1032a12 f. und 1070a6 f.
10 Vgl. Aristoteles 1831, 740b28.
11 Vgl. Aristoteles 1831, 199a26 ff.

worfen ist. Moderne Technik versieht die Lebenswelt mit Dingen, deren Herstellungsbedingungen sich dem Alltagsverstand zudem weitgehend entziehen.[12]

Grenzen der Anwendbarkeit der soweit nur rudimentär rekonstruierten Entgegensetzung lassen sich schon Aristoteles' Schriften entnehmen, was nur am *Beispiel der Medizin* exemplarisch diskutiert sei. Die Medizin, die die Heilung von Krankheiten des menschlichen, also natürlichen Körpers bewirkt, gehört nach Aristoteles ganz zur Technik. Der kranke Körper ist das Material, der Arzt ein Techniker, mit diversen Mitteln bzw. Werkzeugen ausgerüstet, und das von ihm hergestellte Produkt heißt Gesundheit. Wendet man auf den durch ärztliche Kunst herbeigeführten Genesungsprozess und sein schließliches Resultat das Selbstbewegungskriterium in der Interpretation als Minimalbedingung an, so folgt daraus, dass – abgesehen vom organisch bewegten Material – weder der Prozess noch sein Ergebnis über ein inneres Prinzip der Bewegung verfügen.[13] Nach Aristoteles tragen körperimmanente Prinzipien zur Gesundung so wenig oder so viel bei wie das Holz zum Bettenbau. Insofern aber Gesundheit in der technischen Wiederherbeiführung des natürlichen Normalzustandes besteht, geht das Kunstprodukt nach Abschluss der Herstellung nahtlos in ein allein durch innere Prinzipien zweckhaft organisiertes Naturprodukt über. Man sieht an diesem Beispiel, wie die Zuordnung eines Phänomens zu Technik oder Natur von Handlungskontexten abhängig sein und sich schlagartig ändern kann.

10.2 Neuzeitliche Kritik und historische Veränderung der Anwendungsbedingungen

Aristoteles' Natur-Technik-Differenz reflektiert einerseits einen fortgeschrittenen Entwicklungsstand der antiken Technik, in dem sich die vom Menschen geschaffenen Dinge schon alltagspraktisch deutlich von natürlichen Dingen und den Menschen als Naturwesen abheben. Zudem haben sich bereits übergreifende Differenzierungen in den technischen Künsten herausgebildet. So unterscheidet Aristoteles zwischen herstellenden und bloß gebrauchenden Techniken (Schiffsbau versus Schiffsgebrauch).[14] Anderseits ist der Entwicklungsstand noch so niedrig, dass Aristoteles Technik zwischen der ungeübten Erfahrung und der

---

12 Meine Darstellung der aristotelischen Entgegensetzung stützt sich auf Schiemann 2005, S. 31 ff. Eine kaum überschaubare Zahl von Arbeiten hat sich außerdem mit dem Natur- und Technikbegriff bei Aristoteles beschäftigt, vgl. u. a. Wieland 1962, Craemer-Ruegenberg 1980, Wolff 2007 und Engelman 2017.
13 Vgl. Aristoteles 1831, 1032b10 ff., 1034a9 ff., 1049a2 ff. und 1068a22 f.
14 Vgl. Aristoteles 1831, 194a36 ff.

Wissenschaft verortet.[15] Die Beschreibung der Technik bleibt unmittelbar auf Natur bezogen. Nach Aristoteles bringt die Technik „zur Vollendung, was die Natur nicht zu Ende bringen kann" (Aristoteles 1987 f., 199a15 f.).[16] Hieran anknüpfend behauptet die bis zum Ende des Mittelalters wirksame aristotelische Naturphilosophie, dass Technik gegen die Natur sei und mehr als die Natur könne,[17] ohne deren Seinsprimat aufzuheben.

Mit diesem Verständnis zu brechen, gehört zu den herausragenden *Kennzeichen der neuzeitlichen Wissenschaft*, wie sie von Galileo Galilei, René Descartes und anderen Protagonisten eines neuen Naturbegriffes begründet wird. Galilei erkennt, dass sich aus der Annahme, die Technik unterliege nicht den Naturgesetzen, absurde Konsequenzen ergeben.[18] Descartes' Naturbegriff kennt keinen kategorialen Unterschied zwischen Natur und Technik. Technik ist Teil der Natur, die nach dem Vorbild der Technik gedacht wird und „Geist" als neuen Gegenbegriff erhält.[19] Im Verständnis der neuzeitlichen Wissenschaft verliert die Natur die *intensionale* Wesensbestimmung der Selbstbewegung. Stattdessen werden die Eigenschaften des Natürlichen mit wachsendem Erfolg wirkkausal erklärt, bis im 19. Jahrhundert das letzte Paradigma aristotelischer Selbstbewegung auf materielle Bedingungen zurückgeführt ist: Die tierische Wärme kann aus Stoffwechselprozessen überzeugend physiologisch abgeleitet werden.[20]

Durch die Kritik an der intensionalen Bestimmung der aristotelischen Natur ist aber ihre *extensionale Entgegensetzung* zur Technik nicht unanwendbar geworden. Natur wird vielmehr bis in die Gegenwart als Bereich verstanden, dessen Entstehung sich nicht wie die Technik planvoller Handlung verdankt.[21] Mit der Beschränkung der Naturdefinition auf die Abgrenzung vom menschlichen Handeln wandelt sich der empirische Charakter der Natur-Technik-Differenz. Aristoteles hatte angenommen, die Selbstbewegung sei direkt in sinnlicher Anschauung erfahrbar. Ob menschliches Handeln an der Hervorbringung eines Gegenstandes beteiligt war bzw. ist, lässt sich mitunter aber nur mit wissenschaftlichen Methoden, die auf Beobachtungen von submikroskopischen Prozessen rekurrieren, feststellen.[22]

---

15 Vgl. Aristoteles 1831, 981a5 ff.
16 Vgl. Anm. 23.
17 Vgl. Aristoteles 1831, 847a14 und 847a21 f.
18 Vgl. Galilei 1634, S. 106 ff.
19 Vgl. Schiemann 2005, S. 169 ff.
20 Vgl. z. B. die Arbeiten des Physiologen Hermann von Helmholtz, Schiemann 1997, S. 158 ff.
21 Vgl. die Diskussion der lexikalischen Einträge unter dem Lemma „Natur" in Kapitel 7.
22 Die näheren Bestimmungen dieses Kriteriums erläutere ich am Beispiel der Nanotechnologie in Kapitel 8, Abschnitt 4.

Aus der Perspektive dieser Reformulierung der aristotelischen Natur-Technik-Differenz lassen sich für die mit dem 19. Jahrhundert einsetzende Moderne einige Entwicklungstendenzen benennen, die bis heute anhalten und durchaus divergierenden Charakter haben. Es handelt sich um generelle Trends, die in vielfältigen kontextabhängigen Beziehungen stehen und dementsprechend in unterschiedlichen Ausprägungen auftreten. Sie werden hier nur schlagwortartig formuliert, um die Gegensätzlichkeit der zwischen Natur und Technik bestehenden und möglichen Beziehungen hervortreten zu lassen.

1. *Zunehmende Naturferne der Technik:* Die Technik bildet verstärkt eigene Strukturen und Entwicklungspfade aus, die kein Vorbild in der (aristotelischen) Natur haben. Dieter Birnbacher nennt drei solcher Kennzeichen der modernen Technik:

> Die Welt der Werkzeuge, Geräte und Maschinen ist so alt wie der Mensch selbst. Als die Sphäre des vom Menschen bewußt Gemachten [...] war sie immer schon der Natur als der Sphäre des Gewachsenen und Vorgefundenen unterschieden. Aber noch nie war dieser Unterschied so ausgeprägt und so offen sichtbar. [...] Von den verwendeten Materialien wie von den Formen her sind die modernen technischen Objekte der Natur weiter entrückt als die früheren Zeiten. [... E]in weiteres Kennzeichen der modernen Technik [ist] ihre Globalität. [...] Ein drittes [...] Merkmal ihr gewaltiges Zerstörungspotential (Birnbacher 1985, S. 608 ff.).

Schon die Technik der frühen Kulturen weist spezifische Differenzen zum natürlich Gegebenen auf. Paradigmatisch dafür ist das Rad, das mit seiner potenziell unendlichen Rotationsmöglichkeit um eine Achse kein Vorbild in der Natur hat. Die von Birnbacher für die Moderne genannten Merkmale heben die heutige Technik deutlich von den vorangehenden Formen ab. Die Entfernung der Technik von der Natur lässt sich mithin als eine weitreichende Entwicklungstendenz postulieren. Zu ihren möglichen zukünftigen, allerdings wohl noch sehr entfernten Fluchtpunkten muss man auch die Entkopplung von Natur und Technik rechnen. Die technische Datenerfassung der Welt könnte etwa unabhängig von menschlichen Wahrnehmungsleistungen, die Entwicklung von Theorien der Welt eigenständig von künstlicher Intelligenz organisiert werden.

2. *Zunehmende Naturnähe der Technik:* Die moderne Technik vermag sich umgekehrt auch, stärker an die Natur als in vormodernen Zeiten anzunähern. Schon die antike Technik wurde mitunter in Analogie zur Natur gedacht. Aristoteles spricht davon, dass die Technik der Natur nacheifere.[23] Doch finden sich in seinen Schriften bezeichnenderweise nur wenige Behauptungen tatsächlich vorhandener Strukturanalogien zwischen natürlichen und technischen Gegenstän-

---

23 Vgl. Aristoteles 1831, 199a15 ff. Vgl. Anm. 16.

den.²⁴ Ganz anders verhält es sich in der Moderne, in der sich die zur Naturentfernung gegenläufige Tendenz deutlich ausgebildet hat. Als Beispiele kann etwa auf die Bionik oder die Technologien der Simulation hingewiesen werden. Das interdisziplinäre Forschungsfeld der *Bionik* versteht die Natur als Vorbild für die Technik. Bionische Konstrukte ahmen die Natur für Problemlösungen im Kontext menschlicher Zwecksetzung nach.²⁵ Ähnliches gilt für bestimmte *Simulationstechniken*, die reale Vorgänge so weitgehend imitieren, dass an ihnen vergleichbare Erfahrungen gewonnen werden können (z. B. Flug- oder Klimasimulationen). Aber auch jenseits dieser Hochtechnologien nähert sich die Technik der Natur an. Die Industrie stellt etwa künstliche Lebensmittel oder Bekleidungen aus synthetischen Stoffen her, die ohne aufwendige Analysemethoden nicht mehr von ihren natürlichen Gegenstücken zu unterscheiden sind (z. B. synthetische versus natürliche Aromastoffe oder Fasern).

3. *Vermehrte Hybridzustände von Natur und Technik:* Zustände, in denen sich nicht mehr zwischen Natur und Technik (im hier vorausgesetzten Sinn) unterscheiden lässt, werden durch vermehrte Eingriffe in die Natur bedeutsamer. Zur Erläuterung möchte ich von Hans Jonas' Bemerkung ausgehen, dass „biologische Technik [...] kollaborativ mit der Selbsttätigkeit des aktiven ‚Materials'" sei (Jonas 1987, S. 165).²⁶ Damit ist die Nichtauftrennbarkeit der vor einem technischen Eingriff in die organische Natur noch geschiedenen Sphären von Natur und Technik gemeint. Technische Veränderungen der belebten Natur verursachen Phänomene, deren Eigenschaften nicht mehr eindeutig Natur oder Technik zugeordnet werden können. Medikamente rufen etwa Phänomene hervor, die aus einer unauflösbaren Wechselwirkung zwischen den direkten Wirkungen des verabreichten Stoffes, den Reaktionen des Körpers auf diesen Stoff und unveränderten Stoffwechselprozessen hervorgehen. Auch wenn dort, wo ein technischer Eingriff stattgefunden hat, wieder von Natur oder einer zweiten Natur gesprochen werden kann, bleibt ihre Grenze zur Technik durch das Anwachsen der Hybridzustände unscharf.²⁷

4. *Zunehmende Eindringtiefe der Technik in die Natur:* Mit der Miniaturisierung der Technik hat die Eindringtiefe in die Natur zugenommen. Moderne Verfahren gestatten, bis auf die Größenordnungen von Elementarteilchen Manipulationen

---

24 Zu ihnen gehören das Lineal, das Werkzeug zum Kreiszeichnen und das Senkblei der Schreiner*innen sowie das Kochen der Nahrung (vgl. Aristoteles 1966, Abschnitt B47, und Aristoteles 1831, 381a9 ff.).
25 Zum Naturverhältnis der Bionik vgl. Nachtigall 2010.
26 Vgl. Kapitel 8, Abschnitt 4.
27 Vgl. die Nanotechnologie als weiteres Beispiel der Nichtauftrennbarkeit in Kapitel 8, Abschnitt 4.

vorzunehmen. Für die technische Verwertung von Naturveränderungen in den atomaren und molekularen Dimensionen sind die Nanotechnologie und die synthetische Biologie paradigmatisch. In beiden Bereichen wird die Auffassung vertreten, dass die Herstellung von künstlichem Leben – sei es aus der Manipulation der vorhandenen Arten, sei es aus anorganischer Materie – ein realistisches Ziel darstelle.[28] Allerdings sind die bisherigen Forschungen weit entfernt von der Schaffung artifizieller Wesen, die vorhandenen Lebewesen an Komplexität auch nur annähernd ähnlich wären. Die vorhandenen Lebewesen, der Inbegriff der aristotelischen Naturauffassung, ist von der Technik bislang nur partiell modifiziert worden.

Die teils gegenläufigen, teils die Grenze von Natur und Technik verwischenden Tendenzen machen eine *einheitliche Beurteilung problematisch*. In einigen Bereichen hat sich die Differenz von Natur und Technik weiter vergrößert, insofern Naturgegenstände – vor allem Lebewesen – nahezu unverändert geblieben sind, während sich technische Gegenstände immer deutlicher von Natur abheben. Da es sich bei diesem Trend um eine Entwicklung handelt, die sich bis auf die Ursprünge der Technik zurückverfolgen lässt, verweist sie auf tieferliegende Gegensätze zwischen Natur und Technik, die auch zukünftig bestimmend bleiben könnten. Organismen, namentlich der Mensch, würden sich womöglich als nur bedingt technisierbar herausstellen. Sollte sich zugleich die Tendenz zur Abgrenzung einer zunehmend eigenständigen Technik fortsetzen, verlöre vermutlich der humane Lebensbereich als Referenz für technische Innovationen an Bedeutung. Wenn sich etwa die Aufhebung der Natur-Technik-Differenz als zu problematisch und nicht unbedingt notwendig für die Fortentwicklung der Technik erweisen würde, könnten sich technische Kulturen generell in größerem Abstand als heute von einer sich selbst überlassenen Natur etablieren. Diese Überlegungen zu einem irgendwann möglichen Verhältnis von Natur und Technik haben nur den modellhaften Charakter eines Idealtypus. Ich möchte dieses Szenario das *aristotelische Szenario* nennen. In ihm würden Hybridzustände eher die Ausnahme bleiben. Im Hinblick auf die Gewichte von Natur und Technik erlaubt das Szenario unterschiedliche Varianten. Die Naturverhältnisse könnten weiterhin den gegenüber der Technik dominanten Rahmen abgeben. So ist es vorstellbar, dass technische Innovationen auch zukünftig maßgeblich von den vorhandenen natürlichen Rohstoffen abhängig oder die Kreativitätsleistungen künstlicher Intelligenz denen des Menschen unterlegen bleiben. Eine hochentwickelte eigen-

---

28 Die Nanotechnologie ist sowohl Beispiel für Hybridzustände wie für zunehmende Eindringtiefe. Für die Zielsetzung der Herstellung künstlichen Lebens vgl. Schiemann 2006, S. 127. Zur synthetischen Biologie vgl. Köchy 2014.

ständige Technik wäre unter Umständen aber dazu in der Lage, das Relevanzverhältnis von Natur und Technik umzukehren, wenn sie sich – etwa mit Hilfe nanotechnologischer Verfahren – eine synthetische Materialbasis verschaffen, für die verbleibende Natur gleichsam Reservate vorgeben und ihr Grenzen setzen würde.[29]

Insofern aber Natur und Technik heute schon vermehrt Hybride bilden und sich Technik immer perfekter der Natur anzunähern vermag, hat sich die Differenz von Natur und Technik in anderen Bereichen vermindert oder bereits aufgehoben. Käme es bei einer Verallgemeinerung der Technisierung zukünftig zu einer weitgehenden Verstärkung dieser Tendenzen, würden sie in der Lage sein, das Gewicht der Entfernung von Natur und Technik zu konterkarieren. Ich möchte den idealtypischen Fluchtpunkt einer Entwicklung, mit der die Differenz von Natur und Technik jede übergreifende Relevanz verloren hätte, das *nichtaristotelische Szenario* nennen. Technik wäre von Natur nicht mehr oder kaum noch zu unterscheiden bzw. hätte mit Natur neuartige Wirklichkeiten geschaffen, die nicht mehr Natur oder Technik zugeordnet werden könnten. Die Nichtfeststellbarkeit menschlicher Eingriffe stellte kein hinreichendes Kriterium mehr für Natur dar. Denn daraus, dass sich kein Eingriff nachweisen ließe, würde nicht folgen, dass kein Eingriff stattgefunden hat.[30] Auch wenn sich das nichtaristotelische Szenario durch den Verlust der Unterscheidbarkeit von Natur und Technik auszeichnet, entzieht es sich selbst nicht der historischen Charakterisierung durch diese Differenz. Die umfassende Technisierung, der es sich verdankt, hätte Natur als dominanten Rahmen der Technikentwicklung beseitigt und damit das gegenwärtig noch bestimmende Relevanzverhältnis von Natur und Technik außer Kraft gesetzt.

Es sind weitere, weniger extreme Modelle denkbar, die jedoch nicht diskutiert werden müssen, da hier nur die aktuelle *Unbestimmtheit der weiteren Entwicklung* des Verhältnisses von Natur und Technik betont werden soll. Entwicklungstrends, die über die Gegenwart hinausweisen, ist eine Offenheit inhärent, die im Hinblick auf das Verhältnis von Natur und Technik besonders ausgeprägt zu sein scheint. Diesen Sachverhalt deute ich als *Ausdruck eines möglichen Übergangsprozesses*, in dem sich fundamentale Neuordnungen der Wirklichkeiten und Vorstellungen, die durch die beiden Begriffe bezeichnet werden, vollziehen. Die zukünftigen Verschiebungen hängen nicht nur von den weiteren Entwicklungspfaden der Technisierung ab, sondern auch vom Widerstand, der ihnen handelnd entgegentritt.

---

29 In diesem Szenario könnten sich die immer noch wesentlich der Natur zugehörigen Menschen in technisch oder natürlich dominierten Bereichen befinden. Die in ferner Zukunft vielleicht mögliche Zweiteilung des Planeten Erde in Hightech-Reservate und menschenfreie Wildnis erwägt Grunwald 2020, S. 31.
30 Die Elimination von Eingriffsspuren ist für Hybride immer schon kennzeichnend.

Technisierung vermag sich im aristotelischen Szenario selbst von Natur abzugrenzen und sie wird es umso mehr tun, je weniger sie auf die Aufhebung der Differenz zur Natur angewiesen sein wird. Wo aber diese Aufhebung eintritt, steigt die Relevanz von Handlungen, denen es um den Fortbestand der Trennung von Natur und Technik geht. Wesentliche Elemente dieses Interesses verorte ich in der *Lebenswelt*. Paradoxerweise ist sie nicht nur ein bevorzugtes Objekt von Technisierungsprozessen, sondern auch der bevorzugte Anwendungskontext der aristotelischen Unterscheidung. Nachdem ich in diesem Abschnitt Aspekte der gesamtgesellschaftlichen Technisierung unter Voraussetzung einer Reformulierung der aristotelischen Natur-Technik-Differenz diskutiert habe, wende ich mich dem Erfahrungskontext zu, in dem die Differenz bis heute orientierungs- und handlungsleitend ohne Rückgriff auf die wissenschaftliche Erkenntnis aus dem Zeugnis der direkten Sinneswahrnehmung erschlossen wird.

10.3 Lebensweltliche Erkennbarkeit der Differenz

Aristoteles' Differenz setzt die Möglichkeit eines unproblematischen *Wahrnehmungsurteils* über das Vorliegen von Veränderungsursachen voraus. Bei der technischen Bewegung wird die direkte Beobachtbarkeit von äußeren Ursachen ebenso angenommen, wie die Anwesenheit von inneren Ursachen bei sichtbarer Naturbewegung selbstverständlich vorausgesetzt wird. In diesem unmittelbaren Bezug auf Wahrnehmung liegt die wesentliche Begrenzung der heutigen Anwendbarkeit der aristotelischen Entgegensetzung. Sie ist nur noch dort plausibel, wo dem Sinneszeugnis eine orientierungs- und handlungsleitende Funktion zukommt. In einer technischen Zivilisation ist diese Bedingung in vielfacher Weise fragwürdig geworden. Ich werde die These vertreten, dass sie vermutlich am ehesten noch in der Lebenswelt erfüllt ist.

Wie die ästhetische Erfahrung, die das Kunstschöne vermittelst der sinnlichen Vermögen erschließt, ist lebensweltliche Erfahrung konstitutiv auf Wahrnehmungsleistungen angewiesen. Im Unterschied zur ästhetischen kommt der lebensweltlichen Erfahrung der Charakter der Selbstverständlichkeit von Handlungsvoraussetzungen und des unprofessionellen Handelns zu. Die Lebenswelt nimmt damit Merkmale des Erfahrungstyps auf, den Aristoteles der Wissenschaft entgegensetzte. Ihrem kulturellen Wandel und der Vielfalt ihrer Erscheinungsweisen kann man gerecht werden, indem man die Merkmale eines mit vertrauten Personen geteilten Sozialraumes und eines ganzheitlich verfassten Hintergrundwissens als weitere *notwendige Kriterien* hinzunimmt. Während die spezifische Sozialität die Lebenswelt als einen abgeschlossenen Erfahrungsraum bestimmt, stattet ihn das Hintergrundwissen mit Sinngehalten aus, die in den Austausch mit anderen Erfahrungsräumen eingehen. Die Lebenswelt grenzt sich gegen andere Erfahrungsbereiche wie – wissenschaftliche und nichtwissenschaftliche – Berufswelten oder ästhetische Erfahrung ab. Man verlässt seine Lebenswelt auch, wenn man etwa (schlafend) träumt, sich Phantasievorstellungen hingibt oder an einer nichtalltäglichen religiösen Praxis teilnimmt.[31]

In der Lebenswelt sind die verschiedensten *Naturbegriffe* geläufig. Natur wird nicht nur gegen Technik abgehoben, sondern alternativ auch dem Geist, der Kultur oder der Geschichte entgegengesetzt; ihre Existenz wird teilweise überhaupt (kulturalistisch) bestritten wie im Kontrast dazu (naturalistisch) ausschließlich gesetzt. Die Vielzahl der lebensweltlichen Bedeutungen unterliegt allerdings Relevanzgewichtungen, die auf eine herausragende Position der Unterscheidung von Natur und Technik hindeuten. Leider kann ich mich noch nicht auf eine detaillierte empirische Untersuchung der Verwendung von Naturbegriffen stützen, die zweifellos ein Forschungsdesiderat darstellt. Argumentativ lässt sich aber begründen, dass die Natur-Technik-Differenz in der Lebenswelt bevorzugt zur Anwendung kommt.

Zunächst sind die lebensweltlichen *Klassifikationen* zu nennen, denen Aristoteles' Differenz entspricht und die elementare Orientierungsleistungen erlauben. Auch in der Moderne bleibt der Inbegriff der aristotelischen Natur, d. h. Pflanzen, Tiere und Menschen, deutlich von hergestellten Gegenständen, sofern sie eine im Wesentlichen unbewegte Welt bilden, in der Lebenswelt abgehoben. Zur Identifikation des Lebendigen kommt es weniger darauf an, wie sich ein organischer Körper bewegt, als vielmehr dass er sich von selbst verändert. *Selbstbewegung* meint eine nicht vorausberechenbare, ohne den Willen des beobachtenden Menschen sich vollziehende Bewegung. Sie bleibt für den Betrachter auch ohne ausgeprägte Strukturmerkmale erkennbar, was umso mehr gilt, wo sich die Kunstwelt der lebensweltlichen Dinge vom Lebendigen außer durch relative Bewegungslosigkeit auch durch ein hohes Maß an menschlich gestalteter Ordnung unterscheidet. Vor diesem Hintergrund erhalten die Naturgegenstände in ihrer eigenen, dem Menschen fremden Phänomenalität auch das Vermögen der Spontaneität. So wird etwa der gezüchtete, vielleicht genetisch manipulierte Hamster einem anderen Gegenstandstypus zugeordnet als etwa das batteriebetriebene Spielzeugauto oder die wildwachsende Pflanze ihrem Plastikimitat entgegengesetzt.

Auf die hergestellten Produkte vermag umgekehrt der aristotelische *Technikbegriff* in der Lebenswelt Anwendung zu finden. Alltagspraktisch benutzte Apparate unterscheiden sich dadurch von Natur, dass sie zur Erreichung vorge-

---

[31] Zum Begriff der Lebenswelt vgl. Kapitel 1, Abschnitt 2.

fasster Zwecke und erst durch Handlungen in Bewegung bzw. in Funktion gesetzt werden, was ganz der aristotelischen Definition genügt. Die vom aristotelischen Begriff zudem unterstellte Nachvollziehbarkeit von Herstellungsprozessen, die den verwendeten technischen Produkten vorausliegen, ist in modernen Lebenswelten allerdings nicht mehr gegeben. Sie ist auf Institutionen übergegangen, die technische Dinge entwickeln, produzieren und deren Einsatz organisieren. Für sie ist Technik vergleichbar rational durchsichtig, wie von Aristoteles begrifflich unterstellt.[32] Lebensweltlich verbinden sich aristotelisches Technikverständnis und fehlendes Wissen um Herstellungsbedingungen und Funktionszusammenhänge moderner Technik mit der Auffassung einer gegen die Natur gerichteten, in ihrer Reichweite an sich unbegrenzbaren Herstellungspotenz. Insofern begünstigt der aristotelische Begriff eine Überschätzung technischer Möglichkeiten der Weltveränderung. Seiner Anwendung kommt aber zugute, dass lebensweltlich zwischen Herstellung und Gebrauch der Technik immer besser getrennt werden kann. Für den Gebrauch der lebensweltlichen Technik ist der sogenannte *Knopfdruckcharakter* der Apparate zunehmend kennzeichnend. Die Geräte der modernen Technik werden mittlerweile fast ausschließlich so konstruiert, dass man zu ihrer Nutzung nichts mehr über die innere Funktionsweise wissen muss.[33] Fördert die Gebrauchsfertigkeit von Technik ihre Unterscheidung zur Natur, so erlaubt sie allerdings auch Täuschungen des Zeugnisses der unmittelbaren Wahrnehmung. Erscheint ein künstlich hergestelltes Produkt selbstbewegt – batteriebetriebene Geräte oder Lichtmühlen (in vakuumisierten Glasbehältern befindliche Schwarz-Weiß-Flügelräder, die sich im Licht drehen) –, muss es nach Aristoteles eigentlich der Natur zugerechnet werden. Wenn aber elektrische Energie mechanische Bewegung antreibt und durch *mechanische Analogien* (Strom- analog zum Wasserfluss, Stromspeicherung analog zur mechanischen Energiespeicherung usw.) ersetzt gedacht werden kann, bleibt sie auch im aristotelischen Sinn als Technik verstehbar. Reichen Analogien nicht mehr aus, um Technik von Natur abzugrenzen oder versagt das Selbstbewegungskriterium grundsätzlich – wie bei den bereits erwähnten synthetischen Stoffen in Lebensmitteln oder Bekleidungen –, muss auf wissenschaftliche Untersuchung und die neuzeitliche Reformulierung der Unterscheidung zurückgegriffen werden.

Im Folgenden möchte ich die Erkennbarkeit der aristotelischen Unterscheidung in modernen Lebenswelten an drei Beispielen diskutieren. Das erste Beispiel

---

[32] Nichtdurchsichtigkeit kommt in der modernen Technik nur bei hohen Komplexitätsgraden vor, die z. B. bei Simulationen der Klimaforschung oder der Hochenergiephysik erreicht werden.
[33] Zu den lebensweltlichen Erscheinungsformen der Technik vgl. Kapitel 2, Abschnitt 2.2, zur Anwendung der aristotelischen Entgegensetzung von Natur und Technik in der Lebenswelt vgl. ausführlicher Schiemann 2005, S. 127 ff.

betrifft mit der selbstverständlich vollzogenen äußeren Wahrnehmung das herausragende Charakteristikum der Lebenswelt. Obwohl es einem antiken Kontext entnommen ist, hat es von seiner Verständlichkeit bis heute nichts verloren (Abschnitt 3.1). Im zweiten Beispiel suche ich die der äußeren lebensweltlichen Wahrnehmung geläufige Natur-Technik-Differenz auf die Erfahrung des eigenen Leibes zu übertragen. Leiberfahrung ist seit der neuzeitlichen Entdeckung des Subjektes für die Lebenswelt bedeutsamer geworden und findet oftmals im Übergang zur subjektiven Erfahrung statt.[34] Der Leib erweist sich als das lebensweltliche Zentrum der Natur, das sensibel auf Technologisierungen der Lebenswelt reagiert (Abschnitt 3.2). Das letzte Beispiel handelt von einer Technologisierung und ist insofern dem vorangehenden entgegengesetzt. Es gewinnt seine Bedeutung für die Lebenswelt aus einer randständigen Position, denn sein Thema, die Auswirkungen der Reproduktionstechnologie, bezieht sich mit der Geburt auf ein außerordentliches Ereignis, dem im abendländischen Kulturkreis in der Regel zu wenig Selbstverständlichkeit zukommt, als dass es ohne Weiteres als lebensweltlich gelten kann. Zudem finden die Eingriffe dieser Technologie jenseits der Lebenswelt in medizinischen Institutionen statt. Sie können aber zur Einschränkung der autonomen Leiberfahrung und damit in der Lebenswelt zur Aufhebung der aristotelischen Entgegensetzung von Natur und Technik beitragen. In dieser zersetzenden Wirkung liegt ein Argument gegen sie, das ich von Jürgen Habermas übernehme (Abschnitt 3.3).

10.3.1 Äußere Wahrnehmung

Lebensweltlich konzentriert sich die Aufmerksamkeit der Individuen weniger auf die eigenen Bewusstseinsereignisse oder -zustände als auf die Wahrnehmung der Mitmenschen und der vorhandenen Dinge. Das entspricht dem objektivistischen Standpunkt von Aristoteles, der nicht zwischen der Gegebenheitsweise von physischen und psychischen Dingen unterscheidet und kein inneres Mentales kennt.[35] Was im Horizont des selbstverständlich Vollziehbaren Aufmerksamkeit findet, steht in einer *situativen Pragmatik*, die von Graden der Gewohnheit, Anregbarkeit durch äußere oder innere Umstände, Motiviertheit, Freiwilligkeit, Eingebundenheit in Kontexte usw. abhängt. Teils entgehen Gegenstände und Vorgänge, die sich im Wahrnehmungshorizont befinden, der äußeren Aufmerksamkeit gänzlich, teils treten sie nur schwach ins Bewusstsein, werden in einer

---

[34] Zur subjektiven Erfahrung vgl. Kapitel 1, Abschnitt 3.2, und Schiemann 2005, S. 229 ff.
[35] Vgl. Hartman 1977, S. 167 ff.

nur bei Bedarf präzisierbaren Vagheit gelassen, teils ziehen sie unser Interesse auf sich, etwa wenn sich ihre Erscheinung gegen unseren Willen aufdrängt oder wenn man sich ihnen aus eigenem Antrieb näher zuwendet.

Jede Thematisierung des Selbstverständlichen hebt es auf. Man weiß, lebensweltlich zwischen Natur und Technik zu unterscheiden, ohne es erklären zu können. Um die mit Erklärungsversuchen verbundene Aufhebung des typisch Lebensweltlichen gering zu halten, muss die Analyse der Verwendung von Naturbegriffen am Rand des Fraglosen, an seinem Übergang zum Problematischen anknüpfen. Dazu bieten sich *Störungen* an, die situative Kontexte bezeichnen, in denen die vorherrschende Selbstverständlichkeit gerade soweit aufgehoben wird, dass die durch sie ansonsten verdeckten Strukturen hervortreten, ohne schon eine übermäßige Veränderung erfahren zu haben. Weil sich das folgende Beispiel, das vom antiken griechischen Skeptiker Carneades stammt, auf den Bereich der Menschen und Tiere beschränkt, kann es nicht ohne weiteres auf die Differenz von Pflanzen oder nichtorganischen Naturgegenständen (Umweltmedien, unbearbeitete Stoffe) zur Technik übertragen werden. Dass es bis heute nichts von seiner Verständlichkeit verloren hat, spricht für die epochenübergreifende Stabilität grundlegender Strukturmerkmale der Lebenswelt.[36] In einer Situation anfänglicher maximaler Urteilsunsicherheit soll mit methodischer Strenge ein Weg zu Aussagen gefunden werden, denen man seine Zustimmung geben muss:

> Ein Mann betritt ein schlecht beleuchtetes Zimmer und glaubt in der Zimmerecke einen Seilknäuel zu bemerken. Er sieht aber den Gegenstand nur verschwommen. So fragt er sich, ob es denn wirklich ein Seilknäuel sei. Könnte es nicht auch eine eingerollte Schlange sein? [... Der Mann] wird unsicher und [...] nähert sich dem Gegenstand. Dieser bewegt sich nicht. Seilknäuel bewegen sich nicht. [...] Nun erinnert sich der Mann daran, daß Schlangen eine ähnliche Farbe haben wie der Gegenstand in der Ecke und überdies daran, daß Schlangen in der Winterkälte erstarren und sich nicht bewegen. Da jetzt Winter ist, kann also Bewegungslosigkeit nicht als genügender Grund gelten, den Gegenstand als einen Seilknäuel anzusprechen. Wenn [... der Mann] ein höheres Maß an Gewißheit gewinnen will, wird er nach weiteren Gründen für eine Entscheidung suchen müssen. [... Wenn er] einen Stock nimmt, den Gegenstand berührt und sich dieser dennoch nicht bewegt, wird er die Überzeugung gewinnen, daß es in der Tat keine Schlange sein kann (Schütz/Luckmann 1979, S. 227 f.).[37]

In der thematisierten Situation kommt es darauf an, noch unvollständig wahrgenommene oder in ihren Erscheinungsweisen zweideutige Objekte als *lebende*

---

36 Meine Diskussion des Beispiels stützt sich auf Schiemann 2005, S. 139 ff.
37 Das Beispiel von Carneades liegt als Bericht in Sextus Empiricus' Schrift „Adversus Logicos" vor (1. Buch, Abschnitte 188 und 189). Eine englische Übersetzung bietet Sextus Empiricus 2005, S. 39.

oder tote bzw. künstliche Gegenstände zu identifizieren. Dass die Feststellung dieser Differenz normalerweise unproblematisch gelingt, setzt das Beispiel voraus. Ein ansonsten bestehendes Ordnungsschema greift nicht, weil der Gegenstand in seiner sinnlichen Erscheinungsweise sowohl einem belebten als auch einem künstlichen Gegenstand ähnlich ist. Da er sich nicht verändert, führt auch das Selbstbewegungskriterium als Minimalbedingung nicht weiter. Wäre der Gegenstand belebt, würde man jedenfalls eine Veränderung erwarten, die nicht auf äußere Einwirkung zurückgeht. Wenn Selbstbewegung nicht von selbst auftritt, kann sie *ausgelöst* werden. Dafür kommen – in aristotelischer Terminologie – sowohl künstliche als auch natürliche Umstände in Frage. Natürlich wäre etwa eine durch einfallende Sonnenstrahlen bedingte Erwärmung und Bewegungsenthemmung der Schlange, künstlich ist in diesem Falle der Einsatz des Stockes.

Die von Carneades vorgestellte Situation kommt einer experimentellen Anordnung gleich, in der sich alle Parameter gesondert danach bewerten lassen, ob sie eine Selbstbewegung, die nicht in raumzeitlicher Bewegung bestehen muss, hervorrufen oder nicht. Hätte es sich um ein Tier gehandelt, das auf die Berührung durch den Stock reagierte, wäre der Vorgang gedanklich in zwei Anteile zu zerlegen: Eine durch den Stock unmittelbar bewirkte und eine darüber hinausgehende Veränderung (z. B. eine durch geringfügige Berührung freigesetzte, energetisch ungleich stärkere oder auch verzögerte Reaktion). Selbstbewegung erscheint als *Veränderungsüberschuss*, der in seiner Unabhängigkeit von den äußeren Umständen abgehoben ist. Weniger ein spezieller als ein überhaupt nur zusätzlicher Vorgang muss auftreten, um das berührte Naturwesen als solches zu erkennen. Im letzten Schritt des Beispiels ist nämlich nicht mehr nach weiteren inhaltlichen Bestimmungsmomenten gefragt, sondern danach, ob der Gegenstand überhaupt ein inneres Prinzip der Bewegung hat oder nicht. Deshalb kommt es nur noch darauf an, Selbstbewegung von Veränderungen, die man auf äußere Ursachen zurückführen würde (Auslösung eines Federmechanismus einer Schlangenattrappe), zu unterscheiden, nicht aber darauf, bestimmte Veränderungsstrukturen vorhersagen zu können (was aus anderen Gründen nützlich sein mag, etwa um sich vor potenzieller Gefahr besser zu schützen).

10.3.2 Leibwahrnehmung

Wenn man seine Aufmerksamkeit auf äußere Gegenstände der Sinneswahrnehmung richtet, spürt man seinen Leib normalerweise nicht. *„Leib"* meint die Selbsterfahrung des eigenen Körpers und seiner Eingelassenheit in die umgebende Welt. Für das Bewusstsein hat der Körper *durchscheinenden Charakter.* Über die die äußere Wahrnehmung ermöglichenden Körperaktivitäten stehen dem

Subjekt in aller Regel keine Informationen zur Verfügung. In nichtpathologischer äußerer Wahrnehmung sieht man etwa einen Gegenstand, nicht aber die Sinnesorgane, mit denen er wahrgenommen wird, und erfährt auch nichts über den Anteil der Umgebungsmedien am Zustandekommen der Wahrnehmung. Vergleichbares gilt für die innere Wahrnehmung. Gesundheit zeichnet sich gerade dadurch aus, dass sie den eigenen Körper für das eigene Erleben weitgehend unsichtbar macht. Vom übergroßen Teil seines Körpers hat man in der Lebenswelt jenseits von affektiver Betroffenheit allenfalls Empfindungen bei Funktionsstörungen. Diese naturgegebene Struktur erleichtert eine Unterschätzung der körperlichen Vorgänge.

In Grenzen kann man das, was sich auf diese Art der Erfahrung meist entzieht, als „Natur, die wir selbst sind" (Gernot Böhme), verstanden werden. Dieser Begriff einer eigenen Natur des Menschen steht in Tradition der aristotelischen Natur-Technik-Differenz:

> [Aristoteles] definiert [...] Seiendes, das von Natur aus ist, als solches, das das Prinzip seiner Bewegung in sich habe, während durch Technik Seiendes von der Art ist, dass es das Prinzip seiner Bewegung (das heißt Entstehung, Wandlung und Reproduktion) im Menschen habe. Wenn wir den Leib als Natur definieren, so stellen wir uns explizit in diesen von [...] Aristoteles hergeleiteten Traditionszusammenhang. Der Leib wird apostrophiert als etwas, das uns gegeben ist. Man könnte vermuten, daß damit Leib qua Natur von vornherein als [...] eine Art anthropologische Konstante eingeführt wäre. Das ist aber nicht der Fall [...], weil man ja auch Gegebenes in Gemachtes verwandeln kann. Genau das zu tun, war ja auf breiter Linie das Projekt der Moderne (Böhme 2011, S. 558).

Zu den herausragenden Beispielen selbsterfahrener Selbstbewegung gehören der Herzschlag und die eigene Atmung. Die Gegebenheit dieser Bewegungen zeichnet sich durch ihre *Unabhängigkeit vom Willen* als intentionalem Bewusstseinszustand aus: Man kann weder sein Herz noch seine Atmung allein durch eigenen Entschluss zum Stillstand bringen. So zwingend Selbstbewegung in die Erfahrung eingeht, so reduziert stellt sie sich jedoch dem Bewusstsein dar. Man erlebt nicht die Tätigkeit des Herzens im Zusammenhang zu anderen leiblichen Funktionen, sondern nur den Herzschlag. Entsprechendes trifft für die Erfahrung anderer leiblicher Regungen und Zustände zu. Empfindungen fokussieren sich auf einzelne Körperstellen, im Fall von Schmerzen etwa auf beschädigte Körperteile. Auch ganzheitliche Leibzustände wie z. B. Stimmungen können in ihrer Unbestimmtheit nur eingeschränkt wahrgenommen werden. Insgesamt tritt die selbsterfahrene Natur immer *nur unvollständig* in Erscheinung. Nicht nur die Ursachen der Bewegung erschließen sich dem Bewusstsein nicht – wofür der Ausdruck „Selbstbewegung" steht. Vielmehr kommt der Selbstbewegung zudem ein strukturelles Element der Dunkelheit und Unergründlichkeit zu.

Hierin unterscheidet sie sich kategorial von den technischen Bewegungen, deren Herkunft und Funktionsweise (im aristotelischen Verständnis) im Prinzip restlos durchsichtig sind. Leiberfahrungen können aber auch *Erfahrung von aristotelischer Technik* sein, wenn Gegebenes in geeigneter Weise in Gemachtes umgewandelt wird. So kann die durch eine medizinische Maßnahme bewirkte Veränderung des Körpers partiell erlebt werden. Dinge, die als Mittel der medizinischen Technik in den menschlichen Körper eingebracht werden (künstliche Zähne, Organe oder Glieder, Pumpen, Schläuche usw.), heben sich insbesondere bei Funktionsstörungen im eigenen Erleben des Leibes als gesonderte Gegenstandsbereiche ab. Man fühlt den Ort, an dem etwa eine Prothese (z. B. im Bereich der Beine) befestigt ist, man weiß um die durch sie bedingte Leibwahrnehmung (des Gehens) oder des allgemeinen Befindens. Oft fallen Wirkbestandteile von Medikamenten ins Bewusstsein (z. B. Beginn der Wirkung eines Schlafmittels). Zur Erfahrung der Natur-Technik-Differenz gehören nicht zuletzt auch Leibveränderungen, die durch technische Manipulationen der Lebensbedingungen verursacht sind. Wenn Industrieemissionen das Atmen erschweren oder künstliche Nahrungsmittelzusätze zu Unwohlsein führen, ist der Leib eine Instanz der Natur, die sich im Erleben gegen die Technik erhebt.[38]

Grundsätzlich bleibt indes die Differenz von Natur und Technik leiblich vermittelt *weniger scharf* als in der äußerlichen Wahrnehmung. Technisch bewirkte Leibzustände stellen ganz oder teilweise Hybride im Sinne von Hans Jonas dar, die eine Unterscheidung zwischen Natur und Technik nicht mehr zulassen. Sein Argument der Nichtauftrennbarkeit von Hybridzuständen, das sich auf die objektive Erfahrung bezieht, kann auf das subjektive Erleben übertragen werden.[39] Wenn sich bei nur begrenzter Hybridbildung künstliche Gegenstände im Körper gegenüber ihrer natürlichen Umgebung abheben, dann vermag die Anwendung des Selbstbewegungskriteriums zudem genauso *in die Irre zu führen* wie bei der äußeren Wahrnehmung technischer Selbstbewegung.[40] Eine unabhängige technische Dynamik (Schrittmacher, Pumpen usw.) kann vom Bewusstsein nicht notwendig von einer organischen Eigenbewegung unterschieden werden. Statt zur Wahrnehmung einer Einschränkung der Natur, die man selbst ist, zu führen, kann ein wachsendes Ausmaß technisch induzierter Leiberfahrung überdies Grundlage von Veränderungen des Charakters der Selbstwahrnehmung sein. Wenn etwa

---

38 Die durch technische Manipulation der Lebensbedingungen bewirkten Leiden gleichen allerdings anderen Krankheiten darin, dass ihr Entstehungskontext meist nicht wahrnehmbar ist. Ihr nicht natürlicher Ursprung ist als solcher so wenig erkennbar wie die natürlichen Ursachen von Erkrankungen der eigenen Natur.
39 Vgl. Abschnitt 2, Punkt 3.
40 Vgl. Abschnitt 3.1.

durch technische Eingriffe (z. B. Verabreichung von Psychopharmaka) bedingte mentale Zustände die Identität des Individuums beträfen, wäre die Möglichkeit einer grundlegenden Umstrukturierung der eigenen Erlebnisqualität nicht mehr auszuschließen. Nur noch vermittelt über die Erinnerung, die vom neuen Gesamtzustand nicht unabhängig wäre, würde sich der ursprüngliche bzw. natürliche Zustand darstellen. Demgegenüber klassifiziert die aristotelische Entgegensetzung allein gegenwärtig präsente Gegenstände.

Die undeutliche innere Grenzziehung zwischen Natur und Technik lässt den Leib als Gegebenes fragwürdig erscheinen. Der heutige menschliche Körper ist schon durch weit zurückreichende Kulturtechniken geformt worden und wird in Zukunft weiter Gegenstand technischer Veränderungen sein. Doch die physiologische Einschreibung dieser epochenübergreifenden Entwicklung haben bisherige Eingriffe der modernen Technik erst nur partiell verändert.[41] Der Leib als aristotelisch verstandene Natur ist zwar nicht ein unhintergehbar Gegebenes (eine anthropologische Konstante), kann aber mit Böhme – und, wie ich im nächsten Abschnitt zeige, auch mit Habermas – als *eine normative Setzung* verstanden werden, die eine Instanz gegen die technische Manipulation des Körpers durch Pharmakologie, Reproduktionsmedizin, Transplantationsmedizin, Gentechnik etc. begründet.

10.3.3 Technisierung am Beispiel der Reproduktion

Dass in der Lebenswelt allen bisherigen Technisierungen der Natur zum Trotz immer noch vom Bestehen der „trennscharfen Kategorien des Hergestellten und des von Natur aus Gewordenen" (Habermas 2001, S. 83) auszugehen ist, führt Jürgen Habermas auf die gleichsam aristotelische Verfassung der Lebenswelt zurück.[42] Wie in der Antike so könne man auch heute zwischen den „vertrauten *Handlungsformen* der technischen Verarbeitung von Material einerseits und des kultivierenden oder therapeutischen Umgangs mit der organischen Natur andererseits" unterscheiden (Habermas 2001, S. 83 – Hervorhebung von mir). Dieser Verknüpfung der Wirksamkeit der kategorialen Natur-Technik-Differenz mit Handlungsformen scheint mir Habermas' umfassender Lebensweltbegriff vorausgesetzt zu sein. Er bezeichnet weniger eine Erfahrungswirklichkeit als eine

---

41 Vgl. Abschnitt 2, Punkt 4.
42 Vgl. Habermas 2001, S. 83, und entsprechend S. 77. Lebensweltliche und aristotelische Erfahrung teilen den Bezug auf unmittelbare Sinneswahrnehmung, auf direkte Handlungen, auf das Hintergrundwissens und – von mir nicht als notwendiges Kriterium aufgenommen – auf eine Gleichförmigkeit garantierende Praxis, vgl. Mittelstraß 1974, S. 63 f., und Schiemann 2005, S. 153 f.

theoretische Entität, die auf den gesamten gesellschaftlichen Objektbereich der über Kommunikation vermittelten Handlungskoordinierung rekurriert. In die Sphären des Privaten und Öffentlichen gegliedert, zählen zu diesem Bereich auch die Expertenkulturen der Wissenschaft, der Moral und der Kunst. Durch sein verschiedene Erfahrungswirklichkeiten umgreifendes Spektrum verliert der Lebensweltbegriff zwar kritisches Potenzial. Indem er nicht wie der von mir vorgestellte und im Folgenden allein verwendete Begriff auf die alltagspraktisch wahrnehmbaren Wirkungen von Technisierungen beschränkt bleibt, gestattet er aber eine umfassendere Auseinandersetzung mit ihren Hintergründen.

Technisierungen gefährden die Existenz der Lebenswelt.[43] Sie verändern nicht nur die Struktur der Erfahrung, sondern unterhöhlen auch die lebensweltlichen Bedingungen zur Beurteilung des Prozesses, indem sie die Grundlagen der Anwendung der Natur-Technik-Differenz aufheben. Habermas demonstriert diese Aufhebung der heute noch orientierungsleitenden Unterscheidung am Beispiel *reproduktionstechnologischer Eingriffe:*

> In dem Maße, wie die zufallsgesteuerte Evolution der Arten in den Eingriffsbereich der Gentechnologie und damit des von uns zu verantwortenden Handels rückt, entdifferenzieren sich die in der Lebenswelt nach wie vor trennscharfen Kategorien des Hergestellten und des von der Natur aus Gewordenen (Habermas 2001, S. 83).

Die zufallsgesteuerten und insofern naturgegebenen Anteile des Evolutionsprozesses sorgen für eine physiologische Ausstattung des Körpers, für die niemand verantwortlich gemacht werden kann. Sie bilden die Grundlage der Leiberfahrungen und den Ausgangspunkt für die eigene Lebensgestaltung. Mit der *positiven Eugenik* zielt die Gentechnologie darauf ab, die zukünftige naturale Basis von Leiberfahrung und Lebensgestaltung von Personen zum Gegenstand menschlichen Handelns von anderen Personen werden zu lassen. Dabei geht es nicht um den Schutz vor genetisch bedingten Krankheiten durch Verringerung negativ bewerteter Erbanlagen (*negative Eugenik*), sondern um die Förderung von Erbanlagen, die nach vorgeburtlichen Präferenzen ausgewählt werden. Die modifizierte naturale Basis konstituiert einen fremdbestimmten Beitrag zu den Entwicklungsvoraussetzungen einer Person, der deren Autonomie und damit die Grundlage der Moral in Frage stellt. Nicht nur wird der Bereich des Natürlichen zugunsten des Künstlichen eingeschränkt, sondern zugleich die Grenzziehung zwischen dem Natürlichen und dem Künstlichen überhaupt aufgeweicht. Die

---

43 Vgl. Kapitel 2.

technischen Anteile eines Eingriffes in die belebte Natur lassen sich nach dem Eingriff nicht mehr isolieren.[44]

Gegen die Einschränkung der autonomen Leiberfahrung und die Untergrabung ihrer Abgrenzung gegen das instrumentelle Handeln gilt es nach Habermas an der Natur-Technik-Differenz festzuhalten:

> Zum Selbstseinkönnen ist es auch nötig, daß die Person im eigenen Leib gewissermaßen zu Hause ist. [...] Und damit sich die Person mit ihrem Leib eins fühlen kann, scheint er als naturwüchsig erfahren werden zu müssen – als die Fortsetzung des organischen, sich selbst regenerierenden Lebens, aus dem heraus die Person geboren ist (Habermas 2001, S. 101).

Die *Norm* einer sich selbstbewegenden Natur legitimiert bei Habermas eine weitreichende, dem sogenannten Biokonservatismus zuzuordnende Einschränkung reproduktionstechnologischer Eingriffe.[45] Vorausgesetzt, die positive lässt sich hinreichend scharf von der negativen Eugenik unterscheiden, dann schreibt das Verbot der Ersteren den gegenwärtigen, bloß von heilbaren Leiden befreiten Naturzustand des Menschen als Bedingung der Moralität fest. Das Argument kann keine biographisch später einsetzende, nicht mehr reproduktionstechnologisch bewirkte Technisierung des Körpers verhindern – wie z. B. Ray Kurzweils Visionen der Verbindung von menschlichem Denken und Maschinenintelligenz.[46] Es restringiert Technisierungen des menschlichen Leibes auf Eingriffe in die im aristotelischen Sinn naturgegebene Form, die mit dem erwachsenen Körper gegeben ist, den eine Person hat und der sie als Leib ist. Insofern handelt es sich um die Begründung einer Konstellation, die in Richtung des aristotelischen Szenarios verweist.[47]

10.4 Schluss

Aus der Perspektive der aristotelischen Differenz von Natur und Technik gehört der Mensch wesentlich einer Natur zu, die als sich selbstbewegende bzw. nicht vom Menschen gemachte Welt gedacht wird (Abschnitt 1). Die *Naturzugehörigkeit des Menschen* kann heute allerdings nicht mehr mit gleicher Selbstverständlichkeit, wie von Aristoteles unterstellt, behauptet werden. Als Kulturwesen tritt dem Menschen die aristotelische Natur in der Moderne auch als fremde Welt gegenüber. Trotz der allgemein zunehmenden Entfernung menschlicher Wirklichkeiten

---

44 Vgl. Abschnitt 2, Punkt 3.
45 Habermas bezeichnet sich auch selbst als Biokonservativer, vgl. Standard 2012.
46 Vgl. Kurzweil 1999.
47 Vgl. Abschnitt 2.

von der aristotelischen Natur,⁴⁸ kommt der auf sie zurückgehenden Abgrenzung von der Technik immer noch eine orientierungs- und handlungsleitende Funktion zu. Zu dieser anhaltenden Relevanz trägt zum einen die *wissenschaftliche Reformulierung* der Natur-Technik-Differenz bei, die die Natur negativ als das unabhängig vom Menschen Bestehende bestimmt (Abschnitt 2). Zum anderen geht die bleibende Wirksamkeit auf die epochenübergreifende Stabilität grundlegender Strukturmerkmale der *Lebenswelt* zurück. Für das lebensweltliche Selbstverständnis des Menschen ist die Differenz der aristotelischen Natur zur Technik vermutlich immer noch konstitutiv, auch wenn die Grenzziehungen zwischen Natur und Technik undeutlicher geworden sind. Noch lassen sich lebensweltliche Gegenstände der äußeren Wahrnehmung gut in natürliche und technische klassifizieren. Zudem grenzt sich der Mensch auch selbst als Naturwesen qua Leib von technischen Eingriffen ab (Abschnitt 3).

Es mag aber als widersinnig erscheinen, dass die Lebenswelt als bevorzugter Anwendungskontext der aristotelischen Unterscheidung die Möglichkeit des Widerstandes gegen wissenschaftlich gestützte *Technisierungsprozesse* bietet, zugleich aber bevorzugtes Objekt eben dieser Prozesse ist. Ist nicht ein lebensweltliches Interesse an Geräten, Verfahren und Einrichtungen einer der treibenden Faktoren für Technisierungsprozesse? Man denke nur an den anhaltend hohen Absatz von Kraftfahrzeugen für die private Nutzung, die ubiquitäre Verbreitung von persönlich verwendeten Laptops und digitalen Kameras oder die mittlerweile durchgreifende Verbindung von Lifestyle und Smartphones. Doch so beachtlich sich auch die Faszination für technische Entitäten in der Lebenswelt ausnimmt, so auffällig ist doch die Distanz, die zu ihnen ebenso besteht. Paradigmatisch für das *abständige Verhältnis von Mensch und Technik* in der Lebenswelt ist der erwähnte Knopfdruckcharakter der Geräte der modernen Technik. Die auf Benutzung ausgerichtete Technik hat eine „idiotensichere" Bedienungsstruktur, die die Komplexität der zugrundeliegenden Funktionsweisen verbirgt. Obwohl wissenschaftliche Technik immer mehr in Handlungsvollzüge eingreift, gestattet die Oberflächenhaftigkeit der Apparate, das lebensweltliche Selbstverständnis vom technischen Wissen freizuhalten.⁴⁹

Das Verhältnis von Natur und Technik lässt sich zurzeit *nicht eindeutig* charakterisieren. Die Technisierungen haben die aristotelische Natur noch lange nicht beseitigen können. Dennoch ist eine Aufhebung der Differenz von Natur und Technik oder auch eine Umkehr des bisherigen Verhältnisses von Natur und Technik, so dass nicht mehr die Natur der Technik, sondern die Technik der Natur

---

48 Vgl. Schiemann 1998, S. 145–160.
49 Vgl. Kapitel 2, Abschnitt 2.2.

Grenzen setzen würde, denkbar. In dieser unübersichtlichen Situation stürmischer Entwicklung kommt es darauf an, an den *traditionellen Bestimmungen* festzuhalten, solange sie ihre bewährte Funktion, Kriterien für die Beurteilung der Wandlungsprozesse zu bieten, nicht verloren haben. Nicht zuletzt erlauben sie die Festlegung von normativen Setzungen, wenn gute Gründe gegen Technisierungen sprechen.

Bibliographie

Albert, David Z. (1992): *Quantum Mechanics und Experience.* Cambridge (Massachusetts): Harvard University Press.
Agar, Nicholas (2001): *Life's Intrinsic Value. Science, Ethics, and Nature.* New York: Columbia University Press.
Arndt, Markus (2009): „Mesoscopic Quantum Phenomena". In: Daniel Greenberger et al. (Hrsg.): *Compendium of Quantum Physics.* Berlin/Heidelberg: Springer, S. 379–384.
Ariès, Philippe (1980): *Geschichte des Todes.* Üb.: Una Pfau/Hans-Horst Henschen. München: Hanser.
Aristoteles (1831): *Opera. Ex recensione.* Hrsg.: Immanuel Bekker/Christian A. Brandis. 2 Bde. Berlin: Reimer. Stellennachweise werden durch die übliche Angabe der Spaltenbezeichnung und Zeilennummer vorgenommen.
Aristoteles (1966): „Protrepticus. Eine Lobrede auf das Geistesleben". In: Ingemar Düring (Hrsg.) (1966), S. 406–429.
Aristoteles (1970): *Metaphysik. Schriften zur ersten Philosophie.* Üb.: Franz F. Schwarz. Stuttgart: Reclam.
Aristoteles (1979): *Physikvorlesung.* Üb.: Hans Wagner. Darmstadt: Wissenschaftliche Buchgesellschaft.
Aristoteles (1987f.): *Physik. Vorlesung über Natur.* 2 Bde. Üb.: Hans G. Zekl. Hamburg: Meiner.
Assmann, Jan (2002): „Der Mensch und sein Tod". In: Jan Assmann/Rolf Trauzettel (Hrsg.): *Tod, Jenseits und Identität. Perspektiven einer kulturwissenschaftlichen Thanatologie.* Freiburg: Karl Alber, S. 12–27.
Augustinus (1950): *Bekenntnisse.* Üb.: Wilhelm Thimme. Zürich: Artemis.
Bacciagaluppi, Guido (2020): „The Role of Decoherence in Quantum Mechanics". In: *The Stanford Encyclopedia of Philosophy.* Hrsg.: Edward N. Zalta. https://plato.stanford.edu/entries/qm-decoherence/, besucht am 29.09.2020.
Bartels, Andreas (1996): *Grundprobleme der modernen Naturphilosophie.* Paderborn: Schöningh.
Bebie, Hans (1997): „Zeit in der Welt der Materie". In: Peter Rusterholz/Rupert Moser (Hrsg.): *Zeit. Zeitverständnis in Wissenschaft und Lebenswelt.* Bern: Peter Lang, S. 137–160.
Beckermann, Ansgar (1999): *Analytische Einführung in die Philosophie des Geistes.* Berlin/New York: De Gruyter.
Beller, Mara (1996): „The Rhetoric of Antirealism and the Copenhagen Spirit". In: *Philosophy of Science* 63. Nr. 2, S. 183–204.
Beller, Mara (1999): *Quantum Dialogue. The Making of a Revolution.* Chicago: University of Chicago Press.
Bensaude-Vincent, Bernadette (2009): *Les vertiges de la technoscience. Façonner le monde atome par atome.* Paris: La Découverte.
Bensaude-Vincent, Bernadette/Guchet, Xavier (2007): „Nanomachine. One Word For Three Different Paradigms". In: *Techné. Research in Philosophy and Technology* 10, Nr. 4, S. 71–89.
Birnbacher, Dieter (1985): „Technik". In: Ekkehart Martens/Herbert Schnädelbach (Hrsg.): *Philosophie. Ein Grundkurs.* Bd. 2. Reinbek: Rowohlt, S. 608–641.

Bitbol, Michel (2017): „On Bohr's Transcendental Research Program". In: Jan Faye/Henry J. Folse (Hrsg.), *Niels Bohr and the Philosophy of Physics*, London: Bloomsbury Academic, S. 47–66.
Blumenberg, Hans (1986): *Lebenszeit und Weltzeit*. Frankfurt am Main: Suhrkamp.
Blumenberg, Hans (2010): *Theorie der Lebenswelt*. Frankfurt am Main: Suhrkamp.
Böhme, Gernot (2009): „Zeit als Medium von Darstellungen und Zeit als Form lebendiger Existenz". In: *Rostocker Phänomenologische Manuskripte 5*.
Böhme, Gernot (2011): „Der Begriff des Leibes. Die Natur, die wir selbst sind". In: *Deutsche Zeitschrift für Philosophie 59*, S. 553–563.
Bollnow, Otto Friedrich (1982): „Lebendige Vergangenheit. Zum Begriff des objektivierten Geistes bei Nicolai Hartmann". In: Alois Joh. Buch (Hrsg.): *Nicolai Hartmann 1882–1982*. Bonn: Bouvier, S. 70–84.
Born, Max (1926): *Problems of Atomic Dynamics*. Cambridge (Massachusetts): Massachusetts Insitute of Technology.
Börner, Gerhard (2008): „Die Dunkle Energie und ihre Feinde". In: *Spektrum der Wissenschaft* 11, S. 38–45.
Bouwmeester, Dirk/Ekert, Artur K./Zeilinger, Anton (Hrsg.) (2000): *The Physics of Quantum Information. Quantum Cryptography, Quantum Teleportation, Quantum Computation*. Berlin/New York: Springer.
Brandt, Reinhard (2004): „Den Tod statuiere ich nicht". In: Konrad P. Liessmann (Hrsg.): *Ruhm, Tod und Unsterblichkeit. Über den Umgang mit der Endlichkeit*. Wien: Zsolnay, S. 20–44.
Breidert, Wolfgang et al. (1971ff.): „Raum". In: Ritter/Gründer (Hrsg.) (1971ff.)., Bd. 8.
Brockhaus (2020): *Brockhaus Enzyklopädie Online*. https://brockhaus.de/ecs/enzy/article/natur, besucht am 05.12.2020.
Bub, Jeffrey (1997): *Interpreting the Quantum World*. Cambridge (UK): Cambridge University Press.
Bubner, Rüdiger (1989): „Ästhetisierung der Lebenswelt". In: Ders. (Hrsg.): *Ästhetische Erfahrung*. Frankfurt am Main: Suhrkamp, S. 143–155.
Bund für Umwelt und Naturschutz Deutschland (2020): *Nanoprodukte im Alltag*. https://www.bund.net/themen/chemie/nanotechnologie/nanoprodukte-im-alltag/, besucht am 29.09.2020.
Bund Ökologische Lebensmittelwirtschaft e. V. (2020): *Branchenreport 2020. Ökologische Lebensmittelwirtschaft*. https://www.boelw.de/fileadmin/user_upload/Dokumente/Zahlen_und_Fakten/Brosch%C3%BCre_2020/B%C3%96LW_Branchenreport_2020_web.pdf, besucht am 05.12.2020.
Bundesnotarkammer (2020): *Jahresbericht und Statistik. Das Zentrale Vorsorgeregister in Zahlen*. https://www.vorsorgeregister.de/footer/jahresbericht-und-statistik, besucht am 03.11.2020.
Bürger, Peter (1998): *Das Verschwinden des Subjekts. Eine Geschichte der Subjektivität von Montaigne bis Bartes*. Frankfurt am Main: Suhrkamp.
Callender, Craig (2010): *Introducing Time*. London: Icon Books.
Camilleri, Kristian (2005): „Heisenberg and the Transformation of Kantian Philosophy". In: *International Studies in the Philosophy of Science* 19, S. 271–287.
Carrier, Martin (2009): *Raum-Zeit*. Berlin: De Gruyter.
Carrier, Martin (2018): „Selbstorganisation". In: Jürgen Mittelstraß (Hrsg.): *Enzyklopädie Philosophie und Wissenschaftstheorie*. 2. Auflage. Stuttgart: Metzler. Bd. 7.

Carrier, Martin/Krohn, Wolfgang/Weingart, Peter (2007): *Nachrichten aus der Wissensgesellschaft. Analysen zur Veränderung von Wissenschaft.* Weilerswist: Velbrück.
Churchland, Paul M. (1992): „Eliminative Materialism and the Propositional Attitudes". In: Ders.: *A Neurocomputational Perspective. The Nature of Mind and the Structure of Science.* Cambridge (Massachusetts): Massachusetts Institute of Technology, S. 1–22.
Clagett, Marshall (1979): *The Science of Mechanics in the Middle Ages.* Madison: University of Wisconsin Press.
Cohen, I. Bernard (1975): „Die Physik des gesunden Menschenverstandes". In: Gustav A. Seeck (Hrsg.): *Die Naturphilosophie des Aristoteles.* Darmstadt: Wissenschaftliche Buchgesellschaft, S. 227–234.
Cohen, I. Bernard/Smith, George (Hrsg.) (2002): *The Cambridge companion to Newton.* Cambridge (UK): Cambridge University Press.
Colchero, Fernando et al. (2016): „Sterbealter gleichen sich an". In: *Forschungsbericht 2016 – Max-Planck-Institut für demografische Forschung.* https://www.mpg.de/10959449/mpidf-engl-mpidr-jb-2017–1, besucht am 24.12.2020.
Craemer-Ruegenberg, Ingrid (1980): *Die Naturphilosophie des Aristoteles.* Freiburg, München: Karl Alber.
Crowther, Karen (2015): „Decoupling Emergence and Reduction in Physics". In: *European Journal for Philosophy of Science* 5, S. 419–445.
d'Espagnat, Bernard (1979): „The Quantum Theory and Reality". In: *Scientific American* 241, S. 158–181.
DaNa (Daten zu Neuen, Innovativen und anwendungssicheren Materialien) (2021): *Was sind Nanopartikel?* https://www.nanopartikel.info/haeufige-fragen/5-was-sind-nanopartikel, besucht am 21.01.2021.
Dasch, Burkhard et al. (2015): „Place of Death. Trends Over the Course of a Decade. A Population-Based Study of Death Certificates From the Years 2001 and 2011". In: *Deutsches Ärzteblatt International* 112, S. 496–504.
Descartes, René (1969 ff.): *Œuvres de Descartes.* Hrsg.: Charles Adam/Paul Tannery. Paris: Léopold Cerf.
Dodd, James (2010): „Death and Time in Husserl's C-Manuscripts". In: Dieter Lohmar/Ichiro Yamaguchi (Hrsg.): *On Time. New Contributions to the Husserlian Phenomenology of Time.* Dordrecht: Springer, S. 51–70.
Dornes, Martin (2012): *Die Modernisierung der Seele. Kind-Familie-Gesellschaft.* Frankfurt am Main: Fischer.
Dress, Andreas et al. (Hrsg.) (1986): *Selbstorganisation.* München: Piper.
Drieschner, Michael (2002): *Moderne Naturphilosophie. Eine Einführung.* Paderborn: Mentis.
Duden (2011): *Duden Deutsches Universalwörterbuch.* Mannheim/Zürich: Dudenverlag.
Düring, Ingemar (1966): *Aristoteles. Darstellung und Interpretation seines Denkens.* Heidelberg: Winter.
Dux, Günter (1992): *Die Zeit in der Geschichte. Ihre Entwicklungslogik vom Mythos zur Weltzeit.* Frankfurt am Main: Suhrkamp.
DTU Environment et al. (2020): *The Nanodatabase.* http://nanodb.dk/en/analysis/consumer-products/#char//tHashsection, besucht am 24.05.2020.
Eigen, Manfred (1987): *Stufen zum Leben. Die frühe Evolution im Visier der Molekularbiologie.* München: Piper.

Einstein, Albert (1905): „Zur Elektrodynamik bewegter Körper". In: *Annalen der Physik und Chemie* 17, S. 891–921.
Eisendle, Reinhard et al. (1993): *Maschinen im Alltag. Studien zur Technikintegration als soziokulturellem Prozeß*. München/Wien: Profil.
Elias, Norbert (1984): *Über die Zeit. Arbeiten zur Wissenssoziologie II*. Frankfurt am Main: Suhrkamp.
Embree, Lester E. (Hrsg.) (1999): *Schutzian Social Science*. Dordrecht: Springer.
Engelman, Edward (2017): *Nature and the Artificial: Aristotelian Reflections on the Operative Imperative*. London: Lexington.
Eser, Uta/Potthast, Thomas (1999): *Naturschutzethik. Eine Einführung für die Praxis*. Baden-Baden: Nomos.
Esfeld, Michael/Sachse, Christian (2011): „Identität statt Emergenz. Plädoyer für einen konservativen Reduktionismus". In: Jens Greve/Annette Schnabel (Hrsg.): *Emergenz. Zur Analyse und Erklärung komplexer Strukturen*. Berlin: Suhrkamp, S. 84–110.
Falkenburg, Brigitte (2007): *Particle Metaphysics. A Critical Account of Subatomic Reality*. Berlin: Springer.
Faye, Jan (2019): „Copenhagen Interpretation of Quantum Mechanics". In: *Stanford Encyclopedia of Philosophy*. Hrsg: Edward N. Zalta. https://plato.stanford.edu/entries/qm-copenhagen/, besucht am 03.10.2020.
Feest, Uljana/Steinle, Friedrich (2016): „Experiment". In: Paul Humphreys (Hrsg.): *The Oxford Handbook of Philosophy of Science*. Oxford: Oxford University Press.
Felt, Ulrike/Schumann, Simone/Schwarz, Claudia G. (2015): „(Re)assembling Natures, Cultures and (Nano)technologies in Public Engagement". In: *Science and Culture* 24. Nr. 4, S. 458–483.
Ferring, Dieter (2008): „Von ‚Disengagement' zu ‚Successful Ageing'. Modellvorstellungen über das (gute) Altern". In: Dieter Ferring et al. (Hrsg.): *Soziokulturelle Konstruktion des Alters. Transdisziplinäre Perspektiven*. Würzburg: Königshausen & Neumann, S. 255–272.
Feyerabend, Paul (1963): „Professor Hartmann's Philosophy of Nature". In: *Ratio* 5, S. 91–106.
Fischer, Norbert (2001): *Geschichte des Todes in der Neuzeit*. Erfurt: Sutton.
Fischer, Norbert/Schäfer, Daniel (2010): „Geschichtswissenschaft". In: Wittwer/Schäfer/Frewer (Hrsg.) (2010), S. 1–15.
Fogelberg, Hans/Glimell, Hans (2003): *Bringing Visibility to the Invisible. Towards a Social Understanding of Nanotechnology*. Göteborg: Göteborgs Universitet.
Forman, Paul (1971): „Weimar Culture, Causality, and Quantum Theory. 1918–1927. Adaptation by German Physicists and Mathematicians to a Hostile Intellectual Environment". In: *Historical Studies in the Physical Sciences* 3, S. 1–115.
Fraser, Julius T. (1988): *Die Zeit. Vertraut und Fremd*. Basel: Birkhäuser.
Friebe, Cord et al. (2015): Philosophie der Quantenphysik. Berlin: Springer.
Gabriel, Karl (2014): „Tod – soziologisch". In: Ulrich Lüke (Hrsg.): *Tod – Ende des Lebens!?* Freiburg: Karl Alber, S. 31–54.
Galilei, Galileo (1634): „Die Mechanik". In: Gregor Schiemann (Hrsg.) (1996), S. 106–110.
Galison, Peter (2003): *Einsteins Uhren, Poincarés Karten. Die Arbeit an der Ordnung der Zeit*. Frankfurt am Main: Fischer.
Gehring, Petra (2010): *Theorien des Todes zur Einführung*. Hamburg: Junius.

Geniusas, Saulius (2010): „On Birth, Death, and Sleep in Husserl's Late Manuscripts on Time". In: Dieter Lohmar/Ichiro Yamaguchi (Hrsg.): *On time. New Contributions to the Husserlian Phenomenology of Time*. Dordrecht: Springer, S. 71–89.

Genz, Henning (1997): *Wie die Zeit in die Welt kam. Die Entstehung einer Illusion aus Ordnung und Chaos*. München: Hanser.

Ginev, Dimiri (1995): *Die Mehrdimensionalität geisteswissenschaftlicher Erfahrung*. Essen: Blaue Eule.

Ginev, Dimiri (2008): *Transformationen der Hermeneutik. Zum Dialog zwischen hermeneutischer Philosophie und wissenschaftlichen Forschungsprogrammen*. Würzburg: Königshausen & Neumann.

Giulini, Domenico et al. (1999): „Decoherence and the Appearance of a Classical World in Quantum Theory". In: *Studies in History and Philosophy of Modern Physics* 30B. Nr. 3, S. 437–441.

Gloy, Karen (2006): *Zeit. Eine Morphologie*. Freiburg: Karl Alber.

Goethe, Johann Wolfgang von (1989): *Schriften zur allgemeinen Naturlehre, Geologie und Mineralogie*. Sämtliche Werke Bd. 25. Hrsg.: Wolfgang von Engelhardt/Manfred Wenzel. Frankfurt am Main: Deutscher Klassiker Verlag.

Graf, Friedrich W. (2004): „Todesgegenwart". In: Graf/Meier (Hrsg.) (2004), S. 7–46

Graf, Friedrich W./Meier, Heinrich (Hrsg.) (2004): *Der Tod im Leben. Ein Symposion*. München: Piper.

Grathoff, Richard/Sprondel, Walter M. (Hrsg.) (1979): *Alfred Schütz und die Idee des Alltags in den Sozialwissenschaften*. Stuttgart: Enke.

Gronemeyer, Reimer (2007): *Sterben in Deutschland. Wie wir dem Tod wieder einen Platz in unserem Leben einräumen können*. Frankfurt am Main: Fischer.

Großheim, Michael (2012): *Zeithorizont. Zwischen Gegenwartsversessenheit und langfristiger Orientierung*. Freiburg: Karl Alber.

Grunwald, Armin (2020): „Das Reden über Natur im Lichte technischen Denkens". In: Klaus Feldmann/Nils Höppner (Hrsg.): *Wie über Natur reden? Philosophische Zugänge zum Naturverständnis im 21. Jahrhundert*. Freiburg: Karl Alber, S. 25–37.

Güzeldere, Güven (1996): „The Many Faces of Consciousness. A Field Guide". In: Ned Block/Owen Flanagan/Güven Güzeldere (Hrsg.): *The Nature of Consciousness. Philosophical Debates*. Cambridge (Massachusetts): Massachusetts Institute of Technology, S. 1–67.

Habermas, Jürgen (2001): *Die Zukunft der menschlichen Natur. Auf dem Weg zu einer liberalen Eugenik*. Frankfurt am Main: Suhrkamp.

Haken, Hermann (1982): *Synergetik. Eine Einführung. Nichtgleichgewichts-Phasenübergänge und Selbstorganisation in Physik, Chemie und Biologie*. Berlin: Springer.

Haraway, Donna (1995): *Die Neuerfindung der Natur. Primaten, Cyborgs und Frauen*. Frankfurt am Main: Campus Verlag.

Harich, Wolfgang (2004): *Nicolai Hartmann. Größe und Grenzen. Versuch einer marxistischen Selbstverständigung*. Würzburg: Königshausen & Neumann.

Harris, Philip E. et al. (2012): „Prevalence of Complementary and Alternative Medicine (CAM) Use by the General Population. A Systematic Review and Update". In: *International Journal of Clinical Practice*. 66. Nr. 10, S. 924–939.

Hartman, Edwin (1977): „Substance, Body, and Soul. Aristotelian Investigations". In: *Philosophical Books* 20. Nr. 2, S. 57–61.

Hartmann, Nicolai (1933): *Das Problem des geistigen Seins. Untersuchungen zur Grundlegung der Geschichtsphilosophie und der Geisteswissenschaften.* Berlin: De Gruyter. 1962.
Hartmann, Nicolai (1940): *Aufbau der realen Welt. Grundriß einer allgemeinen Kategorienlehre.* Meisenheim am Glan: Westkulturverlag. 1949.
Hartmann, Nicolai (1942): *Neue Wege der Ontologie.* Darmstadt: Wissenschaftliche Buchgesellschaft. 1964.
Hartmann, Nicolai (1943): *Die Anfänge des Schichtungsgedankens in der Alten Philosophie.* Berlin: Akademie der Wissenschaften.
Hartmann, Nicolai (1946): „Neue Ontologie in Deutschland". In: Ders.: *Kleinere Schriften.* Bd. 1. Berlin: De Gruyter. 1955, S. 51–89.
Hartmann, Nicolai (1950): *Philosophie der Natur.* Berlin: De Gruyter.
Hauger, Wolfgang (2004): „Nicht zweimal in denselben Fluss. Zur Unumkehrbarkeit der Zeit in der Physik". In: Siegfried Reusch (Hrsg.): *Das Rätsel Zeit. Ein philosophischer Streifzug.* Darmstadt: Wissenschaftliche Buchgesellschaft, S. 53–63.
Heidegger, Martin (1927): *Sein und Zeit.* Halle an der Saale: Niemeyer.
Heidelberger, Michael (1971ff.): „Selbstorganisation". In: Ritter/Gründer (Hrsg.) (1971ff.). Bd. 9.
Heidelberger Michael/Schiemann, Gregor (Hrsg.) (2009): *The Significance of the Hypothetical in the Natural Sciences.* Berlin/New York: De Gruyter.
Heil, John (2005): *From an Ontological Point of View.* Oxford: Oxford University Press.
Heisenberg, Werner (1941): „Die Goethesche und die Newtonsche Farbenlehre im Lichte der Modernen Physik". In: Ders.: *Wandlungen in den Grundlagen der Naturwissenschaft.* Leipzig: S. Hirzel, S. 85–106.
Heisenberg, Werner (1984): „Die Ordnung der Wirklichkeit". In: Ders.: *Gesammelte Werke, C I: Physik und Erkenntnis: 1927–1955.* Berlin: Piper, S. 217–306.
Heisenberg, Werner (1989): *Die Ordnung der Wirklichkeit.* Zürich/München: Piper.
Heller, Agnes (1986): „The Sociology of Everyday Life". In: Ulf Himmelstrand (Hrsg.): *Sociology. From Crisis to Science? Volume 2. The Social Reproduction of Organization and Culture.* London: Sage, S. 150–163.
Heuser-Keßler, Marie-Luise (2016): „Autopoiese und Synergetik". In: Tatjana Petzer/Stephan Steiner (Hrsg.) *Synergie: Kultur- und Wissensgeschichte einer Denkfigur.* Paderborn: Wilhelm Fink, S. 149–163.
Höfert, Hans-Joachim (1952): „Kategorialanalyse und physikalische Grundlagenforschung". In: Heinz Heimsoeth/Robert Heiss (Hrsg.): *Nicolai Hartmann: Der Denker und sein Werk. Fünfzehn Abhandlungen mit einer Bibliographie.* Göttingen: Vandenhoeck und Ruprecht, S. 186–207.
Husserl, Edmund (1948): *Erfahrung und Urteil. Untersuchungen zur Genealogie der Logik.* Hamburg: Meiner.
Husserl, Edmund (1950ff.): *Gesammelte Werke.* Dordrecht/Boston/London: Springer.
Husserl, Edmund (2006): *Späte Texte über Zeitkonstitution (1929–1934). Die C-Manuskripte.* Materialienband VIII. Hrsg.: Dieter Lohmar. Dordrecht: Springer.
Ingensiep, Hans Werner (2001): *Geschichte der Pflanzenseele. Philosophische und biologische Entwürfe von der Antike bis zur Gegenwart.* Stuttgart: Kröner.
Imhof, Arthur E. (1991): *Ars moriendi. Die Kunst des Sterbens einst und heute.* Wien: Böhlau.
Jahn, Ilse (Hrsg.) (1985): *Geschichte der Biologie. Theorien, Methoden, Institutionen, Kurzbiographien.* Jena: Fischer.

Jakob, Karlheinz (1998): „Fachsprachliche Phänomene der Alltagskommunikation". In: Lothar Hoffmann/Hartwig Kalverkämper/Herbert E. Wiegand (Hrsg.): *Fachsprachen/Languages for Special Purposes*. 1. Halbbd. Berlin/New York: De Gruyter, S. 689–710.
James, William (1912): *Essays in Radical Empiricism*. New York: Longman Green and Co.
Jammer, Max (1960): *Das Problem des Raumes. Die Entwicklung der Raumtheorien*. Darmstadt: Wissenschaftliche Buchgesellschaft.
Jammer, Max (1966): *The Conceptual Development of Quantum Mechanics*. New York: McGraw-Hill.
Jonas, Hans (1987): „Laßt uns einen Menschen klonieren. Von der Eugenik zur Gentechnologie". In: Ders.: *Technik, Medizin und Ethik*. Frankfurt am Main: Suhrkamp, S. 162–203.
Joos, Erich (2002): „Dekohärenz und der Übergang von der Quantenphysik zur klassischen Physik". In: Jürgen Audretsch (Hrsg.): *Verschränkte Welt. Faszination der Quanten*. Weinheim: Wiley-VCH, S. 169–195.
Kant, Immanuel (1900 ff.): *Kant's gesammelte Schriften*. Hrsg.: Königlich Preußische (später: Deutsche) Akademie der Wissenschaften. Belin: Reimer.
Kempcke, Günter (2000): *Wörterbuch. Deutsch als Fremdsprache*. Berlin/New York: De Gruyter.
Kirchhoff, Thomas et al. (Hrsg.) (2020): *Naturphilosophie. Ein Lehr- und Studienbuch*. Tübingen: Mohr Siebeck.
Knoblauch, Hubert/Zingerle, Arnold (Hrsg.) (2005): *Thanatosoziologie. Tod, Hospiz und die Institutionalisierung des Sterbens*. Berlin: Duncker & Humblot.
Köcher, Renate (Hrsg.) (2010): *Allensbacher Jahrbuch der Demoskopie 2003–2009*. Bd. 12. Berlin: De Gruyter.
Köchy, Kristian (2006): „Maßgeschneiderte nanoskalige Systeme. Methodologische und ontologische Überlegungen". In: Alfred Nordmann/Joachim Schummer/Astrid Schwarz (Hrsg.): *Nanotechnologien im Kontext. Philosophische, ethische und gesellschaftliche Perspektiven*. Berlin: Akademische Verlagsgesellschaft, S. 131–150.
Köchy, Kristian (2014): „Konstruierte Natur? Eine Fallstudie zur Synthetischen Biologie". In: Gerald Hartung/Thomas Kirchhoff (Hrsg.): *Welche Natur brauchen wir? Analyse einer anthropologischen Grundproblematik des 21. Jahrhunderts*. Freiburg, München: Karl Alber, S. 299–316.
Krapp, Holger et al. (Hrsg.) (1997): *Komplexität und Selbstorganisation. ‚Chaos' in den Naturwissenschaften und Kulturwissenschaften*. München: Wilhelm Fink.
Krebs, Angelika (1997): „Naturethik im Überblick". In: Dies. (Hrsg.): *Naturethik. Grundtexte der gegenwärtigen tier- und ökoethischen Diskussion*. Frankfurt am Main: Suhrkamp, S. 337–379.
Krohn, Wolfgang et al. (1992): „Organisation. Ein Grundthema der neuzeitlichen Wissenschaft – ungelöst und unabweisbar". In: *Selbstorganisation. Jahrbuch für Komplexität in den Natur-, Sozial- und Geisteswissenschaften* 3, S. 7–14.
Küppers, Günter/Paslack, Rainer (1989): „Die Entdeckung des Komplexen. Zur Entstehung und Entwicklung der Theorie der Selbstorganisation". In: Franz Schafstedde (Hrsg.): *Der ganze Mensch und die Medizin*. Argument-Sonderband 162. Hamburg: Argument, S. 69–81.
Kurzweil, Ray (1999): *Homo sapiens. Leben im 21. Jahrhundert. Was bleibt vom Menschen?* Berlin: Kiepenheuer & Witsch.
Lafontaine, Céline (2010): *Die postmortale Gesellschaft*. Wiesbaden: VS Verlag für Sozialwissenschaften.

Langenscheidt (2015): *Deutsch als Fremdsprache*. München/Wien: Langenscheidt.
Latour, Bruno (1994): „On Technical Mediation". In: *Common Knowledge* 3. Nr. 2, S. 29–64.
List, Elisabeth/Srubar, Ilja (Hrsg.) (1988): *Alfred Schütz. Neue Beiträge zur Rezeption seines Werkes*. Amsterdam: Rodopi.
Lübbe, Hermann (1986): *Religion nach der Aufklärung*. Graz: Styria.
Lüth, Hans (2015): *Quantum Physics in the Nanoworld. Schrödinger's Cat and the Dwarfs*. Berlin/Heidelberg: Springer.
Macho, Thomas H./Marek, Kristin (2007): „Die neue Sichtbarkeit des Todes". In: Macho/Marek (Hrsg.) (2007), S. 9–23.
Macho, Thomas H./Marek, Kristin (Hrsg.) (2007): *Die neue Sichtbarkeit des Todes*. München: Wilhelm Fink.
Mahlmann, Regina (1991): *Psychologisierung des ‚Alltagsbewußtseins'. Die Verwissenschaftlichung des Diskurses über Ehe*. Opladen: VS Verlag für Sozialwissenschaften.
Malsch, Ineke (1997): *Nanotechnology in Europe. Experts' Perceptions and Scientific Relations between Sub-areas, prepared by the European Commission*. Seville: JRC, Institute for Prospective Technology Studies.
Markopoulos, Angelos P./Mamalis, Athanasios G./Manolakos, Dimitrios (2005): „Micro and Nanoprocessing Techniques and Applications". In: *Nanotechnology Perceptions* 1, S. 31–52.
Marstedt, Gerd (2003): „Alternative Medizin: Eine Bilanz aus Patientensicht". In: *Gesundheitsmonitor. Ein Newsletter der Bertelsmann-Stiftung* 2. Nr. 3, S. 2–5.
Maturana, Humberto R./Varela, Francisco J. (1987): *Der Baum der Erkenntnis. Die biologischen Wurzeln des menschlichen Erkennens*. München: Scherz.
McCloskey, Michael (1983): „Intuitive Physics". In: *Scientific American* 248, S. 122–130.
McDowell, John (1994): *Mind and World*. Cambridge (Massachusetts): Massachusetts Institute of Technology.
McManners, John (1981): „Death and the French Historians". In: Joachim Whaley (Hrsg.): *Mirrors of Mortality. Social Studies in the History of Death*. New York: St. Martin's Press, S. 106–130.
Mehra, Jagdish/Rechenberg, Helmut (1982 ff.): *The Historical Development of Quantum Theory*. 5 Bde. New York: Springer.
Miller, Alexander (2019): „Realism". In: *The Stanford Encyclopedia of Philosophy*. Hrsg.: Edward N. Zalta. https://plato.stanford.edu/entries/realism/, besucht am 03.10.2020.
Mischke, Marianne (1996): *Der Umgang mit dem Tod. Vom Wandel der abendländischen Geschichte*. Berlin: Dietrich Reimer.
Mittelstaedt, Peter (1976): *Der Zeitbegriff in der Physik. Physikalische und philosophische Untersuchungen zum Zeitbegriff in der klassischen und in der relativistischen Physik*. Mannheim: Bibliographisches Institut BI Wissenschaftsverlag.
Mittelstraß, Jürgen (1974): *Die Möglichkeit von Wissenschaft*. Frankfurt am Main: Suhrkamp.
Morawetz, Klaus (2004): „Zeit im physikalischen Weltbild". In: Joachim Klose/Klaus Morawetz (Hrsg.): *Aspekte der Zeit. Zeit-Geschichte, Raum-Zeit, Zeit-Dauer und Kultur-Zeit*. Münster: LIT, S. 67–88.
Nachtigall, Werner (2010): *Bionik als Wissenschaft. Erkennen – Abstrahieren – Umsetzen*. Heidelberg/Dordrecht/London/New York: Springer.

Natanson, Maurice A. (Hrsg.) (1970): *Phenomenology and Social Reality. Essays in Memory of Alfred Schutz*. Den Haag: Springer.
Newton, Isaac (1687): *Mathematische Principien der Naturlehre. Mit Bemerkungen und Erläuterungen*. Hrsg.: Jacob P. Wolfers. Berlin: Robert Oppenheim.
Nordmann, Alfred (2003): „Shaping the World Atom by Atom. Eine nanowissenschaftliche WeltBildanalyse". In: Armin Grunwald (Hrsg.): *Technikgestalltung zwischen Wunsch und Wirklichkeit*. Berlin: Springer, S. 191–199.
Nordmann, Alfred (2008): „Philosophy of NanoTechnoScience". In: Günter Schmid (Hrsg.): *Nanotechnology*. Bd. 1. Weinheim: Wiley-VCH, S. 217–243.
Nordmann, Alfred (2013): „Nanotechnologie". In: Armin Grunwald (Hrsg.): *Handbuch Technikethik*. Stuttgart: J.B. Metzler, S. 338–342.
Nordmann, Alfred (2019): „NanoTechnoScience for Philosophers of Science". In: *Philosophia Scientiae* 23. Nr. 1, S. 99–119.
Nowotny, Helga (1990): *Eigenzeit*. Frankfurt am Main: Suhrkamp.
Nowotny, Helga/Scott, Peter/Gibbons, Michael (2005): *Wissenschaft neu denken. Wissen und Öffentlichkeit in einem Zeitalter der Ungewissheit*. Weilerswist: Velbrück.
Odenwald, Michael (2008): „Gefährliche Zwerge". In: *Focus-Online*. https://www.focus.de/wissen/natur/tid-8724/nanotechnologie_aid_235769.html, besucht am 05.10.2020.
Pascal, Blaise (1987): *Über die Religion und über einige andere Gegenstände*. Üb. Ewald Wasmuth. Frankfurt am Main: Insel.
Passmore, John A. (1980): *Man's Responsibility for Nature. Ecological Problems and Western Tradition*. London: Duckworth.
Pauli, Wolfgang (1926): *Wissenschaftlicher Briefwechsel mit Bohr, Einstein, Heisenberg u.a.* Bd. 1. New York/Heidelberg/Berlin: Springer 1979ff., Brief vom 23.11.1926, S. 359.
Penrose, Roger (2011): *Cycles of Time. An Extraordinary New View of the Universe*. London: The Bodley Head.
Pinzon, Luis C. E. et al. (2011): „Preference for place of death in Germany". In: *Journal of Palliative Medicine* 10, S. 1097–1103.
Plumwood, Val (2003): „Towards a Progressive Naturalism". In: Margarete Maurer/Otmar Höll (Hrsg.): *Natur als Politikum*. Wien: RLI, S. 203–230.
Prigogine, Ilya (1988): *Vom Sein zum Werden. Zeit und Komplexität in den Naturwissenschaften*. München: Piper.
Prigogine, Ilya/Stengers, Isabelle (1990): *Dialog mit der Natur. Neue Wege naturwissenschaftlichen Denkens*. München: Piper.
Purcell, Edward (1960): *Radioastronomy and Communication Through Space*. Upton: Brookhaven National Laboratory.
Putnam, Hilary (1994): „The Dewey Lectures". In: *Journal of Philosophy* 91, S. 445–517.
Rae, Alistair I. M. (1996): *Quantenphysik. Illusion oder Realität?* Stuttgart: Reclam.
Ramsden, Jeremy J. (2005): „What Is Nanotechnology?". In: *Nanotechnology Perceptions* 1, S. 3–17.
Rapp, Friedrich (1978): *Analytische Technikphilosophie*. Freiburg, München: Karl Alber.
Ritter, Joachim/Gründer, Karlfried (Hrsg.) (1971ff.): *Historisches Wörterbuch der Philosophie*. Basel: Schwabe.
Roco, Mihail C. (2011): „The Long View of Nanotechnology Development. The National Nanotechnology Initiative at 10 Years". In: *Journal of Nanoparticle Research* 13, S. 427–445.

Rosa, Hartmut (2005): *Beschleunigung. Die Veränderung der Zeitstruktur in der Moderne*. Frankfurt am Main: Suhrkamp.
Roukes, Michael L. (2001): „Nanoelectromachnetical Systems Face the Future". In: *Physics World* 14. Nr. 2, S. 25–31.
Roukes, Michael L. (2002): „Plenty of Room, Indeed". In: *Scientific American. Understanding Nanotechnology*. E-Book Edition, S. 18–35.
Sartre, Jean-Paul (1989): *Das Sein und das Nichts. Versuch einer phänomenologischen Ontologie*. Reinbek: Rowohlt.
Schiefer, Frank (2007): *Die vielen Tode. Individualisierung und Privatisierung im Kontext von Sterben, Tod und Trauer in der Moderne. Wissenssoziologische Perspektiven*. Berlin: LIT.
Schiemann, Gregor (1996): „Wer beeinflußte wen? Die Kausalitätskritik der Physik im Kontext der Weimarer Kultur". In: Wolfgang Bialas/Georg G. Iggers (Hrsg.): *Intellektuelle in der Weimarer Republik*. Frankfurt am Main: Peter Lang, S. 351–370.
Schiemann, Gregor (Hrsg.) (1996): *Was ist Natur? Klassische Texte zur Naturphilosophie*. München: Deutscher Taschenbuchverlag.
Schiemann, Gregor (1997): *Wahrheitsgewissheitsverlust. Hermann von Helmholtz' Mechanismus im Anbruch der Moderne. Eine Studie zum Übergang von klassischer zu moderner Naturphilosophie*. Darmstadt: Wissenschaftliche Buchgesellschaft.
Schiemann, Gregor (1998): „Natur auf dem Rückzug. Zur Relevanz der aristotelischen Unterscheidung von Natur und Technik". In: Michael Hauskeller/Christoph Rehmann-Sutter/Gregor Schiemann (Hrsg.): *Naturerkenntnis und Natursein*. Frankfurt am Main: Suhrkamp, S. 145–160.
Schiemann, Gregor (1999a): „Historische Reflexion als Kritik naturwissenschaftlicher Ontologie. Ernst Machs Kritik an der mechanistischen Auffassung des Energieerhaltungssatzes und ihre Aktualität". In: Julian Nida-Rümelin (Hrsg.): *Rationalität, Realismus, Revision/Rationality, Realism, Revision*. Berlin/New York: De Gruyter, S. 842–849.
Schiemann, Gregor (1999b): „Pluralität der Natur". In: *Bremer Philosophica* 4.
Schiemann, Gregor (2002): „Rationalität und Erfahrung. Ansatz einer Neubeschreibung von Alfred Schütz' Konzeption der ‚Erkenntnisstile'". In: Nicole C. Karafyllis/Jan C. Schmidt (Hrsg.): *Zugänge zur Rationalität der Zukunft*. Stuttgart: Metzler, S. 73–94.
Schiemann, Gregor (2004): „Dissolution of the Nature-Technology Dichotomy? Perspectives on Nanotechnology from the Viewpoint of an Everyday Understanding of Nature". In: Davis Baird/Alfred Nordmann/Joachim Schummer (Hrsg.): *Discovering the Nanoscale*. Amsterdam: IOS Press, S. 209–213.
Schiemann, Gregor (2005): *Natur, Technik, Geist. Kontexte der Natur nach Aristoteles und Descartes in lebensweltlicher und subjektiver Erfahrung*. Berlin: De Gruyter.
Schiemann, Gregor (2006): „Kein Weg vorbei an der Natur. Natur als Gegenpart und Voraussetzung der Nanotechnologie". In: Alfred Nordmann/Joachim Schummer/Astrid Schwarz (Hrsg.): *Nanotechnologie im Kontext. Philosophische, ethische und gesellschaftliche Perspektiven*. Berlin: Akademische Verlagsgesellschaft, S. 115–130.
Schiemann, Gregor (2008a): *Werner Heisenberg*. München: C.H. Beck.
Schiemann, Gregor (2008b): „Naturphilosophie als Arbeit am Naturbegriff". In: Christian Kummer (Hrsg.): *Was ist Naturphilosophie und was kann sie leisten?* Freiburg/München: Karl Alber, S. 151–169.

Schiemann, Gregor (2009): „Werner Heisenberg's Position on a Hypothetical Conception of Science". In: Michael Heidelberger/Gregor Schiemann (Hrsg.): *The Significance of the Hypothetical in the Natural Sciences*. Berlin/New York: De Gruyter, S. 251–267.
Schiemann, Gregor (2019): „The Coming Emptiness. On the Meaning of the Emptiness of the Universe in Natural Philosophy". In: Gordana Dodig-Crnkovic/Marcin J. Schroeder (Hrsg.): *Contemporary Natural Philosophy and Philosophies – Part 1*. Basel: Multidisciplinary Digital Publishing Institute, S. 180–194. Auch unter: *Philosophies* 4. Nr. 1. https://www.mdpi.com/2409-9287/4/1/1, besucht am 08.03.2021.
Schlosshauer, Maximilian A. (2019): „Quantum Decoherence". In: *Physics Reports* 831, S. 1–57.
Schmid, Günter et. al. (2003): *Small Dimensions and Material Properties. A Definition of Nanotechnology*. Bad Neuenahr-Ahrweiler: Europäische Akademie zur Erforschung von Folgen wissenschaftlich-technischer Entwicklungen.
Schmundt, Hilmar/Verbeet, Markus (2008): „Kleine Teilchen, großes Risiko". In: *Spiegel*. Nr. 24, S. 148. Auch unter: *Spiegel Wissenschaft*. https://www.spiegel.de/spiegel/a-558659.html, besucht am 10.10.2020.
Schott, Albert/Soden, Wolfram von (Hrsg.) (1958): *Das Gilgamesch-Epos*. Stuttgart: Reclam.
Schrödinger, Erwin (1935): „Die gegenwärtige Situation in der Quantenmechanik". In: *Die Naturwissenschaften* 23, S. 844–849.
Schulz, Walter (1976): „Wandlungen der Einstellung zum Tode". In: Johannes Schwartländer (Hrsg.): *Der Mensch und sein Tod*. Göttingen: Vandenhoeck und Ruprecht, S. 94–107.
Schumacher, Bernard N. (2004): *Der Tod in der Philosophie der Gegenwart*. Darmstadt: Wissenschaftliche Buchgesellschaft.
Schumacher, Bernard N. (2010): „Philosophie". In: Wittwer/Schäfer/Frewer (Hrsg.) (2010), S. 28–38.
Schumann, Simone/Schwarz, Claudia G. (2015): „Natürlich Nano. Die argumentative Kraft von Naturkonzepten in Laiendiskussionen zu Nanotechnologie". In: Diego Compagna (Hrsg.): *Leben zwischen Natur und Kultur. Zur Neuaushandlung von Natur und Kultur in den Technik- und Lebenswissenschaften*. Bielefeld: Transcript, S. 147–176.
Schütz, Alfred (1971): *Gesammelte Aufsätze*. Bd. 1. Den Haag: Martinus Nijhoff.
Schütz, Alfred/Luckmann, Thomas (1979): *Strukturen der Lebenswelt*. Bd. 1. Frankfurt am Main: Suhrkamp.
Schütz, Alfred/Luckmann, Thomas (1984): *Strukturen der Lebenswelt*. Bd. 2. Frankfurt am Main: Suhrkamp.
Schwemmer, Oswald (1987): *Handlung und Struktur. Zur Wissenschaftstheorie der Kulturwissenschaften*. Frankfurt am Main: Suhrkamp.
Scrinis, Gyorgy/Lyons, Kristen (2007): „The Emerging Nano-Corporate Paradigm. Nanotechnology and the Transformation of Nature, Food and Agri-Food Systems". In: *International Journal of Sociology of Food and Agriculture* 15. Nr. 2, S. 32.
Seneca (2014): *Briefe an Lucilius*. Hrsg.: Marion Giebel. Üb.: Heinz Gunermann/Franz Loretto/Rainer Rauthe. Stuttgart: Reclam.
Sextus Empiricus (2005): *Against the Logicians*. Cambridge (UK): Cambridge University Press.
Shimony, Abner (1988): „The Reality of the Quantum World". In: *Scientific American* 258, S. 46–53.

Singer, Wolf (2007): *Die Nachtseite der Vernunft. Philosophische Implikationen der Hirnforschung.* https://nanopdf.com/download/philosophische-implikationen-der-hirnforschung_pdf, besucht am 17.10.2020.

Spaemann, Robert (1987): „Das Natürliche und das Vernünftige". In: Oswald Schwemmer (Hrsg.): *Über Natur. Philosophische Beiträge zum Naturverständnis.* Frankfurt am Main: Klostermann, S. 149–164.

Srubar, Ilja (1988): *Kosmion. Die Genese der pragmatischen Lebensweltheorie von Alfred Schütz und ihr anthropologischer Hintergrund.* Frankfurt am Main: Suhrkamp.

Standard (2012): „Habermas ist gerne ein ‚Biokonservativer'". In: *Der Standard.* http://derstandard.at/1336697435066/Wien-Besuch-Habermas-ist-gerne-ein-Biokonservativer, besucht am 03.11.2020.

Stephan, Achim (1999): *Emergenz. Von der Unvorhersagbarkeit zur Selbstorganisation.* Dresden: Dresden University Press.

Ströker, Elisabeth (Hrsg.) (1979): *Lebenswelt und Wissenschaft in der Philosophie Edmund Husserls.* Frankfurt am Main: Klostermann.

Stöckler, Manfred (1993): „Ereignistransformationen. Relativierungen des Zeitbegriffs in der Physik des 20. Jahrhunderts". In: Hans M. Baumgartner (Hrsg.): *Das Rätsel der Zeit.* Freiburg: Karl Alber, S. 149–177.

Taylor, Charles (1993): *Quellen des Selbst. Die Entstehung der neuzeitlichen Identität.* Frankfurt am Main: Suhrkamp.

Tegmark, Max/Wheeler, John A. (2001): „100 Years of Quantum Mysteries". In: *Spektrum der Wissenschaft.* https://www.spektrum.de/magazin/100-jahre-quantentheorie/827483, besucht am 03.11.2020.

Thiersch, Hans (2006): Die Erfahrung der Wirklichkeit. Perspektiven einer alltagsorientierten Sozialpädagogik. 2. Auflage. Weinheim/München: Juventa.

Tugendhat, Ernst (2004): „Unsere Angst vor dem Tod". In: Graf/Meier (Hrsg.) (2004), S. 47–62.

Vaidman, Lev (2018): „Many-Worlds-Interpretation of Quantum Mechanics". In: *The Stanford Encyclopedia of Philosophy.* Hrsg.: Edward N. Zalta. https://plato.stanford.edu/entries/qm-manyworlds/, besucht am 29.12.2020.

Varela, Francisco J./Shear, Jonathan (Hrsg.) (1999): *The View from Within. First-Person Approaches to the Study of Consciousness.* Journal of Consciousness Studies 6. Nr. 2–3. Thornverton: Imprint Academic.

Vedral, Vlatko (2011): „Leben in der Quantenwelt". In: *Spektrum der Wissenschaft 9,* S. 32–38.

Verbraucherzentrale Bundesverband e.V. (Hrsg.) (2020): *Nanotechnologien. Neue Herausforderungen für den Verbraucherschutz.* https://www.vzbv.de/dokument/nanotechnologien-neue-herausforderungen-fuer-den-verbraucherschutz, besucht am 15.10.2020.

Viehöver, Willy et al. (2004): „Vergesellschaftung der Natur. Naturalisierung der Gesellschaft". In: Ulrich Beck/Christoph Lau (Hrsg.): *Entgrenzung und Entscheidung. Was ist neu an der Theorie reflexiver Modernisierung?* Frankfurt am Main: Suhrkamp, S. 65–94.

Volpi, Franco (2001): „Der Status der existenzialen Analytik (§§ 9–13)". In: Thomas Rentsch (Hrsg.): *Martin Heidegger. Sein und Zeit.* Berlin: De Gruyter, S. 29–50.

Wahrig, Gerhard (2014): *Wörterbuch der deutschen Sprache.* München: Deutscher Taschenbuch Verlag.

Ward, Peter/Brownlee, Donald (1999): *Rare Earth. Why Complex Life Is Uncommon in the Universe*. Göttingen: Copernicus.
Wehling, Peter (2006): *Im Schatten des Wissens? Perspektiven der Soziologie des Nichtwissens*. Konstanz: UVK Verlagsgesellschaft.
Wendorff, Rudolf (1985): *Zeit und Kultur. Geschichte des Zeitbewußtseins in Europa*. Opladen: Westdeutscher Verlag.
Whitehead, Alfred N. (1990): *Der Begriff der Natur*. Weinheim: Wiley-VCH.
Wieland, Wolfgang (1962): *Die aristotelische Physik*. Göttingen: Vandenhoeck und Ruprecht.
Wild, Wolfgang (1995): „Wie kam die Zeit in die Welt? Der Zeitbegriff der Physik". In: Kurt Weis (Hrsg.): *Was ist Zeit? Zeit und Verantwortung in Wissenschaft, Technik und Religion*. München: Technische Universität, S. 153–179.
Willaschek, Marcus (2000): *Realismus*. Paderborn: Schöningh.
Wittwer, Héctor/Schäfer, Daniel/Frewer, Andreas (Hrsg.) (2010): *Sterben und Tod. Geschichte, Theorie, Ethik. Ein interdisziplinäres Handbuch*. Stuttgart: Metzler.
Wittwer, Héctor (2014): *Der Tod. Philosophische Texte von der Antike bis zur Gegenwart*. Stuttgart: Reclam.
Wolf, Thomas R. (2005): *Hermeneutik und Technik. Martin Heideggers Auslegung des Lebens und der Wissenschaft als Antwort auf die Krise der Moderne*. Würzburg: Königshausen & Neumann.
Wolff, Francis (2007): „The Three Pleasure of Mimesis According to Aristotle's Poetics". In: Bernadette Bensaude-Vincent/William R. Newman (Hrsg.): *The Artificial and the Natural. An Evolving Polarity*. Cambridge (Massachusetts): Massachusetts Institute of Technology, S. 51–66.
Wunner, Günter (2006): „Raum und Zeit aus der Sicht der modernen Physik". In: Elke Uhl/Michaela Ott (Hrsg.): *Denken des Raums in Zeiten der Globalisierung*. Stuttgart: LIT, S. 115–134.
Wüthrich, Christian (2007): „Zeitreisen und Zeitmaschinen". In: Thomas Müller (Hrsg.): *Philosophie der Zeit. Neue analytische Ansätze*. Frankfurt am Main: Klostermann, S. 191–219.
Young, Michael K. (1988): *The Metronomic Society. Notes on Cyclical and Linear Time*. Cambridge (Massachusetts): Harvard University Press.
Zeilinger, Anton (2003): *Einsteins Schleier. Die neue Welt der Quantenphysik*. München: Goldmann.

Textnachweise

Alle Texte wurden für diese Veröffentlichung überarbeitet. Dabei wurden Redundanzen beseitigt, Aktualisierungen vorgenommen und Titel zum Teil leicht verändert.

1. Ein Erkenntnisstil neben anderen. Zur Phänomenologie lebensweltlicher und nichtlebensweltlicher Erfahrung. In: Dimitri Ginev (Hrsg.): *Aspekte der phänomenologischen Theorie der Wissenschaft.* Würzburg: Königshausen & Neumann 2008, S. 77–95.
2. Persistenz der Lebenswelt? Das Verhältnis von Lebenswelt und Wissenschaft in der Moderne. In: Tobias Müller/Thomas M. Schmidt (Hrsg.): *Abschied von der Lebenswelt? Zur Reichweite naturwissenschaftlicher Erklärungsansätze.* Freiburg, München: Karl Alber 2015, S. 181–200.
3. Mehr Seinsschichten für die Welt? Vergleich und Kritik der Schichtenkonzeptionen von Nicolai Hartmann und Werner Heisenberg. In: Matthias Wunsch/Gerald Hartung/Claudius Strube (Hrsg.): *Nicolai Hartmann. Von der Systemphilosophie zur systematischen Philosophie.* Berlin: De Gruyter 2012, S. 85–104.
4. Zweierlei Raum. Über die Differenz von lebensweltlichen und physikalischen Raumvorstellungen. In: Michaela Ott/Elke Uhl (Hrsg.): *Denken des Raums in Zeiten der Globalisierung.* 272 S., ISBN: 3-8258-8576-3. Reihe: Kultur und Technik. Schriftenreihe des Internationalen Zentrums für Kultur- und Technikforschung der Universität Stuttgart. Münster/Berlin: LIT Verlag 2006, S. 124–134.
5. Lebensweltliche und physikalische Zeit. In: Gerald Hartung (Hrsg.): *Mensch und Zeit. Zur Frage der Synchronisation von Zeitstrukturen.* Wiesbaden: Springer 2014, S. 207–225.
6. Realism in Context. The Examples of Lifeworld and Quantum Physics. In: *Human Affairs* 2009 (19), Nr. 2, S. 211–222. Für diesen Band aktualisiert und ins Deutsche übersetzt.
7. Aristotelische Natur in modernen Lebens- und Forschungswelten. In: Margarete Maurer/Otmar Höll (Hrsg.): *Natur als Politikum.* Wien: RLI 2003, S. 93–107.
8. Nanotechnologie und Naturverständnis. In: Georg Hofmeister/Kristian Köchy/Martin Norwig (Hrsg.): *Nanobiotechnologien. Philosophische, anthropologische und ethische Fragen.* Freiburg, München: Karl Alber 2008, S. 67–83.
9. Quellen und Grenzen lebensweltlicher Vorstellungen vom Tod. In: Jassen Andreev/Paula Angelova/Emil Lensky (Hrsg.): *Das interpretative Universum. Dimitri Ginev zum 60. Geburtstag gewidmet.* Würzburg: Königshausen & Neumann 2017, S. 415–439.
10. Die Relevanz nichttechnischer Natur. Aristoteles' Natur-Technik-Differenz in der Moderne. In: Gerald Hartung/Thomas Kirchhoff (Hrsg.): *Welche Natur brauchen wir? Analyse einer anthropologischen Grundproblematik des 21. Jahrhunderts.* Freiburg, München: Karl Alber 2014, S. 67–96.

Personenindex

Agar, Nicholas 113
Albert, David Z. 53
Ariès, Philippe 132 f., 135–137, 148
Aristoteles 5, 34, 42, 51, 66–68, 77, 79, 104–117, 120, 122 f., 141, 156–169, 171–174, 176 f.
Arndt, Markus 97
Assmann, Jan 135
Augustinus 136 f.

Bacciagaluppi, Guido 98 f.
Bartels, Andreas 80, 82
Bebie, Hans 79
Beckermann, Ansgar 57
Bekker, Immanuel 104, 158
Beller, Mara 69, 96
Bensaude-Vincent, Bernadette 118, 120
Bergson, Henri 12 f.
Birnbacher, Dieter 162
Bitbol, Michel 96
Blumenberg, Hans 25 f., 34–36, 39 f., 68, 73 f., 76 f., 79, 135
Böhme, Gernot 73, 75, 82, 172, 174
Bohr, Niels 69–71, 95 f.
Bollnow, Otto Friedrich 46
Born, Max 70, 95
Börner, Gerhard 56
Bouwmeester, Dirk 97
Brandt, Reinhard 135
Breidert, Wolfgang 67
Brownlee, Donald 52
Bub, Jeffrey 95, 97
Bubner, Rüdiger 37
Bürger, Peter 22

Callender, Craig 78, 84
Camilleri, Kristian 96
Carneades 170 f.
Carrier, Martin 31 f., 80, 82, 113, 116
Churchland, Paul M. 32
Clagett, Marshall 105
Cohen, I. Bernard 66 f., 77
Colchero, Fernando 142

Craemer-Ruegenberg, Ingrid 66, 160
Crowther, Karen 43

Darwin, Charles 38
Dasch, Burkhard 137
Demokrit 42, 146
Descartes, René 16, 42 f., 46, 48 f., 52, 67, 91, 101, 107, 161
d'Espagnat, Bernard 95
Dodd, James 148
Dornes, Martin 41
Dress, Andreas 112
Drieschner, Michael 80
Düring, Ingemar 157
Dux, Günter 79

Eigen, Manfred 112 f.
Einstein, Albert 32, 82, 94
Eisendle, Reinhard 155
Ekert, Artur K. 97
Elias, Norbert 79, 132
Embree, Lester E. 9
Engelman, Edward 160
Epikur 146
Eser, Uta 105, 156
Esfeld, Michael 57
Everett, Hugh 100

Falkenburg, Brigitte 94
Faye, Jan 96
Feest, Uljana 23
Felt, Ulrike 120
Ferring, Dieter 147
Feyerabend, Paul 48, 55
Fischer, Norbert 133, 135
Fleck, Ludwik 24
Foerster, Heinz von 112
Fogelberg, Hans 123, 126
Forman, Paul 69
Fraser, Julius T. 77, 79, 87
Freud, Sigmund 132
Frewer, Andreas 148
Friebe, Cord 64, 71, 96, 100

Gabriel, Karl   132f., 138
Galilei, Galileo   107, 161
Galison, Peter   69
Gehring, Petra   136
Geniusas, Saulius   148
Genz, Henning   84
Gibbons, Michael   38
Ginev, Dimiri   138
Giulini, Domenico   63
Glimell, Hans   123, 126
Gloy, Karen   87
Goethe, Johann Wolfgang von   48f.
Graf, Friedrich W.   132f.
Grathoff, Richard   9
Gronemeyer, Reimer   133
Großheim, Michael   81
Grunwald, Armin   165
Guchet, Xavier   118
Güzeldere, Güven   22

Habermas, Jürgen   3, 120, 122f., 128, 156, 169, 174–176
Haken, Hermann   112f.
Haraway, Donna   106
Harich, Wolfgang   54
Harris, Philip E.   33
Hartman, Edwin   169
Hartmann, Nicolai   42–59
Hauger, Wolfgang   79
Heidegger, Martin   125, 134, 140–146, 149f.
Heidelberger, Michael   30, 113
Heil, John   43
Heisenberg, Werner   3, 42–46, 48–54, 56–59, 70f., 95f.
Heller, Agnes   10
Helmholtz, Hermann von   161
Heuser-Keßler, Marie-Luise   115
Höfert, Hans-Joachim   44
Hume, David   91
Husserl, Edmund   3, 9, 11, 13–17, 19, 22, 26–29, 34, 36f., 65, 75, 134, 138, 143–151

Imhof, Arthur E.   135, 139, 142
Ingensiep, Hans Werner   51

Jahn, Ilse   51

Jakob, Karlheinz   39
James, William   22, 90
Jammer, Max   67, 69
Jonas, Hans   127f., 163, 173
Joos, Erich   85, 97

Kant, Immanuel   11, 91, 96, 115
Kempcke, Günter   104
Kierkegaard, Søren   12
Kirchhoff, Thomas   156
Knoblauch, Hubert   137
Köcher, Renate   138
Köchy, Kristian   120, 127, 164
Krapp, Holger   112
Krebs, Angelika   105, 156
Krohn, Wolfgang   31, 107
Kuhn, Thomas S.   24
Külpe, Oswald   22
Küppers, Günter   112f., 116
Kurzweil, Ray   176

Lafontaine, Céline   135
Latour, Bruno   106
Leibniz, Gottfried Wilhelm   67
List, Elisabeth   9
Locke, John   91
Lübbe, Hermann   38
Luckmann, Thomas   11, 13, 15–20, 22, 37, 65, 68, 76f., 81, 139f., 148, 150, 170
Lüth, Hans   64, 89
Lyons, Kristen   125

Mach, Ernst   93
Macho, Thomas H.   132f., 137
Mahlmann, Regina   30f.
Malsch, Ineke   123
Mamalis, Athanasios G.   118
Manolakos, Dimitrios   118
Marek, Kristin   132f., 137
Markopoulos, Angelos P.   118
Marstedt, Gerd   33
Maturana, Humberto R.   112f.
McCloskey, Michael   63, 77
McDowell, John   90
McManners, John   135
Mehra, Jagdish   69
Meier, Heinrich   133

Miller, Alexander 88
Mischke, Marianne 135, 139
Mittelstaedt, Peter 74
Mittelstraß, Jürgen 34, 174
Morawetz, Klaus 80

Nachtigall, Werner 163
Natanson, Maurice A. 9
Newton, Isaac 55, 64f., 67–72, 77–80, 82–85
Nordmann, Alfred 119f., 124–126
Nowotny, Helga 38, 74, 77

Odenwald, Michael 129

Pascal, Blaise 83
Paslack, Rainer 112f., 116
Passmore, John A. 105
Pauli, Wolfgang 71
Penrose, Roger 81
Pinzon, Luis C. E. 137
Platon 51
Plumwood, Val 105
Podolsky, Boris 94
Portmann, Adolf 114
Potthast, Thomas 105, 156
Prigogine, Ilya 112f., 115f.
Purcell, Edward 83
Putnam, Hilary 90, 101

Rae, Alistair I. M. 53, 71, 95, 97
Ramsden, Jeremy J. 118
Rapp, Friedrich 125
Rechenberg, Helmut 69
Roco, Mihail C. 123
Rosa, Hartmut 74, 80f.
Rosen, Nathan 94
Roukes, Michael L. 126
Rutherford, Ernst 69

Sachse, Christian 57
Sartre, Jean-Paul 151
Schäfer, Daniel 135, 148
Scheler, Max 132
Schelling, Friedrich Wilhelm Joseph 115
Schiefer, Frank 132, 138, 140
Schlosshauer, Maximilian A. 98

Schmid, Günter 123
Schmitz, Hermann 26
Schmundt, Hilmar 129
Schott, Albert 137
Schrödinger, Erwin 97f.
Schulz, Walter 143
Schumacher, Bernard N. 133, 146
Schumann, Simone 120
Schütz, Alfred 3f., 9–20, 22, 25–27, 37, 65, 68, 75–77, 81, 133, 138–140, 148, 150, 170
Schwarz, Claudia G. 120
Schwemmer, Oswald 14
Scott, Peter 38
Scrinis, Gyorgy 125
Seneca 147
Sextus Empiricus 170
Shear, Jonathan 22
Shimony, Abner 94
Singer, Wolf 32
Smith, George 67
Soden, Wolfram von 137
Spaemann, Robert 113
Sprondel, Walter M. 9
Srubar, Ilja 9
Steinle, Friedrich 23
Stengers, Isabelle 115f.
Stephan, Achim 43
Stöckler, Manfred 80
Ströker, Elisabeth 63

Taylor, Charles 22
Tegmark, Max 64, 71, 89
Thiersch, Hans 34
Titchener, Edward B. 22
Tugendhat, Ernst 145
Turing, Alan 127

Vaidman, Lev 100
Varela, Francisco J. 22, 113
Vedral, Vlatko 53
Verbeet, Markus 129
Vergil 147
Viehöver, Willy 118, 120
Volpi, Franco 141

Wagner, Hans 104

Wahrig, Gerhard   104
Ward, Peter   52
Weber, Max   132, 136
Wehling, Peter   33
Weingart, Peter   31
Wendorff, Rudolf   81
Wheeler, John A.   64, 71, 89, 94
Whitehead, Alfred N.   106
Wieland, Wolfgang   158, 160
Wild, Wolfgang   74
Willaschek, Marcus   88

Wittwer, Héctor   137, 148
Wolf, Thomas R.   141
Wolff, Francis   160
Wundt, Wilhelm   22
Wunner, Günter   64

Young, Michael K.   77

Zeilinger, Anton   97f.
Zingerle, Arnold   137

www.ingramcontent.com/pod-product-compliance
Lightning Source LLC
Chambersburg PA
CBHW030344190426
43201CB00042B/400